RÉCITS

DES

TEMPS MÉROVINGIENS

IMPRIMERIE DE H. FOURNIER ET Cⁱᵉ,
RUE SAINT-BENOÎT

RÉCITS

DES

TEMPS MÉROVINGIENS

PRÉCÉDÉS DE

CONSIDÉRATIONS

SUR

L'HISTOIRE DE FRANCE

PAR

AUGUSTIN THIERRY

MEMBRE DE L'INSTITUT

DEUXIÈME ÉDITION

REVUE ET CORRIGÉE

TOME DEUXIÈME

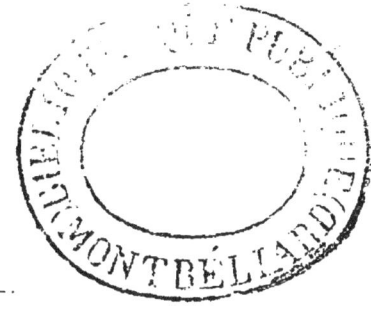

PARIS

JUST TESSIER, LIBRAIRE-ÉDITEUR

QUAI DES AUGUSTINS, 37

1842

RÉCITS

DES

TEMPS MÉROVINGIENS.

DEUXIÈME RÉCIT.

Suites du meurtre de Galeswinthe. — Guerre civile. —
Mort de Sighebert.

(568 — 575.)

Chez les Franks, et en général chez les peuples de race germanique, dès qu'un meurtre avait été commis, le plus proche parent du mort assignait un rendez-vous à tous ses parents ou alliés, les sommant sur leur honneur d'y venir en armes, car l'état de guerre existait dès lors entre le

568. meurtrier et quiconque tenait à sa victime par le moindre lien de parenté. Comme époux de la sœur de Galeswinthe, Sighebert se trouva chargé d'accomplir ce devoir de vengeance. Il envoya des messagers au roi Gonthramn, et celui-ci, sans hésiter un moment entre ses deux frères devenus ennemis, se rangea du côté de l'offensé, soit que les mœurs nationales lui en fissent une loi, soit que le crime odieux et lâche du roi Hilperik l'eût, pour ainsi dire, mis au ban de sa propre famille. La guerre fut aussitôt déclarée, et les hostilités commencèrent, mais avec une ardeur inégale de la part des deux frères armés contre le troisième. Excité par les cris de vengeance de sa femme Brunehilde, qui avait sur lui un empire absolu, et dont le caractère violemment passionné venait de se révéler tout à coup, Sighebert voulait pousser le combat à outrance; il ne reculait pas devant la pensée du fratricide; mais Gonthramn, soit par une inspiration chrétienne, soit par la mollesse de volonté qui lui était naturelle, ne tarda pas à quitter son rôle

569. de co-assaillant pour celui de médiateur. A l'aide des prières et de la menace, il détermina Sighebert à ne point se faire justice, mais à la demander pacifiquement au peuple assemblé selon la loi[1].

---

[1] Post quod factum reputantes ejus fratres, quod sua emissione ante-

En effet, d'après la loi des Franks, ou pour 569.
mieux dire, d'après leurs coutumes nationales,
tout homme qui se croyait offensé avait le choix
libre entre la guerre privée et le jugement public;
mais, le jugement une fois rendu, la guerre
cessait d'être légitime. L'assemblée de justice
s'appelait *mâl*, c'est-à-dire conseil, et, pour y
exercer les fonctions d'arbitre, il fallait appartenir à la classe des possesseurs de terres, ou, selon
l'expression germanique, à la classe des hommes
d'honneur *arimans*[1]. Plus ou moins nombreux,
selon la nature et l'importance des causes qu'ils

dicta regina fuerit interfecta, eum de regno dejiciunt. (Greg. Turon. Hist.
Franc., lib. iv, apud script. rer. gallic. et francic., t. II, p. 217.)
— Non tulerunt fratres, tanto scelere maculatum consortem esse suum,
sed conjurati simul regno pellere moliti sunt. Quod consilium non
tam astu Chilperici quam ipsa levitate qua cœptum fuerat, dissipatum
est. (Aimoini monachi floriac. de Gest. Franc., lib. iii, cap. v, ibid.,
t. III, p. 68.) — Le passage de Grégoire de Tours est obscur à cause des
mots *regno dejiciunt*; si on les prenait à la lettre, il faudrait croire qu'il
y a une lacune dans les faits, puisqu'on ne trouve pas de récit ultérieur
qui montre Hilperik recouvrant son royaume. Aimoin, historien du
xe siècle, a développé et rectifié la phrase de Grégoire de Tours,
peut-être à l'aide de documents aujourd'hui perdus; j'ai suivi son texte,
à l'exemple d'Adrien de Valois, qui le complète par l'induction suivante:
« Tamen bellum Chilperico a fratribus, præsertim a Sigiberto, qui, insti-
« gante Brunichilde uxore, sororem ejus Gailesuintham ulcisci cupiebat,
« denunciatum puto, et priusquam ad arma veniretur, Guntchramni
« Francorumque decreto pacem inter ambos compositam discordiamque
« dijudicatam esse.... » (Adriani Valesii Rer. francic., lib. ix, p. 26.)

[1] Cette classe d'hommes est encore désignée dans les lois et les actes
publics par le nom de *Rachimburgii*, *Racimburdi* (*Rekin-burghe*), fortes
cautions.

560. avaient à débattre, les juges se rendaient en armes à l'assemblée, et siégeaient tout armés sur des bancs disposés en cercle. Avant que les Franks eussent passé le Rhin et conquis la Gaule, ils tenaient leurs cours de justice en plein air, sur des collines consacrées par d'anciens rits religieux. Après la conquête, devenus chrétiens, ils abandonnèrent cet usage, et le *mâl* fut convoqué, par les rois ou par les comtes, sous des halles de pierre ou de bois; mais, en dépit de ce changement, le lieu des séances garda le nom qu'il avait reçu autrefois dans la Germanie païenne, on continua de l'appeler, en langue tudesque, *Mâl-berg*, la Montagne du Conseil [1].

Lorsqu'une proclamation publiée dans les trois royaumes franks eut annoncé que, dans le délai de quarante nuits (c'était l'expression légale), un grand conseil serait tenu par le roi Gonthramn, pour le rétablissement de la paix entre les rois Hilperik et Sighebert, les pricipaux chefs et les grands propriétaires, accompagnés de leurs vassaux, se rendirent au lieu indiqué. Il y eut un jugement solennel que l'histoire du

---

[1] *Malbergum, Mallobergum, Mallebergium*, locus judicii, conventus judicialis, ipsum judicium, populus ad judicium congregatus. (Ducange, Glossar.) — V. Leg. salic. et Leg. Ripuar., apud script. rer. gallic. et francic., t. IV, p. 120 et seq.

temps mentionne sans aucun détail¹, et dont il
est possible de retrouver les circonstances probables à l'aide de différents textes de lois, d'actes
et de formules judiciaires. L'induction appliquée
à ces textes donne les faits suivants qui ne sont,
il est vrai, que de simples conjectures, mais qui
peuvent jusqu'à un certain point combler le
vide que laissent ici les témoignages historiques.

L'assemblée s'étant réunie, le roi Gonthramn
prit place sur un siége élevé, et le reste des juges
sur de simples banquettes, chacun d'eux ayant
l'épée au côté et, derrière lui, un serviteur qui
portait son bouclier et sa framée. Cité comme
appelant, le roi Sighebert se présenta le premier,
et, au nom de sa femme, la reine Brunehilde, il
accusa Hilperik d'avoir sciemment pris part au
meurtre de Galeswinthe, sœur de Brunehilde. Un
délai de quatorze nuits fut donné à l'accusé pour
comparaître à son tour et se justifier par serment².

---

¹ Ce jugement est rappelé et constaté pour nous par le fameux traité d'Andelau dont il forme l'une des bases : *per judicium gloriosissimi domni Guntchamni regis, vel Francorum.* (Exemplar pactionis apud Andelaum factæ an. 587; Greg. Turon. Hist. Franc., lib. IX, apud script. rer. gallic. et francic. t. II, p. 344.)

² Si antrustio antrustionem de quacumque causa admallare voluerit, ubicumque eum convenire potuerit, super septem noctes cum testibus eum rogare debet, ut ante judicem ad Malloborgo debeat convenire... Sic postea iterato ad noctes XIV eum rogare debet ut ad illum Mallobergo debeat venire ad dandum responsum. (Leg. salic. tit. LXXVI, apud script. rer. gallic. et francic., t. IV, p. 159.)

DEUXIÈME RÉCIT.

569. La loi des Franks exigeait que ce serment de justification fût confirmé par celui d'un certain nombre d'hommes libres, six dans les moindres causes, et jusqu'à soixante-douze dans les causes d'une grande importance soit par la gravité des faits, soit par le haut rang des parties[1]. Il fallait que l'accusé se présentât dans l'enceinte formée par les bancs des juges, accompagné de tous les hommes qui devaient jurer avec lui. Trente-six se rangeaient à sa droite et trente-six à sa gauche; puis, sur l'interpellation du juge principal, il tirait son épée et jurait par les armes qu'il était innocent; alors les co-jurants, tirant tous à la fois leurs épées, prêtaient sur elles le même serment[2]. Aucun passage, soit des chroniques, soit des actes contemporains, ne donne à penser que

---

[1] Et ille postea qui rogatus fuerat, si se ex hoc idoneum esse cognoscat, se debet cum duodecim per sacramenta absolvere; si vero major causa fuerit, se adhuc majori numero..... (Leg. salic, tit. LXXVI, apud script. rer. gallic. et francic., t. IV, p. 159.) — Le serment des co-jurants se nommait, en langue germanique, *Weder-ed* (*Vedredum*) c'est-à-dire *serment réitéré*. — Si quis Ripuarius sacramento fidem fecerit, super XIV noctes sibi septimus seu duodecimus vel septuagesimus secundus cum legitimo termino noctium studeat conjurare. (Leg. Ripuar., tit. LXVI, apud script. rer. gallic. et francic., t. IV, p. 248.)

[2] Si autem contentio orta fuerit quod sacramentum in die placito non conjurasset, tunc cum tertia parte juratorum suorum adfirmare studeat, aliquibus a dextris seu a sinistris stantibus. Sin autem nec sic satisfecerit, tunc secundum præsentiam judicis vel secundum terminationem sextam juratorum suorum cum dextera armata tam prius quam posterius sacramentum in præsentia judicis confirmare studeat. (Ibid.)

le roi Hilperik ait essayé de se disculper ainsi 569.
du crime qu'on lui imputait; selon toutes les
probabilités, il se présenta seul devant l'assemblée des Franks et s'assit gardant le silence.
Sighebert se leva, et, s'adressant aux juges, il
dit à trois reprises différentes : « Dites-nous la loi
« salique. » Puis, il reprit une quatrième fois, en
montrant Hilperik : « Je vous somme de nous dire
« à lui et à moi ce qu'ordonne la loi salique[1]. »

Telle était la formule consacrée pour demander jugement contre un adversaire convaincu par
son propre aveu; mais, dans le cas présent, la
réponse à cette sommation ne pouvait avoir lieu
qu'après de longs débats, car il s'agissait d'une
cause à laquelle la loi commune des Franks
n'était applicable que par analogie. Dans la vue
de prévenir, ou, tout au moins, d'abréger les
guerres privées, cette loi établissait qu'en cas de
meurtre le coupable paierait aux héritiers du
mort une somme d'argent proportionnée à la
condition de celui-ci. Pour la vie d'un esclave
domestique, on donnait de quinze à trente-cinq
sous d'or, pour celle d'un lite d'origine barbare

---

[1] Si qui Rathinburgii legem voluerint dicere in Mallebergo residentes... debet eis qui causam requirit dicere : Dicite nobis legem salicam. Si illi tunc noluerint dicere, tunc iterum qui causam requirit, dicit : Vos tangano ut mihi et isto legem dicatis. Bis autem et tertio hoc debet facere. (Leg. salic., tit. LX, apud script. rer. gallic. et francic., t. IV, p. 155.)

569. ou d'un tributaire gallo-romain quarante-cinq sous, pour un Romain propriétaire cent sous, et le double pour un Frank ou tout autre Barbare vivant sous la loi salique[1]. A chacun de ces degrés, l'amende devenait triple si l'homme assassiné, soit esclave ou serf de la glèbe, soit Romain ou Barbare de naissance, dépendait immédiatement du roi comme serviteur, comme vassal ou comme fonctionnaire public. Ainsi, pour un colon du fisc, on payait quatre-vingt-dix sous d'or, trois cents sous pour un Romain admis à la table royale et six cents pour un Barbare décoré d'un titre d'honneur, ou simplement *an-trusti,* c'est-à-dire affidé du roi[2].

Cette amende qui, une fois payée, devait garantir le coupable de poursuites ultérieures et de tout acte de vengeance, s'appelait, en langue

---

[1] Leg. salic., tit. xliv et xlv, apud script. rer. gallic. et francic., t. IV, p. 147 et 148.—D'après la nouvelle évaluation donnée par M. Guérard, dans son *Mémoire sur le système monétaire des Francs sous les deux premières races* (Revue de la Numismatique française, numéros de novembre et décembre 1837), le sou d'or (solidus), dont la valeur réelle était de 9 fr. 28 c. équivalait à 99 fr. 53 c. de notre monnaie actuelle.

[2] Le mot *Trustee* subsiste dans la langue anglaise. — Si vero eum qui in truste dominica est occiderit... sol. dc culp. jud. (Leg. salic., tit. xliv.) — Si Romanus homo conviva regis occisus fuerit, sol. ccc componatur. (Ibid.) — Si quis gravionem occiderit, sol. dc culp. jud. (Ibid., tit. lvii.)—Si quis sagibaronem aut gravionem occiderit qui puer regius fuerat, sol. ccc, culp. jud. (Leg. salic. tit. lvii, apud script. rer. gallic. et francic., t. IV, p. 154.)

germanique, *wer-gheld*, taxe de sauve-garde, et en latin *compositio*, parce qu'elle terminait la guerre entre l'offenseur et l'offensé. Il n'y avait point de *wer-gheld* pour le meurtre des personnes royales, et, dans ce tarif de la vie humaine, elles étaient placées en dehors et au-dessus de toute estimation légale. D'un autre côté, les mœurs barbares donnaient, en quelque sorte, au prince le privilège de l'homicide; et voilà pourquoi, sans étendre par interprétation les termes de la loi salique, il était impossible de dire ce qu'elle ordonnait dans le procès intenté au roi Hilperik, et d'énoncer le taux de la composition qui devait être payée aux parents de Galeswinthe. Ne pouvant juger strictement d'après la loi, l'assemblée procéda par arbitrage, et rendit la sentence suivante, authentique pour le fond et seulement restituée quant à la forme :

« Voici le jugement du très-glorieux roi Gon-
« thramn et des Franks siégeant dans le Mâl-
« Berg. Les cités de Bordeaux, Limoges, Cahors,
« Béarn et Bigorre, que Galeswinthe, sœur de la
« très-excellente dame Brunehilde, à son arrivée
« dans le pays de France, reçut, comme chacun
« sait, à titre de douaire et de présent du matin,
« deviendront, à partir de ce jour, la propriété
« de la reine Brunehilde et de ses héritiers, afin
« que, moyennant cette composition, la paix et

569. « la charité soient rétablies entre les très-glorieux
« seigneurs Hilperik et Sighebert[1]. »

Les deux rois s'avancèrent l'un vers l'autre, tenant à la main de petites branches d'arbre qu'ils échangèrent comme signe de la parole qu'ils se donnaient mutuellement, l'un de ne jamais tenter de reprendre ce qu'il venait de perdre par le décret du peuple assemblé, l'autre de ne réclamer sous aucun prétexte une composition plus forte. « Mon frère, dit alors le roi d'Austrasie, je
« te donne à l'avenir paix et sécurité sur la mort
« de Galeswinthe, sœur de Brunehilde. Doréna-
« vant tu n'as plus à craindre de moi ni plaintes
« ni poursuites, et si, ce qu'à Dieu ne plaise,
« il arrivait que, de ma part, ou de celle de mes
« héritiers, ou de toute autre personne en leur

---

[1] De civitatibus vero, hoc est Burdegala, Lemovica, Cadurco, Benarno et Begorra quas Gailesuindam germanam domnæ Brunichildis tam in dote quam in morganegiba, hoc est matutinali dono, in Franciam venientem certum est adquisisse..... Quas etiam per judicium gloriosissimi domni Guntchramni regis, vel Francorum, superstilibus Chilperico et Sigiberto regibus, domna Brunichildis noscitur adquisisse : ita convenit..... (Exemplar. pactionis apud Andelaum factæ; Greg. Turon., Hist. Franc., lib. IX, apud script. rer. gallic. et francic., t. II, p. 344.)
— Adrien de Valois a tiré de ce passage la même conclusion que moi; selon lui, il y eut composition imposée par jugement : « Guntchramni
« Francorumque decreto pacem inter ambos compositam discordiamque
« dijudicatam esse, quinque urbibus nimirum Burdigala, Lemovicis, Ca-
« durcis, Benarno et Bigerra quæ ab Chilperico, dotis donique matutini
« nomine, Gailesuinthæ collatæ fuerant, Brunichildi ejus sorori Sigeberti
« Austrasiorum regis conjugi adjudicatis. » (Adriani Valesii Rer. francic.,
lib. IX, t. II, p. 27.)

« nom, tu fusses inquiété ou cité de nouveau 569.
« pardevant le *Mâl* pour l'homicide dont il s'agit,
« et pour la composition que j'ai reçue de toi,
« cette composition te sera restituée au double [1]. »
L'assemblée se sépara, et les deux rois, naguère
ennemis mortels, sortirent réconciliés en apparence.

La pensée d'accepter, comme une expiation, le
jugement rendu contre lui n'était pas de celles
que le roi Hilperik pouvait concevoir : au contraire, il se promit bien de reprendre un jour ses
villes, ou d'en saisir l'équivalent sur les domaines
de Sighebert. Ce projet, mûri et dissimulé pendant
près de cinq ans, se révéla tout à coup en l'année 573. Sans se rendre un compte bien exact de 573.
la situation et de l'importance respective des cités
dont il regrettait la possession, Hilperik savait
que celles de Béarn et de Bigorre étaient à la fois
les moins considérables et les plus éloignées du
centre de ses domaines. En songeant au moyen
de recouvrer par force ce qu'il avait abandonné
malgré lui, il trouva que son plan de conquête

---

[1] Ut nullo unquam tempore de jam dicta morte, nec de ipsa leude, nec ego ipse, nec ullus de heredibus meis, nec quislibet ullas calumnias, nec repetitiones agere, nec repetere non debeamus... Et si fortasse ego ipse, aut aliquis de heredibus meis, vel quicumque te ob hoc inquietare voluerit, et a me defensatum non fuerit, inferamus tibi duplum quod nobis dedisti. (Marculfi Formul., lib. II, apud script. rer. gallic. et francic., t. IV, p. 495 et 512.)

573. serait à la fois plus praticable et plus avantageux, si, aux deux petites villes du pied des Pyrénées, il substituait celles de Tours et de Poitiers, grandes, riches, et tout à fait à sa convenance. D'après cette idée, il assembla dans la ville d'Angers, qui lui appartenait, des troupes, dont il donna le commandement à Chlodowig, le plus jeune des trois fils qu'il avait eus d'Audowere, sa première femme.

Avant qu'aucune déclaration de guerre eût été faite, Chlodowig marcha sur Tours. Malgré la force de cette ancienne cité, il y entra sans résistance; car le roi Sighebert, aussi bien que les deux autres rois, n'avaient de garnison permanente que dans les villes où ils résidaient, et les citoyens, tous ou presque tous Gaulois d'origine, se souciaient peu d'appartenir à l'un des rois franks plutôt qu'à l'autre. Maître de Tours, le fils de Hilperik se dirigea vers Poitiers, qui lui ouvrit ses portes avec la même facilité, et où il établit ses quartiers, comme dans un point central, entre la ville de Tours et celles de Limoges, de Cahors et de Bordeaux, qui lui restaient à conquérir [1].

A la nouvelle de cette agression inattendue, le

---

[1] Cùm Chilpericus Turonis ac Pictavis pervasisset, quæ Sigiberto regi per pactum in partem venerant... (Greg. Turon. Hist. Franc., lib. IV, apud script. rer. gallic. et francic., t. II, p. 227.)

roi Sighebert envoya des messagers à son frère 573.
Gonthramn, pour lui demander aide et conseil.
Le rôle que Gonthramn avait joué six ans auparavant dans la pacification des deux rois semblait l'investir à leur égard d'une sorte de magistrature, du droit de sévir contre celui des deux qui violerait sa parole, et enfreindrait le jugement du peuple. Dans cette pensée, conforme d'ailleurs à l'instinct de justice qui était une des faces de son caractère, il prit sur lui le soin de réprimer la tentative hostile du roi Hilperik, et de l'obliger à se soumettre de nouveau aux conditions du traité de partage, et à la sentence des Franks. Sans adresser à l'infracteur de la paix jurée ni remontrances, ni sommation préalable, Gonthramn fit marcher contre Chlodowig des troupes conduites par le meilleur de ses généraux, Eonius Mummolus, homme d'origine gauloise, qui égalait en intrépidité les plus braves d'entre les Franks, et les surpassait tous en talent militaire [1].

Mummolus, dont le nom, célèbre alors, reparaîtra plus d'une fois dans ces récits, venait de vaincre dans plusieurs combats, et de refouler au-delà des Alpes la nation des Langobards qui,

[1] Conjunctus rex ipse cum Guntchramno fratre suo, Mummolum eligunt, qui has urbes ad eorum dominium revocare deberet. (Greg. Turon. Hist. Franc., lib. IV, apud script. rer. gallic. et francic., t. II, p. 227.)

573. maîtresse du nord de l'Italie, tentait de déborder sur la Gaule, et menaçait d'une conquête les provinces voisines du Rhône[1]. Avec la rapidité de mouvement qui lui avait procuré ses victoires, il partit de Châlons-sur-Saône, capitale du royaume de Gonthramn, et se dirigea vers la ville de Tours par la route de Nevers et de Bourges. A son approche, le jeune Chlodowig, qui était revenu à Tours dans l'intention d'y soutenir un siége, prit le parti de battre en retraite, et alla sur la route de Poitiers, à peu de distance de cette ville, occuper une position favorable et y attendre des renforts. Quant aux citoyens de Tours, ils accueillirent pacifiquement le général gallo-romain, qui prit possession de la place au nom du roi Sighebert. Afin de les rendre à l'avenir moins indifférents en politique, Mummolus leur fit prêter, en masse, un serment de fidélité[2]. Si, comme il est probable, sa proclamation adressée au comte et à l'évêque de Tours, fut conforme pour le style aux actes du même genre, tous les hommes de la cité et de la banlieue, *soit Romains, soit Franks, soit de*

---

[1] Voyez Grégoire de Tours, liv. IV, chap. XLII et XLV.

[2] Qui Turonis veniens, fugato exinde Chlodovecho, Chilperici filio, exactis a populo ad partem regis Sigiberti sacramentis, Pictavos accessit. (Greg. Turon. Hist. Franc., lib. IV, apud script. rer. gallic. et francic., t. II, p. 227.)

nation quelconque, reçurent l'ordre de s'assembler dans l'église épiscopale, et d'y jurer sur les choses saintes, qu'ils garderaient en toute sincérité, et comme de véritables leudes, la foi due à leur seigneur le très-glorieux roi Sighebert[1].

Cependant les renforts qu'attendait Chlodowig arrivèrent à son camp près de Poitiers. C'était une troupe de gens levés dans le voisinage et conduits par Sigher et Basilius, l'un Frank, l'autre Romain d'origine, tous deux influents par leurs richesses et zélés partisans du roi Hilperik. Cette troupe, nombreuse mais sans discipline, composée en grande partie de colons et de paysans, forma l'avant-garde de l'armée neustrienne, et ce fut elle qui d'abord en vint aux mains avec les soldats de Mummolus. Malgré beaucoup de bravoure et même d'acharnement au combat, Sigher et Basilius ne purent arrêter dans sa marche sur Poitiers le plus grand ou pour mieux dire le seul tacticien de l'époque. Attaqués à la fois en tête et par le flanc, ils furent, après une perte énorme, culbutés sur les Franks de Chlodowig, qui lâchèrent pied et se débandèrent presque aussitôt. Les

573.

---

[1] Ut omnes pagenses vestros, tam Francos, Romanos vel reliquas nationes degentes, bannire, et locis congruis per civitates, vicos et castella congregare faciatis; quatenus, præsente misso nostro, fidelitatem nobis leode et samio per loca sanctorum, debeant promittere et conjurare. (Marculfi Formul., lib. i, apud script. rer. gallic. et francic., t. IV, p. 483.)

573. deux chefs de volontaires furent tués dans cette déroute, et le fils de Hilperik, n'ayant plus autour de lui assez de monde pour défendre Poitiers, s'enfuit par la route de Saintes. Devenu maître de la ville par cette victoire, Mummolus regarda sa mission comme terminée, et après avoir, comme à Tours, fait prêter par les citoyens le serment de fidélité au roi Sighebert, il repartit pour le royaume de Gonthramn, sans daigner poursuivre les Neustriens qui fuyaient en petit nombre avec le fils de leur roi [1].

Chlodowig ne fit aucune tentative pour rallier ses troupes et revenir sur Poitiers; mais, soit par crainte de se voir couper la route du nord, soit par une bravade de jeune homme, au lieu de tendre vers Angers, il continua de suivre une direction contraire, et marcha sur Bordeaux, l'une des cinq villes dont il avait ordre de s'emparer [2]. Il arriva aux portes de cette grande cité avec une poignée d'hommes en mauvais équipage, et, à la première sommation qu'il fit au nom de son père, les portes lui furent ouvertes,

---

[1] Sed Basilius et Sicharius, Pictavi cives, collecta multitudine, resistere voluerunt : quos de diversis partibus circumdatos oppressit, obruit, interemit, et sic Pictavos accedens sacramenta exegit. (Greg. Turon. Hist. Franc. lib. iv, apud script. rer. gallic. et francic., t. II, p. 227.)

[2] Chlodovechus vero, Chilperici filius, de Turonico ejectus, Burdegalam abiit. (ibid., p. 228.)

fait bizarre où se révèle d'une manière frappante 573.
l'impuissance administrative de la royauté mérovingienne. Il ne se trouvait pas dans cette grande ville assez de forces militaires pour défendre le droit de possession de la reine Brunehilde et le droit de souveraineté du roi Sighebert contre une bande de fuyards harassés et dépaysés. Le fils de Hilperik put librement s'y installer en maître, et occuper avec ses gens les hôtels qui appartenaient au fisc, propriété jadis impériale, recueillie par les rois germains avec l'héritage des Césars.

Il y avait déjà près d'un mois que le jeune Chlodowig résidait à Bordeaux, prenant des airs de conquérant et affectant l'autorité d'un vice-roi, lorsque le duc Sigulf, gardien de la frontière ou marche des Pyrénées s'avisa de lui courir sus[1]. Cette frontière qu'il fallait défendre contre les Goths et contre les Basques appartenait alors tout entière au roi d'Austrasie au nom duquel le ban de guerre fut publié sur les deux rives de

---

[1] Denique cùm apud Burdegalensem civitatem, nullo prorsus inquietante, resideret, Sigulfus quidam a parte Sigiberti se super eum objecit. (Greg. Turon. Hist. Franc., lib. iv, apud script. rer. gallic. et francic., t. II, p. 228.) — Chlodoveus, filius Chilperici, Burdegalam pervadit a Sigulfo duce superatus, fugaciter ad patrem redit. (Fredegarii Hist. Franc. epitomat. Ibid., t. II, p. 407.) — Super quem Sigulfus dux partium Sigiberti irruens... (Aimoini monac. floriac. de Gest. Franc., ibid., t. III, p. 71.)

573. l'Adour. Quelques indices fournis par des faits postérieurs donnent lieu de croire que, pour ne pas dégarnir ses places fortes, le duc ou, comme on disait en langue germanique, le *mark-graf*[1] ordonna une levée en masse des habitants du pays; population de chasseurs, de pâtres et de bûcherons presque aussi sauvages que les Basques leurs voisins, et qui souvent s'entendaient avec eux pour piller les convois de marchandises, rançonner les petites villes et résister aux gouverneurs franks. Ceux des montagnards qui obéirent à l'appel du chef austrasien vinrent au rendez-vous, les uns à pied, les autres à cheval, avec leur armement habituel, c'est-à-dire, en équipage de chasse, l'épieu à la main et la trompe ou le cornet en bandoulière. Conduits par le *mark-graf* Sigulf, ils entrèrent à Bordeaux, pressant leur marche comme pour une surprise, et se dirigeant vers le quartier de la ville où les Neustriens étaient cantonnés.

Ceux-ci, attaqués à l'improviste par un ennemi supérieur en nombre, n'eurent que le temps de monter à cheval et d'y faire monter leur prince qu'ils entourèrent, fuyant avec lui dans la direction du nord. Les gens de Sigulf se mirent à les

---

[1] *Mark*, limite, frontière; *graf*, chef de canton, gouverneur, juge.

poursuivre avec acharnement, animés, soit par l'espérance de prendre à merci et de rançonner un fils de roi, soit par un instinct de haine nationale contre les hommes de race franke. Afin de s'exciter mutuellement à la course, ou pour accroître la terreur des fugitifs, ou simplement par une fantaisie de gaieté méridionale, ils sonnaient, en courant, de leurs trompes et de leurs cornets de chasse. Durant tout le jour, penché sur les rênes de son cheval qu'il pressait de l'éperon, Chlodowig entendit derrière lui le son du cor et les cris des chasseurs qui le suivaient à la piste comme un cerf lancé dans le bois[1]. Mais le soir, à mesure que l'obscurité devint plus épaisse, la poursuite se ralentit par degrés, et bientôt les Neustriens furent libres de continuer leur route au pas de voyage. C'est ainsi que le jeune Chlodowig regagna les rives de la Loire et les murailles d'Angers d'où il était sorti naguère à la tête d'une armée nombreuse[2].

573.

Cette fin ridicule d'une expédition entreprise avec insolence produisit dans l'âme du roi Hilperik un sentiment de dépit sombre et furieux. Ce

---

[1] Quem fugientem cum tubis et buccinis, quasi labentem cervum fugans, insequebatur. (Greg Turon. Hist. Franc., lib. IV, apud script. rer. gallic. et francic., t. II, p. 228.)

[2] Qui vix ad patrem regrediendi liberum habuit aditum. Tamen per Andegavis regressus ad eum rediit. (Ibid.)

573. n'était plus seulement la passion du gain, mais encore celle de l'orgueil blessé, qui l'excitait à tout risquer pour reprendre ses conquêtes, et répondre au défi qu'on semblait lui porter. Décidé à venger son honneur d'une manière éclatante, il rassembla sur les bords de la Loire une armée beaucoup plus nombreuse que la première, et il en donna le commandement à Theodebert, l'aîné de ses fils [1]. Le prudent Gonthramn réfléchit cette fois qu'une nouvelle intervention de sa part serait probablement inutile pour la paix, et certainement très-coûteuse pour lui. Renonçant au rôle d'arbitre, il adopta un genre de médiation qui, en cas de non-succès, lui permettait de se tenir à l'écart et de ne prendre aucun parti dans la querelle. Il remit à un synode ecclésiastique le soin de réconcilier les deux rois; et, d'après ses ordres, tous les évêques de son royaume, neutres par position, s'assemblèrent en concile dans une ville neutre, Paris, où, suivant l'acte de partage, aucun des fils de Chlother ne pouvait mettre le pied sans le consentement des deux autres [2]. Le concile adressa au roi de Neustrie les exhortations

---

[1] Chilpericus autem rex, in ira commotus, per Theodobertum filium suum seniorem, civitates ejus [Sigiberti] pervadit, id est Turonis et Pictavis, et reliquas citra Ligerim sitas. (Greg. Turon. Hist. Franc., lib. iv, apud script. rer. gallic. et francic., t. II, p. 228.)

[2] Guntchramnus rex omnes episcopos regni sui congregat, ut inter utrosque quid veritas haberet, edicerent. (Ibid.)

les plus pressantes pour qu'il gardât la paix jurée et n'envahît plus les droits de son frère. Mais tous les discours et tous les messages furent inutiles. Hilperik, n'écoutant rien, continua ses préparatifs militaires, et les membres du synode retournèrent auprès du roi Gonthramn, apportant, pour unique fruit de leur mission, l'annonce d'une guerre inévitable[1].

Cependant Theodebert passa la Loire, et, par un mouvement qui semble offrir quelque apparence de combinaison stratégique, au lieu de marcher d'abord sur Tours, comme avait fait son jeune frère, il se dirigea vers Poitiers, où les chefs austrasiens qui commandaient en Aquitaine venaient de concentrer leurs forces. Gondebald, le principal d'entre eux, eut l'imprudence de hasarder le combat en plaine contre les Neustriens beaucoup plus nombreux, et surtout plus animés à cette guerre que les troupes qu'il conduisait; il fut complétement défait, et perdit tout dans une seule bataille[2]. Les vainqueurs en-

---

[1] Sed ut bellum civile in majore pernicitate cresceret, eos audire peccatis facientibus distulerunt. (Greg. Turon. Hist. Franc., lib. IV, apud script. rer. gallic. et francic., t. II, p. 228.) — La guerre continuait en dépit d'un jugement solennel et la loi de la composition était enfreinte ; il faut bien distinguer, comme l'a fait Adrien de Valois, cette médiation toute officieuse du jugement rendu en l'année 569. Voyez plus haut, p. 2, 4 et 9, et *Adriani Valesii Rer. francic. lib.* IX, p. 26 et 51.

[2] Qui Pictavis veniens contra Gundobaldum ducem pugnavit. Terga

573. trèrent à Poitiers; et Theodebert, maître de cette place au centre de l'Aquitaine austrasienne, put se porter librement vers l'une ou vers l'autre des villes dont il avait mission de s'emparer. Il choisit la direction du nord, et entra sur cette partie du territoire de Tours qui occupe la rive gauche de la Loire. Soit par les ordres de son père, soit d'après sa propre inspiration, il fit au pays une guerre de sauvage, portant la dévastation et le massacre dans tous les lieux où il passait. Les citoyens de Tours virent avec effroi du haut de leurs murailles les nuages de fumée qui, s'élevant de tous côtés autour d'eux, annonçaient l'incendie des campagnes voisines. Quoique liés envers le roi Sighebert par un serment prêté sur les choses saintes, ils firent taire leurs scrupules religieux, et se rendirent à discrétion en implorant la clémence du vainqueur[1].

Après la soumission de Poitiers et de Tours, l'armée neustrienne alla mettre le siége devant Limoges qui lui ouvrit ses portes, et, de Limoges, elle marcha sur Cahors. Dans cette longue route, son passage fut marqué par la dévastation des

autem vertente exercitu partis Gundobaldi, magnam ibi stragem de populo illo fecit. (Greg. Turon. Hist. Franc., lib. IV, apud script. rer. gallic. et francic., t. II, p. 228.)

[1] Sed et de Turonica regione maximam partem incendit, et nisi ad tempus manus dedissent, totam continuo debellasset. (Ibid.)

campagnes, le pillage des maisons et la profanation des lieux saints. Les églises étaient dépouillées et incendiées, les prêtres mis à mort, les religieuses violées, et les couvents détruits de fond en comble[1]. Au bruit de ces ravages, une terreur universelle se répandit d'un bout à l'autre de l'ancienne province d'Aquitaine, depuis le Loire jusqu'aux Pyrénées. Ce vaste et beau pays où les Franks étaient entrés, soixante ans auparavant, non comme ennemis de la population indigène, mais comme adversaires des Goths ses premiers dominateurs, et comme soldats de la foi orthodoxe contre une puissance hérétique, ce pays privilégié, où la conquête avait passé deux fois sans laisser de traces, où les mœurs romaines se propageaient presque intactes, et où les princes germains d'outre Loire n'étaient guère connus que par leur réputation de parfaits catholiques, fut subitement arraché au repos dont il jouissait depuis un demi-siècle.

573.

Le spectacle de tant de cruautés et de sacriléges frappait les esprits d'étonnement et de tris-

---

[1] Commoto autem exercitu, Lemovicinum, Cadurcinum, vel reliquas illorum provincias pervadit, vastat, evertit; ecclesias incendit, ministeria detrahit, clericos interficit, monasteria virorum dejicit, puellarum deludit, et cuncta devastat. (Greg. Turon. Hist. Franc., lib. IV, apud script. rer. gallic. et francic., t. II, p. 228.)

tesse. On comparait la campagne de Theodebert, en Aquitaine, à la persécution de Dioclétien[1]; on opposait, avec une surprise naïve, les crimes et les brigandages commis par l'armée de Hilperik aux actes de piété de Chlodowig-le-Grand, qui avait fondé et enrichi un si grand nombre d'églises. Des invectives et des malédictions en style biblique sortaient de la bouche des évêques et des sénateurs aquitains, dont la foi chrétienne était tout le patriotisme, ou bien ils se racontaient l'un à l'autre, avec un sourire d'espérance, les miracles qui, selon le bruit public, s'opéraient en différents lieux pour punir les excès des barbares[2]. C'était le nom qu'on donnait aux Franks; mais ce mot n'avait par lui-même aucune signification injurieuse ; il servait en Gaule à désigner la race conquérante, comme celui de Romains la race indigène.

Souvent l'accident le plus simple faisait le fond de ces récits populaires que des imaginations

---

[1] Fuitque illo in tempore pejor in ecclesiis gemitus, quam tempore persecutionis Diocletiani. (Greg. Turon. Hist. Franc., lib. IV, apud script. rer. gallic et francic., t. II, p. 228.)

[2] Et adhuc obstupescimus et admiramur cur tantæ super eos plagæ irruerint : sed recurramus ad illud quod parentes corum egerunt, et isti perpetrant. Illi de fanis ad ecclesias sunt conversi ; isti quotidie de ecclesiis prædas detrahunt. Illi monasteria et ecclesias ditaverunt ; isti eas diruunt ac subvertunt. (Ibid.)

frappées coloraient d'une teinte superstitieuse.
A quelques lieues de Tours, sur la rive droite
de la Loire, se trouvait un couvent célèbre par
des reliques de saint Martin ; pendant que les
Franks ravageaient la rive gauche, une vingtaine
d'entre eux prirent un bateau pour passer à l'autre bord, et piller ce riche monastère. N'ayant
pour diriger le bateau, ni rames, ni perches
ferrées, ils se servaient de leurs lances, tenant le
fer en haut et appuyant l'autre bout au fond de
la rivière. En les voyant approcher, les moines,
qui ne pouvaient se méprendre sur leurs intentions, vinrent au-devant d'eux, et leur crièrent :
« Gardez-vous, ô barbares! gardez-vous de des-
« cendre ici, car ce monastère appartient au
« bienheureux Martin [1]. » Mais les Franks n'en
débarquèrent pas moins; ils battirent les religieux, brisèrent les meubles du couvent, enlevèrent tout ce qui s'y trouvait de précieux et en
firent des ballots qu'ils empilèrent sur leur embarcation [2]. Le bateau, mal conduit et chargé
outre mesure, alla donner dans un de ces bas-

---

[1] Nolite, o barbari, nolite hic transire : beati enim Martini istud est monasterium. (Greg. Turon. Hist. Franc., lib. IV, apud script. rer. gallic. et faancic., t. II, p. 228.)

[2] Illuc transgrediuntur, et, inimico stimulante, monachos cædunt, monasterium evertunt, resque diripiunt : de quibus facientes sarcinas, navi imponunt. (Ibid., p. 229.)

573. fonds qui encombrent le lit de la Loire, et y resta engravé. A la secousse produite par ce temps d'arrêt, plusieurs de ceux qui manœuvraient, en poussant de toutes leurs forces, pour faire marcher la lourde barque, trébuchèrent, et tombèrent en avant, chacun sur le fer de sa lance qui lui entra dans la poitrine; les autres, saisis à la fois de terreur et de componction, se mirent à crier et à appeler du secours. Quelques-uns des religieux qu'ils avaient maltraités, accourant alors, montèrent dans une barque, et virent, non sans étonnement, ce qui était arrivé. Pressés, par les pillards eux-mêmes, de reprendre tout le butin enlevé dans leur maison, ils regagnèrent la rive en chantant l'office des morts pour l'âme de ceux qui venaient de périr d'une manière si imprévue[1].

Pendant que ces choses se passaient en Aquitaine, le roi Sighebert rassemblait toutes les forces de son royaume, pour marcher contre Theodebert, ou contraindre Hilperik à le rappeler et à rentrer dans les limites que lui assignait le traité de partage. Il appela aux armes, non-seulement les Franks des bords de la Meuse, de

---

[1] Et uniuscujusque ferrum, quod contra se tenebat, pectori diffigitur... Quibus interfectis, monachi ipsos et res suas ex alveo detrahentes, illos sepelientes, res suas domui restituunt. (Greg. Turon. Hist. Franc., lib. IV, apud script. rer. gallic. et francic., t. II, p. 229.)

la Moselle et du Rhin, mais encore toutes les tribus germaines, qui, au delà de ce dernier fleuve, reconnaissaient l'autorité ou le patronage des fils de Merowig. Tels étaient les Sweves ou Swabes et les Alamans, derniers débris de deux confédérations autrefois puissantes; les Thorings et les Baïwares, qui conservaient leur nationalité sous des ducs héréditaires; enfin, plusieurs peuplades de la Basse-Germanie, détachées soit de gré, soit de force, de la redoutable ligue des Saxons, ennemie et rivale de l'empire frank[1]. Ces nations trans-rhénanes, comme on les appelait alors, étaient entièrement païennes, ou, si les plus rapprochées de la frontière gauloise avaient reçu quelques semences de christianisme, elles y mêlaient, d'une manière bizarre, les pratiques de leur ancien culte, sacrifiant des animaux, et jusqu'à des hommes dans les circonstances solennelles[2]. A ces dispositions féroces se joignaient une soif de pillage et un instinct de conquête qui les poussaient vers l'Occident,

573.

---

[1] Dum hæc agerentur, Sigibertus rex gentes illas quæ ultra Rhenum habentur commovet, et bellum civile ordiens, contra fratrem suum Chilpericum ire destinat (Greg. Turon. Hist. Franc., lib. IV, apud script. rer. gallic. et francic., t. II, p. 229.)

[2] Nam ita christiani sunt isti barbari, ut multos priscæ superstitionis ritus observent, humanas hostias aliaque impia sacrificia divinationibus adhibentes. (Procopii de Bello gothico lib. II, cap. XXV, apud script. rer. gallic. et francic., t. II, p. 37.)

573. et les stimulaient à passer le grand fleuve pour aller, comme les Franks, prendre leur part du butin et des terres de la Gaule.

Ceux-ci le savaient, et ils observaient avec défiance les moindres mouvements de leurs frères d'origine, toujours prêts à émigrer sur leurs traces, et à tenter sur eux une conquête. Ce fut pour écarter ce danger que Chlodowig-le-Grand livra aux Swabes et aux Alamans réunis la fameuse bataille de Tolbiac. D'autres victoires, remportées par les successeurs de Chlodowig, suivirent la défaite de cette avant-garde des populations d'outre Rhin. Theoderik soumit la nation thuringienne et plusieurs tribus des Saxons, et Sighebert lui-même signala contre ces derniers son activité et son courage. Comme roi de la France orientale, et gardien de la frontière commune, il avait maintenu les peuples germaniques dans la crainte et le respect de la royauté franke; mais, en les enrôlant dans son armée et en les menant sous ses drapeaux jusqu'au centre de la Gaule, il devait réveiller en eux cette vieille passion de jalousie et de conquête, et soulever un orage menaçant à la fois pour les Gaulois et pour les Franks.

Aussi, à la nouvelle de ce grand armement de l'Austrasie, un sentiment d'inquiétude se répandit, non-seulement parmi les sujets de Hilperik, mais encore parmi ceux de Gonthramn qui, lui-même, partagea leurs craintes. Malgré son peu de penchant à chercher querelle sans avoir été longuement et vivement provoqué, il n'hésita pas à considérer la levée en masse des nations païennes d'outre Rhin, comme un acte d'hostilité contre tout ce qu'il y avait de chrétiens en Gaule, et il répondit favorablement à la demande de secours que lui adressa Hilperik. « Les deux rois eurent une entrevue, dit le narrateur contemporain, et firent alliance, se jurant l'un à l'autre qu'aucun d'eux ne laisserait périr son frère[1]. » Prévoyant que le plan de Sighebert serait de marcher vers le sud-ouest, et de gagner un point quelconque de la route entre Paris et Tours, Hilperik transporta ses forces sur la partie orientale du cours de la Seine, afin d'en défendre le passage. Gonthramn, de son côté, garnit de troupes sa frontière du nord, qui n'était protégée par aucune défense naturelle, et vint lui-même à Troyes où il s'établit en observation.

573.

Ce fut en l'année 574 que les troupes du roi d'Austrasie, après plusieurs jours de marche,

574.

---

[1] Quod audiens Chilpericus, ad fratrem suum Guntchramnum legatos mittit. Qui conjuncti pariter fœdus ineunt, ut nullus fratrem suum perire sineret. (Greg. Turon. Hist. Franc., lib. IV, apud script. rer. gallic. et francic., t. II, p. 229.)

574. arrivèrent près d'Arcis-sur-Aube. Sighebert fit halte en cet endroit, et attendit, avant d'aller plus loin, le rapport de ses éclaireurs. Pour entrer dans le royaume de Hilperik sans changer de direction, il devait passer la Seine un peu au-dessus de son confluent avec l'Aube, dans un lieu nommé alors *les Douze Ponts*, et aujourd'hui Pont-sur-Seine; mais tous les ponts avaient été rompus, tous les bateaux enlevés, et le roi de Neustrie se tenait campé non loin de là, prêt à livrer bataille si l'on tentait le passage à gué[1]. A moins de dix lieues vers le sud, la Seine avec ses deux rives faisait partie des états, ou comme on s'exprimait alors, du lot de Gonthramn. Sighebert ne balança pas à le sommer de lui livrer passage sur ses terres. Le message qu'il lui envoya était bref et significatif : « Si tu ne me permets de passer ce fleuve à travers ton lot, je marcherai sur toi avec toute mon armée[2]. »

La présence de cette redoutable armée agit de

---

[1] Sed cùm Sigibertus gentes illas adducens venisset, et Chilpericus de alia parte cum suo exercitu resideret, nec haberet rex Sigibertus, super fratrem suum iturus, ubi Sequanam fluvium transmearet. (Greg. Turon. Hist. Franc., lib. iv, apud script. rer. gallic. et francic., t. II, p. 229.) — Sigibertus cum exercitu Arciaca recedens, Chilpericus Duodecim Pontes..... (Fredegarii Hist. Franc. epitom., ibid., p. 407.)

[2] Fratri suo Guntchramno mandatum mittit dicens : Nisi me permiseris per tuam sortem hunc fluvium transire, cum omni exercitu meo super te pergam. (Greg. Turon. loc. supr. cit.)

la manière la plus forte sur l'imagination du roi 574.
Gonthramn, et les mêmes motifs de crainte qui
l'avaient déterminé à se coaliser avec Hilperik le
portèrent à rompre cette alliance et à violer son
serment. Tous les détails qu'il recevait de ses
espions et des gens du pays sur le nombre et
l'aspect des troupes austrasiennes, lui présen-
taient sous des couleurs effrayantes le danger
auquel un refus devait l'exposer. En effet, si les
armées des rois mérovingiens étaient d'ordinaire
sans discipline, celle-là passait en turbulence
farouche tout ce qu'on avait vu depuis l'époque
des grandes invasions. Les bataillons d'élite se
composaient de la population franke la moins
civilisée et la moins chrétienne, celle qui habitait vers le Rhin; et le gros des troupes était une
horde de barbares dans toute la force du terme.
C'étaient de ces figures étranges qui avaient parcouru la Gaule au temps d'Attila et de Chlodowig,
et qu'on ne retrouvait plus que dans les récits
populaires; de ces guerriers aux moustaches pen-
dantes et aux cheveux relevés en aigrette sur le
sommet de la tête, qui lançaient leur hache
d'armes au visage de l'ennemi, ou le harpon-
naient de loin avec leur javelot à crochets[1]. Une
pareille armée ne pouvait se passer de brigan-

---

[1] Voyez Lettres sur l'histoire de France, lettre vi.

574. dage, même en pays ami; mais Gonthramn aima mieux s'exposer à quelques déprédations de courte durée que d'encourir les chances d'une invasion et d'une conquête. Il céda le passage, probablement par le pont de Troyes; et dans cette ville même, il eut une entrevue avec son frère Sighebert, auquel il promit par serment une paix inviolable et une sincère amitié[1].

A la nouvelle de cette trahison, Hilperik se hâta d'abandonner ses positions sur la rive gauche de la Seine, et de gagner, par une retraite précipitée, l'intérieur de son royaume. Il marcha sans s'arrêter jusqu'aux environs de Chartres, et campa sur les bords du Loir, près du bourg d'Avallocium qui maintenant se nomme Alluye[2]. Durant cette longue route, il fut constamment suivi et serré de près par les troupes ennemies. Plusieurs fois, Sighebert, croyant qu'il allait faire halte, le fit sommer, selon la coutume germa-

---

[1] Quod ille timens, fœdus cum eodem iniit, eumque transire permisit. (Greg. Turon. Hist. Franc., lib. IV, apud script. rer. gallic. et francic., t. II, p. 229.) — Trecas junxerunt, et in ecclesia sancti Lupi sacramenta ut pacem servarent, dederunt. (Fredegarii Hist. Franc. epitom., ibid., p. 407.) — Cet auteur brouille ici les faits de la manière la plus étrange, mais j'ai cru pouvoir profiter des indications géographiques qu'il donne, et qui ne se trouvent point ailleurs.

[2] Denique sentiens Chilpericus quod Guntchramnus, relicto eo, ad Sigibertum transisset, castra movit et usque Avallocium Carnotensem vicum abiit. (Greg. Turon. loc. supr. cit.)

nique, de prendre jour pour le combat; mais, au lieu de répondre, le roi de Neustrie forçait de vitesse et continuait sa marche. A peine fut-il établi dans ses nouvelles positions, qu'un héraut de l'armée austrasienne lui apporta le message suivant : « Si tu n'es pas un homme de rien, « prépare un champ de bataille et accepte le com- « bat [1]. » Jamais un pareil défi porté à un homme de race franke ne restait sans réponse; mais Hilperik avait perdu toute sa fierté originelle. Après d'inutiles efforts pour échapper à son ennemi, poussé à bout, et ne se sentant pas le courage du sanglier aux abois, il eut recours à la prière, et demanda la paix en promettant satisfaction.

Sighebert, malgré son naturel violent, ne manquait pas de générosité; il consentit à oublier tout, pourvu seulement que les villes de Tours, Poitiers, Limoges et Cahors, lui fussent rendues sans délai, et que l'armée de Theodebert repassât la Loire [2]. Vaincu de son propre aveu, et pour la seconde fois déchu de ses espérances de con-

574.

---

[1] Quem Sigibertus insecutus, campum sibi preparari petiit. (Greg. Turon. Hist. Franc., lib. IV, apud script. rer. gallic. et francic., t. II, p. 229.) — Homme de rien, *Nihtig, Nihting, Niding*, selon les dialectes germaniques; cette formule s'employait dans les défis et les proclamations de guerre. Voyez plus haut, t. I. *Considérations*, chap. v.

[2] Ille verro timens ne, conliso utroque exercitu, etiam regnum eorum courueret, pacem petiit, civitatesque ejus, quas Theodobertus male pervaserat, reddidit. (Greg. Turon., loc. supr. cit.)

574. quête, Hilperik, comme un animal pris au piége, se montra tout à fait radouci; il eut même un de ces accès de bonhomie qui, dans le caractère germanique, semblait faire intermittence avec la férocité la plus brutale et l'égoïsme le plus rusé. Il s'inquiéta de ce que deviendraient les habitants des quatre villes qui s'étaient soumises à lui : « Pardonne-leur, dit-il à son frère, et ne « mets pas la faute sur eux, car s'ils ont manqué « à la foi qu'ils te devaient, c'est que je les y ai « contraints par le fer et par le feu. » Sighebert fut assez humain pour écouter cette recommandation[1].

Les deux rois paraissaient très-satisfaits l'un de l'autre, mais un grand mécontentement régnait dans l'armée austrasienne. Les hommes enrôlés dans les contrées d'outre Rhin murmuraient de ce qu'une paix inattendue venait les frustrer du butin qu'ils s'étaient promis d'amasser en Gaule. Ils s'indignaient d'avoir été emmenés si loin de chez eux pour ne pas se battre et pour ne rien gagner; ils accusaient le roi Sighebert de s'être retiré du jeu dès qu'il avait fallu combattre. Tout le camp était en rumeur, et une émeute violente se préparait. Le roi, sans témoigner aucune émo-

[1] Deprecans ut nullo casu culparentur earum habitatores; quos ille injuste igni ferroque opprimens adquisierat. (Greg. Turon. Hist. Franc., lib. IV, apud script. rer. gallic. et francic., t. II, p. 229.)

tion, monta à cheval, et galopant vers les groupes 574. où vociféraient les plus mutins : « Qu'avez-vous? « leur dit-il, et que demandez-vous?—La bataille! « cria-t-on de toutes parts. Donne-nous l'occa- « sion de nous battre et de gagner des richesses, « autrement nous ne retournons pas dans notre « pays[1]. » Cette menace pouvait amener une nouvelle conquête territoriale au sein de la Gaule, et le démembrement de la domination franke ; mais Sighebert n'en fut nullement troublé ; et joignant à une contenance ferme des paroles de douceur et des promesses, il parvint, sans trop de peine, à calmer cette colère de sauvages.

Le camp fut levé, et l'armée se mit en marche pour regagner les bords du Rhin. Elle prit le chemin de Paris, mais ne passa point par cette ville, dont Sighebert, fidèle à ses engagements, respectait la neutralité. Sur toute leur route les colonnes austrasiennes ravagèrent les lieux qu'elles traversaient, et les environs de Paris se ressentirent longtemps de leur passage. La plupart des bourgs et des villages furent incendiés,

---

[1] Tunc ex gentibus illis contra eum quidam murmuraverunt, cur se a certamine substraxisset. Sed ille, ut erat intrepidus, ascenso equo, ad eos dirigit. (Greg. Turon. Hist. Franc., lib. IV, apud script. rer. gallic. et francic., t. II, p. 229.)— Adversus Sigibertum rumorem levant, dicentes : Sicut promisisti, da nobis ubi rebus ditemur, aut præliemur; alioquin ad patriam non revertimur. (Fredegarii Hist. Franc. epitom., ibid., p. 307.)

574. les maisons pillées, et beaucoup d'hommes emmenés en servitude, sans qu'il fût possible au roi de prévenir ou d'empêcher de tels excès. « Il « parlait et conjurait, dit l'ancien narrateur, pour « que ces choses n'eussent pas lieu, mais il ne « pouvait prévaloir contre la fureur des gens « venus de l'autre côté du Rhin [1]. »

Ces païens n'entraient dans les églises que pour y commettre des vols. Dans la riche basilique de Saint-Denis, l'un des capitaines de l'armée prit une pièce d'étoffe de soie brochée d'or et semée de pierres précieuses qui couvrait le tombeau du martyr; un autre ne craignit pas de monter sur le tombeau même pour atteindre de là, et abattre avec sa lance une colombe en or, figure du Saint-Esprit, suspendue aux lambris de la chapelle [2]. Ces pillages et ces profanations indignaient Sighebert comme roi et comme chrétien; mais, sentant qu'il ne pouvait rien sur l'esprit de ses soldats, il agit envers eux comme son aïeul Chlodowig envers celui qui avait brisé le vase de Reims. Tant que l'armée fut en marche, il

[1] Vicos quoque, qui circa Parisius erant, maxime tunc flamma consumsit; et tam domus quam res reliquæ ab hoste direptæ sunt, ut etiam et captivi ducerentur. Obtestabatur enim rex ne hæc fierent, sed furorem gentium, quæ de ulteriore Rheni amnis parte venerant, superare non poterat. (Greg. Turon. Hist. Franc., lib. IV, apud script. rer. gallic. et francic., t. II, p. 229.)

[2] Adriani Valesii Rer. francic., lib. IX, p. 55.

laissa faire, et dissimula son dépit; mais au retour, quand ces hommes indisciplinables, regagnant chacun sa tribu et sa maison, se furent dispersés en différents lieux, il fit saisir un à un et mettre à mort ceux qui s'étaient le plus signalés par des actes de mutinerie et de brigandage[1].

Il paraît que de semblables dévastations eurent lieu au passage des Austrasiens sur la frontière septentrionale du royaume de Gonthramn, et que ce grief, qu'il ressentit vivement, amena de la mésintelligence entre lui et Sighebert. D'un autre côté, les dispositions pacifiques du roi de Neustrie ne furent pas de longue durée; dès qu'il se vit hors de danger, il revint à son idée fixe, et tourna de nouveau un regard de convoitise vers les villes d'Aquitaine qu'il avait un moment possédées. La brouillerie qui venait d'éclater entre ses deux frères, lui parut une circonstance favorable pour la reprise de son projet de conquête; il s'empressa de saisir l'occasion, et, moins d'un an après la conclusion de la paix, il envoya dire à Gonthramn : « Que mon frère vienne avec « moi, voyons-nous, et, d'un commun accord,

---

[1] Sed omnia patienter ferebat, donec redire posset ad patriam..... multos ex eis postea lapidibus obrui præcipiens. (Greg. Turon. Hist. Franc., lib. IV, apud script. rer. gallic. et francic., t. II, p. 229.)

« poursuivons notre ennemi Sighebert[1]. » Cette proposition fut très-bien accueillie; les deux rois eurent ensemble une entrevue, se firent des présents d'amitié, et conclurent une alliance offensive contre leur frère d'Austrasie. Hilperik, plein de confiance, fit marcher de nouvelles troupes vers la Loire, sous le commandement de son fils Theodebert, qui passa ce fleuve pour la seconde fois en l'année 575; lui-même entra avec une armée sur le territoire de Reims, frontière occidentale du royaume d'Austrasie. Son invasion fut accompagnée des mêmes ravages que la campagne de Theodebert en Aquitaine; il incendia les villages, détruisit les récoltes, et pilla tout ce qui pouvait s'emporter[2].

La nouvelle de ces brigandages parvint à Sighebert en même temps que celle de la coalition formée contre lui. Il avait pardonné à Hilperik, et résisté aux sollicitations de sa femme, qui ne voulait ni paix ni trêve avec le meurtrier de Galeswinthe; son indignation fut celle d'un

---

[1] Post annum iterum Chilpericus ad Guntchramnum fratrem suum legatos mittit, dicens : Veniat frater mecum, et videamus nos, et pacificati persequamur Sigibertum inimicum nostrum. (Greg. Turon. Hist. Franc., lib. IV, apud script. rer. gallic. et francic., t. II, p. 229.)

[2] Quod cùm fuisset factum, seque vidissent, ac muneribus honorassent, commoto Chilpericus exercitu, usque Rhenis accessit, cuncta incendens atque debellans. (Ibid.)

homme simple de cœur et fougueux de carac- 575.
tère, qui découvre qu'on s'est joué de sa bonne
foi. Il éclata en invectives et en imprécations;
mais cette colère bouillante, espèce de fièvre
dont l'accès pouvait se calmer de nouveau par
la soumission de l'ennemi, était trop peu sûre
pour contenter Brunehilde. Elle déploya tout ce
qu'elle avait d'influence sur son mari pour lui
insinuer dans l'âme un désir de vengeance plus
réfléchi, et diriger tous ses ressentiments vers
un but unique, le fratricide. En finir avec l'assassin, tel était le cri de la sœur de Galeswinthe,
et Sighebert l'écouta cette fois. Ce fut avec la
pensée d'un duel à mort qu'il proclama de nouveau son ban de guerre contre Hilperik, parmi
les Franks orientaux et les peuples d'outre
Rhin[1].

Pour exciter ces gens si peu traitables à se
battre en déterminés, le roi d'Austrasie leur
promit tout : de l'argent, le pillage, et jusqu'à
des terres et des villes dans la Gaule. Il marcha
directement vers l'ouest au secours de la province rémoise; ce qui le dispensa de s'inquiéter
de la manière dont il passerait la Seine. A son

---

[1] Quod audiens Sigibertus, iterum convocatis gentibus illis, quarum supra memoriam fecimus.... contra fratrem suum ire disponit. (Greg.
Turon. Hist. Franc., lib. IV, apud script. rer gallic. et francic., t. II,
p. 229.)

575. approche, Hilperik, évitant le combat comme dans la campagne précédente, fit sa retraite en longeant le cours de la Marne, et alla vers la Seine inférieure chercher une position favorable. Sighebert le poursuivit jusque sous les murs de Paris; mais il s'arrêta là, tenté par l'idée d'occuper cette ville, qu'on regardait alors comme très-forte, d'en faire sa place d'armes, et au besoin une place de refuge. Quelque prudente que fût cette idée, le roi d'Austrasie, en y obéissant, fit un acte de témérité devant lequel il eût reculé sans doute, si sa passion de vengeance n'avait fait taire en lui tout scrupule et toute crainte.

En vertu du traité de partage, conclu huit ans auparavant, Paris, divisé en trois lots, était cependant une ville neutre, interdite à chacun des trois fils de Chlother par le serment le plus sacré et par toutes les terreurs de la religion. Nul d'entre eux, jusque-là, n'avait osé enfreindre ce serment et braver les malédictions prononcées contre celui qui le violerait. Sighebert en eut le courage, aimant mieux risquer son âme que de négliger un seul moyen de succès dans la poursuite de ses desseins. Paris, en effet, lui était nécessaire comme point d'appui, et, pour employer une locution toute moderne, comme base de ses opérations ultérieures, soit

qu'il voulût agir contre Hilperik à l'ouest, ou 575.
au sud contre Theodebert. Il somma donc la
ville de le recevoir, en dépit du traité, et il y
entra sans aucune résistance, car elle n'était gardée contre lui que par la protection de saint
Polyeucte, de saint Hilaire et de saint Martin[1].

Après avoir établi ses quartiers à Paris, le roi
Sighebert s'occupa premièrement d'envoyer des
troupes contre le fils de Hilperik qui, parcourant
en Aquitaine la même route que l'année précédente, venait d'arriver à Limoges. Entre la ville
de Tours et celle de Chartres, une bande de terre,
comprenant les pays de Châteaudun et de Vendôme, appartenait au royaume d'Austrasie; Sighebert résolut d'y lever une armée, afin de
ménager les forces qu'il avait amenées avec lui.
Ses messagers allèrent de bourgade en bourgade,
publiant une proclamation qui enjoignait à tout
homme libre de se trouver au rendez-vous de

[1] Parisius venit. (Greg. Turon. Hist. Franc., lib. iv, apud script. rer. gallic et francic., t. II, p. 229.) — Ecce pactiones quæ inter nos factæ sunt, ut quisquis sine fratris voluntate Parisius urbem ingrederetur, amitteret partem suam, essetque Polyeuctus martyr, cum Hilario atque Martino confessoribus, judex ac retributor ejus. Post hæc ingressus est in eam germanus meus Sigibertus, qui judicio Dei interiens, amisit partem suam... juxta Dei judicium et maledictiones pactionum. (Ibid. lib. vii, p. 295.)

575. guerre, équipé de son mieux d'armes quelconques, depuis la cuirasse et la lance jusqu'au bâton ferré et au simple couteau. Mais, ni dans les villes ni hors des villes, personne ne répondit à l'appel; et, malgré l'amende de soixante sols d'or prononcée contre celui qui résistait aux ordonnances royales, les habitants de Châteaudun, de Vendôme et des environs de Tours ne s'armèrent point, et ne quittèrent point leurs maisons[1]. Ces gens savaient que leur pays était compris dans le partage de Sighebert, et que les impôts levés chez eux se rendaient au fisc d'Austrasie, mais c'était tout, et comme le roi dont ils dépendaient ne leur faisait sentir par aucun acte son autorité administrative, comme cet ordre était le premier qu'ils eussent jamais reçu de lui, ils y firent peu d'attention.

Cette résistance passive devait, si elle se prolongeait, contraindre le roi d'Austrasie à diviser ses forces. Pour la faire cesser promptement et sans violence, il envoya sur les lieux ses deux plus habiles négociateurs, Godeghisel, maire du pa-

---

[1] Mittens nuntios Dunensibus et Turonicis, ut contra Theodobertum ire deberent. Quod illi dissimulantes... (Greg. Turon. Hist. Franc., lib. IV, apud script. rer. gallic. et francic., t. II, p. 229.) — Leg. Ripuar., tit. LXV, ibid., t. IV, p. 248. — Leg. Wisigoth., lib. IX, ibid., p. 425.

lais, et Gonthramn, surnommé Bose, c'est-à-dire 575.
le malin, homme d'intrigue et de savoir-faire,
doué, malgré son origine tudesque, d'une souplesse d'esprit qui n'appartenait guère qu'à la
race gallo-romaine. Les deux Austrasiens réus-
sirent dans leur mission, et passèrent bientôt la
Loire à la tête d'une armée indigène, mal équi-
pée, mais assez nombreuse pour ne pas craindre
d'en venir aux mains avec les Franks de Theodebert[1].

Ceux-ci, déjà fort alarmés par la nouvelle de
l'invasion austrasienne, le furent encore plus
lorsqu'ils apprirent que des troupes s'avançaient
contre eux, et que la retraite leur était coupée.
Mais, quel que fût le découragement de ses soldats, Theodebert, en véritable chef germain,
résolut de marcher à l'ennemi[2]. Il sortit de
Limoges, et alla prendre position sur les bords
de la Charente, à huit ou dix milles d'Angoulême;
durant ce trajet, beaucoup de ses gens déser-
tèrent, de sorte qu'au moment de livrer bataille,
il resta presque abandonné; il n'en combattit
pas moins avec une grande bravoure, et fut tué

---

[1] Rex Godegiselum et Guntchramnum duces in capite dirigit. Qui commoventes exercitum adversus eum pergunt. (Greg. Turon. Hist. Franc., lib. IV, apud script. rer. gallic. et francic., t. II, p. 229.)

[2] At ille, derelictus a suis, cum paucis remansit : sed tamen ad bellum exire non dubitat. (Ibid.)

575. dans la mêlée. Les paysans gaulois dont se composait l'armée de Godeghisel et de Gonthramn Bose n'avaient point, comme les Franks, une sorte de culte pour les descendants de Merowig ; sans égard pour la longue chevelure qui distinguait le fils du roi Hilperik, ils le dépouillèrent comme le reste des morts, et le laissèrent nu sur le champ de bataille. Mais un chef austrasien, nommé Arnulf, eut horreur de cette profanation ; quoique ennemi de Theodebert, il enleva avec respect le corps du jeune prince ; puis, l'ayant lavé selon la coutume, et habillé de riches vêtements, il le fit ensevelir à ses frais dans la ville d'Angoulême [1].

Cependant le roi Gonthramn, cédant encore une fois à son goût pour le repos ou à l'impression de la crainte, venait de se réconcilier avec Sighebert. Hilperik apprit cette nouvelle trahison en même temps que la mort de son fils, et la perte de son armée d'Aquitaine. Réduit par ce double malheur à un état complet de désespoir, et ne songeant plus qu'à sauver sa vie, il quitta les bords de la Seine, traversa rapidement tout

---

[1] Theodobertus devictus in campo prosternitur, et ab hostibus exanime corpus, quod dici dolor est, spoliatur. Tunc ab Arnulfo quodam collectus, ablutusque, ac dignis vestibus est indutus, et ad Ecolismensem civitatem sepultus. (Greg. Turon. Hist. Franc., lib. IV, apud script. rer. gallic. et francic., t. II, p. 229.)

DEUXIÈME RÉCIT. 45

son royaume, et alla se réfugier dans les murs 575. de Tournai avec sa femme, ses enfants, et ses guerriers les plus fidèles[1]. La force de cette ville, première capitale de l'empire frank, l'avait déterminé à la prendre pour asile. Dans l'attente d'un siége, il s'occupait d'y rassembler des hommes et des munitions de guerre, pendant que Sighebert, libre de ses mouvements dans toute l'étendue de la Neustrie, s'emparait des villes de ce royaume.

Ayant occupé celles qui se trouvaient au nord et à l'est de Paris, il se porta vers l'occident, résolu de livrer ce qu'il venait de conquérir, cités et territoire, en solde à ses guerriers d'outre Rhin. Ce projet fut pour tous les Franks, même pour ceux du royaume d'Austrasie, une cause de vives inquiétudes[2]. Les Austrasiens étaient peu désireux d'avoir pour voisins en Gaule des gens qu'ils regardaient comme leurs ennemis naturels; et de leur côté les Neustriens se voyaient menacés de l'expropriation, de l'asservissement politique, de tous les maux qu'entraîne une con-

---

[1] Chilpericus vero cognoscens, quod iterum se Guntchramnus cum Sigiberto pacificasset, se infra tornacenses muros cum uxore et filiis suis communivit. (Greg. Turon. Hist. Franc., lib. iv, apud script. rer. gallic. et francic., t. II, p. 230.)

[2] Sigibertus vero obtentis civitatibus illis, quæ citra Parisius sunt positæ, usque Rothomagensem urbem accessit, volens easdem urbes hostibus cedere; quod ne faceret, a suis prohibitus est. (Ibid.)

quête territoriale. Les premiers firent entendre au roi des remontrances et des murmures; les seconds transigèrent avec lui. Après avoir délibéré sur ce qu'il convenait de faire dans une conjoncture aussi périlleuse, les seigneurs et les *arimans* de la Neustrie adressèrent à Sighebert un message conçu en ces termes : « Les Franks « qui autrefois regardaient du côté du roi Hil-« debert, et qui depuis sont devenus hommes-« liges du roi Hilperik, veulent maintenant se « tourner vers toi, et se proposent, si tu viens « les trouver, de t'établir roi sur eux[1]. »

Tel était le langage tant soit peu bizarre de la politique germaine, et c'est de cette manière que les Franks exerçaient leur droit de quitter le prince qui les gouvernait, et de passer sous l'obéissance d'un autre descendant de Merowig. La puissance royale, pour chacun des fils de Chlother, consistait bien moins dans l'étendue et la richesse des territoires qui formaient son royaume, que dans le nombre des hommes de guerre qui s'étaient rangés sous son patronage, et qui, selon l'expression germanique, obéis-

---

[1] Tunc Franci, qui quondam ad Childebertum adspexerant seniorem ad Sigibertum legationem mittunt, ut ad eos veniens, derelicto Chilperico, super se ipsum regem stabilirent. (Greg. Turon. Hist. Franc., lib. IV, apud script. re. gallic. et francic., t. II, p. 230.) — Convertimini ad me ut sub mea sitis defensione. (Ibid., lib. II, p. 184.)

saient à sa bouche[1]. Il n'y avait rien de fixe ni de stable dans la répartition de la population franke entre les rois dont elle faisait la force; elle ne répondait pas exactement aux circonscriptions territoriales, et l'un des princes pouvait avoir des vassaux dans le royaume d'un autre. Parmi ces vassaux ou leudes, les plus dévoués, les plus utiles, comme on s'exprimait alors, étaient ceux qui, habitant près du roi, et formant autour de sa personne une garde permanente, avaient pour salaire la vie commune à sa table ou sur les fruits de son domaine. Il y avait moins à compter sur la foi de ceux qui, domiciliés au loin, et vivant dans leurs propres maisons, jouissaient, par concession royale, du *feod* ou de la solde en terres[2]. C'est cette dernière classe d'hommes qui, pour sauver ses propriétés, déserta la cause de Hilperik, et offrit la royauté à Sighebert;

---

[1] *Mund*, d'où viennent les mots *mundeburdis*, *mundiburdium*, *mundeburde*, etc.—Sub sermone tuitionis nostræ visi fuimus recepisse, ut sub mundeburde vel defensione inlustris viri illius majoris domus nostri... (Marculfi Formul., lib. I, apud script. rer. gallic. et francic., t. IV, p. 447.) — D'après certains radicaux des langues teutoniques, la bouche était pour les anciens Germains le symbole de l'autorité, et l'oreille celui de la dépendance.

[2] Omnes causæ ejus aut amicorum suorum, tam illorum qui cum illo pergunt, quam qui ad propria eorum resident. (Marculfi Formul., lib. I, apud script. rer. gallic. et francic. t. IV, p. 447.) — Sur la véritable signification des mots *feod* et *alod*, voyez Lettres sur l'histoire de France, lettre x.

l'autre, plus fidèle mais moins nombreuse, avait suivi le roi fugitif jusque dans les murs de Tournai. Sighebert reçut avec joie le message et l'offre des Neustriens; il leur garantit par serment qu'aucune ville ne serait livrée à ses soldats, et promit de se rendre à l'assemblée où il devait être inauguré selon la coutume de ses ancêtres. Ensuite il alla jusqu'à Rouen faire une sorte de reconnaissance militaire, et revint à Paris après s'être assuré qu'aucune ville forte de l'ouest n'était disposée à tenir contre lui.

Afin de prémunir son mari contre un retour d'affection fraternelle, et de veiller par elle-même à l'accomplissement de sa vengeance, Brunehilde quitta la ville de Metz pour se rendre auprès de Sighebert. Elle avait une telle confiance dans la certitude de son triomphe, qu'elle voulut faire ce voyage accompagnée de ses deux filles, Ingonde et Chlodeswinde, et de son fils Hildebert, enfant de quatre ans. Ses chariots de bagage contenaient de grandes richesses et ce qu'elle avait de plus précieux en ornements d'or et en bijoux[1]. Il semble que, par une vanité de femme, elle voulût éblouir les yeux, et se montrer ma-

---

[1] Regressus inde, Parisius est ingressus ibique ad eum Brunichildis cum filiis venit. (Greg. Turon. Hist. Franc., lib. IV, apud script. rer. gallic. et francic., t. II, p. 230.)—Adriani Valesii Rer. francic., lib. IX, p. 57.

gnifique dans sa parure, en même temps que terrible pour ses ennemis. Cette princesse, jeune encore, et d'une beauté remarquable, répondait mieux que les autres épouses mérovingiennes à l'idée que la population gauloise se faisait d'une reine d'après les traditions de l'empire romain. Fille de roi, et née dans un pays où la royauté, quoique d'origine barbare, avait des allures tout impériales, elle commandait le respect par la dignité de ses manières et par la noblesse de sa naissance. Le jour de son entrée à Paris, les habitants se portèrent en foule à sa rencontre, le clergé des églises et les gens de famille sénatoriale s'empressèrent de venir la saluer; mais l'homme que sa dignité à la fois ecclésiastique et municipale plaçait à la tête de la ville, l'évêque Germanus, aujourd'hui honoré comme saint, ne se présenta pas.

575.

C'était un homme de civilisation autant que de foi chrétienne, une de ces organisations délicates à qui la vue du monde romain gouverné par des barbares causait d'incroyables dégoûts, et qui s'épuisaient dans une lutte inutile contre la force brutale et contre les passions des rois. Dès le commencement de la guerre civile, saint Germain avait essayé de s'interposer comme médiateur entre Hilperik et Sighebert, et à l'arrivée de ce dernier, il avait renouvelé en vain ses solli-

575. citations et ses remontrances. La fatigue et le découragement altérèrent sa santé; il tomba malade, et au milieu de ses souffrances corporelles, le présent et l'avenir de la Gaule s'offraient à lui sous des couleurs encore plus sombres. « Pourquoi, s'écriait-il, n'avons-nous pas un « moment de repos? pourquoi ne pouvons-nous « pas dire, comme les apôtres dans l'intervalle « de deux persécutions : Voici enfin des jours « supportables[1]? » Retenu par la maladie, et ne pouvant faire entendre à Brunehilde ses exhortations en faveur de la paix, il les lui adressa par écrit. Cette lettre qui fut remise par un clerc d'origine franke, nommé Gondulf, et qui s'est conservée jusqu'à nous, commence par des excuses respectueuses et des protestations d'attachement; puis elle continue de la manière suivante :

« Répéterai-je les bruits qui courent dans le « public? Ils me consternent, et je voudrais pou- « voir les dérober à la connaissance de votre « piété. On dit que c'est par vos conseils et votre « instigation que le très-glorieux roi Sighebert

---

[1] Eo tempore quando minor erat numerus populi christiani, et cùm Dei auxilio licebat residere quietum, tum apostoli dicebant : Ecce nunc tempus acceptabile, ecce nunc dies salutis. Nunc e contrario tam funestos et luctuosos ante oculos habentes dies, flentes dicimus : Ecce dies tribulationis et perditionis nostræ... (Germani Paris. episc. epist., apud script. rer. gallic. et francic., t. IV, p. 80.)

« s'acharne si obstinément à la ruine de ce pays. 575.
« Si je rapporte de semblables propos, ce n'est
« pas que j'y ajoute foi, c'est afin de vous sup-
« plier de ne fournir aucun prétexte à de si
« graves imputations. Quoique déjà, depuis long-
« temps, ce pays soit loin d'être heureux, nous
« ne désespérons pas encore de la miséricorde
« divine qui peut arrêter le bras de la vengeance,
« pourvu que ceux qui gouvernent ne se laissent
« pas dominer par des pensées de meurtre, par
« la cupidité, source de tout mal, et par la
« colère qui fait perdre le sens [1]...

« Dieu le sait, et cela me suffit; j'ai souhaité
« de mourir pour que leur vie soit prolongée,
« j'ai souhaité de mourir avant eux, afin de ne
« point voir de mes yeux leur ruine et celle de
« ce pays. Mais ils ne se lassent point d'être en
« querelle et en guerre, chacun rejetant la faute
« sur l'autre, n'ayant nul souci du jugement de
« Dieu, et ne voulant rien laisser à la décision
« de la toute-puissance divine. Puisque aucun
« d'eux ne daigne m'écouter, c'est à vous que
« j'adresse mes instances; car si, grâce à leurs

---

[1] Vulgi verba iterantes, quæ nos maxime terrent, vestræ pietati in notitiam deponimus, quæ ita disseminata eloquentium ore detrahunt, quasi vestro voto, consilio et instigatione dominus gloriosissimus Sigibertus rex tam ardue hanc velit perdere regionem. (Germani Paris. episc. epist., apud script. rer. gallic. et francic., t. IV, p. 80.)

575. « discordes, le royaume tombe à sa perte, il n'y
« aura pas là un grand triomphe pour vous ni
« pour vos enfants. Que ce pays ait à se féliciter
« de vous avoir reçue; montrez que vous y
« venez pour le sauver et non pour le perdre;
« en calmant la colère du roi, en lui persuadant
« d'attendre avec patience le jugement de Dieu,
« vous ferez tomber à néant les mauvais propos
« du peuple[1].

« C'est avec tristesse que je vous écris ces
« choses; car je sais comment se précipitent rois
« et nations à force d'offenser Dieu. Quiconque
« espère en la puissance de son propre bras, sera
« confondu et n'obtiendra point la victoire; qui-
« conque se repose avec confiance sur la multi-
« tude de ses gens, loin d'être à l'abri du dan-
« ger, tombera en péril de mort; quiconque
« s'enorgueillit de ses richesses en or et en
« argent, subira l'opprobre et la désolation avant
« que son avarice soit satisfaite. Voilà ce que
« nous lisons dans les Écritures[2]...

« C'est une victoire sans honneur que de
« vaincre son frère, que de faire tomber dans

[1] Ad hoc vos hæc regio suscepisse gratuletur, ut per vos salutem, non interitum percipere videatur. In hoc populi restinguitis verba, si mitigatis furorem, si Dei facitis expectare judicium. (Germani Paris. episc. epist., apud script. rer. gallic. et francic., t. IV, p. 81.)

[2] Propterea hæc dolens scribo, quia video qualiter præcipitantur et reges et populi, ut Dei incurrant offensam. (Ibid.)

« l'humiliation une famille de parents, et de rui-
« ner la propriété fondée par nos ancêtres. En se
« battant l'un contre l'autre, c'est contre eux-
« mêmes qu'ils combattent; chacun d'eux tra-
« vaille à détruire son propre bonheur, et l'en-
« nemi qui les regarde et qui approche se réjouit
« en voyant qu'ils se perdent... Nous lisons que
« la reine Esther fut l'instrument de Dieu pour
« le salut de tout un peuple; faites éclater votre
« prudence et la sincérité de votre foi, en détour-
« nant le seigneur roi Sighebert d'une entre-
« prise condamnée par la loi divine, et en faisant
« que le peuple jouisse du bien de la paix, jus-
« qu'à ce que le juge éternel prononce dans sa
« justice. L'homme qui mettrait de côté l'affec-
« tion fraternelle, qui mépriserait les paroles
« d'une épouse, qui refuserait de se rendre à la
« vérité, cet homme, tous les prophètes élèvent
« la voix contre lui, tous les apôtres le maudis-
« sent et Dieu lui-même le jugera dans sa toute-
« puissance[1]. »

Le sentiment de tristesse empreint dans chaque
phrase de cette lettre, la gravité un peu hautaine

---

[1] Inhonesta victoria est fratrem vincere, domesticas domos humiliare, et possessionem a parentibus constructam evertere. Contra semet-
ipsos pugnant suamque felicitatem exterminant : de sua perditione
gaudet accelerans inimicus. (Germani Paris. episc. epist., apud script.
rer. gallic. et francic., t. IV, p. 81.)

575. du style, et jusqu'à cette manière dédaigneuse de parler des rois sans les nommer, tout cela avait quelque chose d'imposant; mais tout cela fut inutile. Brunehilde possédait au plus haut degré ce caractère vindicatif et implacable dont la vieille poésie germanique a personnifié le type dans une femme qui porte le même nom[1]. Elle ne tint compte ni des menaces de la religion, ni de ces vieux avertissements de l'expérience humaine sur l'instabilité de la fortune. Loin de réfléchir à la situation vraiment critique où elle se trouverait placée si son mari essuyait quelque revers, elle se montra plus impatiente que jamais de le voir partir pour aller à Tournai, porter les derniers coups et compléter sa victoire par un fratricide.

Sighebert envoya d'abord une partie de ses troupes investir la place de Tournai et en commencer le siége; lui-même fit ses préparatifs pour se rendre au lieu où il devait être inauguré comme roi des Franks occidentaux[2]. Paris, ni toute autre ville, ne pouvait convenir pour cette cérémonie qui devait s'accomplir en plein air au

---

[1] La *Brynhilde* de l'Edda scandinave, et la *Brunhilt* des Nibelungen; cette ressemblance de nom est purement fortuite.

[2] Ille vero hæc audiens, misit qui fratrem suum in supra memorata civitate obsiderent, ipse illuc properare deliberans. (Greg. Turon. Hist. Franc., lib. iv, apud script. rer. gallic. et francic., t. II, p. 230.)

milieu d'un camp. On choisit pour lieu d'assem- 575.
blée l'un des domaines fiscaux du royaume de
Neustrie, celui de Vitry sur la Scarpe, soit parce
qu'il était peu éloigné de Tournai, soit parce que
sa position septentrionale en faisait un rendez-
vous commode pour la population franke, moins
clairsemée en Gaule à mesure qu'on remontait
vers le nord. Au moment du départ, lorsque le
roi se mit en route escorté de ses cavaliers d'élite,
tous régulièrement armés de boucliers peints et
de lances à banderoles, un homme pâle, en habits sacerdotaux, parut au-devant de lui; c'était
l'évêque Germain, qui venait de s'arracher à son
lit de souffrance pour faire une dernière et solennelle tentative : « Roi Sighebert, dit-il, si tu pars
« sans intention de mettre à mort ton frère, tu
« reviendras vivant et victorieux; mais si tu as
« une autre pensée, tu mourras; car le Seigneur
« a dit par la bouche de Salomon : La fosse que
« tu prépares afin que ton frère y tombe, te fera
« tomber toi-même [1]. » Le roi ne fut nullement
troublé de cette allocution inattendue; son parti
était pris et il se croyait sûr de la victoire. Sans

---

[1] Si abieris, et fratrem tuum interficere nolueris, vivus et victor redibis; sin autem aliud cogitaveris, morieris. Sic enim Dominus per Salomonem dixit : Foveam quam fratri tuo parabis, in eam conrues. Quod ille, peccatis facientibus, audire neglexit. (Greg. Turon. Hist. Franc., lib. IV, apud script. rer. gallic. et francic., t. II, p. 230.)

575. répondre un seul mot, il passa outre, et bientôt il perdit de vue les portes de la ville où sa femme et ses trois enfants restaient pour attendre son retour.

Le passage de Sighebert à travers le royaume qui allait lui appartenir par élection fut comme un triomphe anticipé. Les habitants gaulois et le clergé des villes venaient processionnellement à sa rencontre; les Franks montaient à cheval pour se joindre à son cortége. Partout les acclamations retentissaient en langue tudesque et en langue romaine[1]. Des bords de la Seine à ceux de la Somme, les Gallo-Romains étaient, quant au nombre, la population dominante; mais, à partir de ce dernier fleuve vers le nord, une teinte germanique de plus en plus forte commençait à se montrer. Plus on avançait, plus les hommes de race franke devenaient nombreux parmi la masse indigène; ils ne formaient pas simplement, comme dans les provinces centrales de la Gaule, de petites bandes de guerriers oisifs, cantonnées de loin en loin : ils vivaient à l'état de tribu et en colonies agricoles, au bord des marécages et des forêts de la province belgique. Vitry, près de

---

[1] Hinc cui barbaries, illinc romania plaudit.
Diversis linguis laus sonat una viri.
(Fortunati carmen de Chariberto rege, apud Bibl. patrum, t. X, p. 560.)

Douai, se trouvait, pour ainsi dire, sur la limite 575.
de ces deux régions; les Franks du nord, culti-
vateurs et fermiers, et les Franks du sud, vassaux
militaires, purent aisément s'y réunir pour l'inauguration du nouveau roi. Parmi les grands
propriétaires et les chefs du royaume de Neustrie, un seul, nommé Ansowald, ne se trouva
pas au rendez-vous; son absence fut remarquée,
et lui fit dans la suite un grand renom de fidélité
au malheur[1].

La cérémonie eut lieu dans une plaine bordée
par les tentes et les baraques de ceux qui,
n'ayant pu se loger dans les bâtiments du domaine de Vitry, étaient contraints de bivouaquer
en plein champ. Les Franks, en armes, formè-
rent un vaste cercle au milieu duquel se plaça le
roi Sighebert, entouré de ses officiers et des seigneurs de haut rang. Quatre soldats robustes
s'avancèrent, tenant un bouclier sur lequel ils
firent asseoir le roi, et qu'ils soulevèrent ensuite
à la hauteur de leurs épaules. Sur cette espèce
de trône ambulant, Sighebert fit trois fois le tour
du cercle, escorté par les seigneurs et salué par
la multitude qui, pour rendre ses acclamations
plus bruyantes, applaudissait en frappant du

---

[1] Omnes Neustrasiæ ad eum venientes se suæ ditioni subjecerunt.
Ansoaldus tantum cum Chilperico remansit. (Fredegarii hist. Franc.
Epitom., apud script. rer. gallic. et francic., t. II, p. 407.)

575 plat de l'épée sur les boucliers garnis de fer[1]. Après le troisième tour, selon les anciens rites germaniques, l'inauguration royale était complète, et de ce moment Sighebert eut le droit de s'intituler roi des Franks, tant de l'*Oster* que du *Neoster-Rike*. Le reste du jour et plusieurs des jours suivants se passèrent en réjouissances, en combats simulés et en festins somptueux, dans lesquels le roi, épuisant les provisions de la ferme de Vitry, faisait à tout venant les honneurs de son nouveau domaine.

A quelques milles de là, Tournai, bloqué par les troupes austrasiennes, était le théâtre de scènes bien différentes. Autant que sa grossière organisation le rendait capable de souffrance morale, Hilperik ressentait les chagrins d'un roi trahi et dépossédé; Fredegonde, dans ses accès de terreur et de désespoir, avait des emportements de bête sauvage. A son arrivée dans les murs de Tournai, elle se trouvait enceinte et presque à terme; bientôt elle accoucha d'un fils au milieu du tumulte d'un siége et de la crainte de la mort qui l'obsédait jour et nuit. Son pre-

---

[1] Veniente autem illo ad villam, cui nomen est Victoriacum, collectus est ad eum omnis exercitus, impositumque super clypeo sibi regem statuunt. (Greg. Turon. Hist. Franc., lib. xv, apud script. rer. gallic. et francic., t. II, p. 230.) — Plaudentes tam palmis quam vocibus, eum clypeo evectum super se regem constituunt. (Ibid. lib. ii, p. 184.)

mier mouvement fut d'abandonner et de laisser 575.
périr, faute de soins et de nourriture, l'enfant
qu'elle regardait comme une nouvelle cause de
danger; mais ce ne fut qu'une mauvaise pensée,
et l'instinct maternel reprit le dessus. Le nouveau-
né, présenté au baptême et tenu sur les fonts par
l'évêque de Tournai, reçut, contre la coutume
des Franks, un nom étranger à la langue germanique, celui de Samson, que ses parents, dans
leur détresse, choisirent comme un présage de
délivrance[1].

Jugeant sa position presque désespérée, le roi
attendait l'événement dans une sorte d'impassibilité; mais la reine, moins lente d'esprit, s'ingéniait de mille manières, faisait des projets d'évasion et observait autour d'elle pour épier la
moindre lueur d'espérance. Parmi les hommes
qui étaient venus à Tournai partager la fortune
de leur prince, elle en remarqua deux dont le
visage ou les discours indiquaient un sentiment
profond de sympathie et de dévouement : c'étaient
deux jeunes gens nés au pays de Terouanne,
Franks d'origine, et disposés par caractère à ce

---

[1] Quem mater ob metum mortis a se abjecit, et perdere voluit. Sed
cum non potuisset, objurgata a rege, eum baptizari præcepit. Qui bap-
tizatus, et ab ipso episcopo susceptus.... (Greg. Turon. Hist. Franc.,
lib. v, apud script. rer. gallic. et francic., t. II, p. 249.) — Adriani
Valesii Rer. francic., lib. ix, t. II, p. 60.

575. fanatisme de loyauté qui fut le point d'honneur des vassaux du moyen-âge. Fredegonde mit en usage, pour gagner l'esprit de ces hommes, toute son adresse et tous les prestiges de son rang : elle les fit venir auprès d'elle, leur parla de ses malheurs et de son peu d'espoir, leur monta la tête avec des boissons enivrantes; et, quand elle crut les avoir en quelque sorte fascinés, elle leur parla d'aller à Vitry assassiner le roi Sighebert. Les jeunes soldats promirent de faire tout ce que la reine leur commanderait; et alors elle donna de sa propre main à chacun d'eux un long couteau à gaîne, ou, comme disaient les Franks, un *skramasax*, dont elle avait, par surcroît de précautions, empoisonné la lame. « Allez, leur dit-
« elle, et si vous revenez vivants, je vous com-
« blerai d'honneurs, vous et votre postérité; si
« vous succombez, je distribuerai pour vous des
« aumônes à tous les lieux saints[1]. »

Les deux jeunes gens sortirent de Tournai, et,

---

[1] Tunc duo pueri cum cultris validis, quos vulgo scramasaxos vocant, infectis veneno, maleficati a Fredegunde regina... (Greg. Turon. Hist. Franc., lib. IV, apud script. rer. gallic. et francic., t. II, p. 230.) — Tunc Fredegundis memor artium suarum inebriavit duos pueros tarwannenses, dixitque eis : Ite ad cuneum Sigiberti eumque interficite. Si evaderitis vivi, ego mirifice honorabo vos et sobolem vestram, si autem corrueritis, ego pro vobis eleemosynas. . . . . (Gesta reg. franc., ibid. p. 562.) — *Skrama-sax* veut dire couteau de défense.

se donnant pour des déserteurs, ils traversèrent 575.
les lignes des Austrasiens et prirent la route qui
conduisait au domaine royal de Vitry. Quand
ils y arrivèrent, toutes les salles retentissaient
encore de la joie des fêtes et des banquets. Ils
dirent qu'ils étaient du royaume de Neustrie,
qu'ils venaient pour saluer le roi Sighebert et
pour lui parler. Dans ces jours de royauté nouvelle, Sighebert était tenu de se montrer affable
et de donner audience à quiconque venait réclamer de lui protection ou justice. Les Neustriens
sollicitèrent un moment d'entretien à l'écart, ce
qui leur fut accordé sans peine; le couteau que
chacun d'eux portait à la ceinture n'excita pas
le moindre soupçon, c'était une partie du costume germanique. Pendant que le roi les écou-
tait avec bienveillance, ayant l'un à sa droite et
l'autre à sa gauche, ils tirèrent à la fois leurs
skramasax, et lui en portèrent en même temps
deux coups à travers les côtes. Sighebert poussa
un cri et tomba mort. A ce cri le camérier du
roi, Hareghisel, et un Goth nommé Sighila, ac-
coururent l'épée à la main; le premier fut tué
et le second blessé par les assassins qui se défen-
daient avec une sorte de rage extatique. Mais
d'autres hommes armés survinrent aussitôt, la
chambre se remplit de monde, et les deux Neus-

triens assaillis de toutes parts succombèrent dans une lutte inégale [1].

A la nouvelle de ces événements, les Austrasiens qui faisaient le siége de Tournai se hâtèrent de plier bagage et de reprendre le chemin de leur pays. Chacun d'eux était pressé d'aller voir ce qui se passait chez lui; car la mort imprévue du roi devait être en Austrasie le signal d'une foule de désordres, de violences et de brigandages. Cette nombreuse et redoutable armée s'écoula ainsi vers le Rhin, laissant Hilperik sans ennemi et libre de se transporter où il voudrait. Échappé à une mort presque infaillible, il quitta les murs de Tournai pour aller reprendre possession de son royaume. Le domaine de Vitry, témoin de tant d'événements, fut le lieu où il se rendit d'abord. Il n'y retrouva plus la brillante assemblée des Neustriens, tous étaient retournés à leurs affaires, mais seulement quelques serviteurs austrasiens qui gardaient le corps de Sighebert. Hilperik vit ce cadavre sans remords et sans haine, et il voulut que son frère eût des

---

[1] Cùm aliam causam se gerere simularent, utraque ei latera feriunt. At ille vociferans, atque corruens, non post multo spatio emisit spiritum : ibique et Charegisilus cubicularius ejus conruit; ibi et Sigila, qui quondam ex Gothia venerat..... multum laceratus est. (Greg. Turon., Hist. Franc., lib. IV, apud script. rer. gallic. et francic., t. II, p. 230.) — Adriani Valesii Rer. francic., lib. IX, t. II, p. 61.

funérailles dignes d'un roi. Par son ordre, Sighe- 575.
bert fut revêtu, selon la coutume germanique,
d'habits et d'armes d'un grand prix, et enseveli
avec pompe dans le village de Lambres sur la
Scarpe[1].

Telle fut la fin de ce long drame qui s'ouvre
par un meurtre et qui se dénoue par un meurtre; véritable tragédie où rien ne manque, ni
les passions, ni les caractères, ni cette sombre
fatalité qui était l'âme de la tragédie antique, et
qui donne aux accidents de la vie réelle tout le
grandiose de la poésie. Le sceau d'une destinée
irrésistible n'est, dans aucune histoire, plus fortement empreint que dans celle des rois de la dy-
nastie mérovingienne. Ces fils de conquérants à
demi sauvages, nés avec les idées de leurs pères
au milieu des jouissances du luxe et des tenta-
tions du pouvoir, n'avaient dans leurs passions et
leurs désirs ni règle ni mesure. Vainement des
hommes plus éclairés qu'eux sur les affaires de
ce monde et sur la conduite de la vie élevaient
la voix pour leur conseiller la modération et la
prudence, ils n'écoutaient rien : ils se perdaient

---

[1] Chilpericus autem in ancipiti casu defixus, in dubium habebat an evaderet, au periret, donec ad eum missi veniunt de fratris obitu nuntiantes. Tunc egressus a Turnaco cum uxore et filiis, eum vestitum apud Lambras vicum sepelivit. (Greg. Turon. Hist. Franc., lib. IV, apud script. rer. gallic. et francic., t. II, p. 230.)

575. faute de comprendre; et l'on disait : Le doigt de Dieu est là. C'était la formule chrétienne; mais, à les voir suivre en aveugles, et comme des barques emmenées à la dérive, le courant de leurs instincts brutaux et de leurs passions désordonnées, on pouvait, sans être un prophète, deviner et prédire la fin qui les attendait presque tous.

580. Un jour que la famille de Hilperik, rétablie dans ses grandeurs, résidait au palais de Braine, deux évêques gaulois, Salvius d'Alby et Grégoire de Tours, après avoir reçu audience, se promenaient ensemble autour du palais. Au milieu de la conversation, Salvius, comme frappé d'une idée, s'interrompit tout à coup et dit à Grégoire : « Est-ce que tu ne vois pas quelque chose au-« dessus du toit de ce bâtiment ? — Je vois, ré-« pondit l'évêque de Tours, le nouveau belvé-« dère que le roi vient d'y faire élever. — Et tu « n'aperçois rien de plus ? — Rien du tout, re-« partit Grégoire; si tu vois autre chose, dis-moi « ce que c'est. » L'évêque Salvius fit un grand soupir et reprit : « Je vois le glaive de la colère « de Dieu suspendu sur cette maison[1]. » Quatre

---

[1] Tunc remoti paululum, dum hinc inde sermocinaremur, ait mihi : Vide ne super hoc tectum quæ ego suspicio? Cui ego : Video enim super tegulum, quod nuper rex poni jussit. Et ille : Aliud, inquit, non adspicis? Cui ego : Nihil aliud enim video. Suspicabar enim quod ali-

ans après, le roi de Neustrie avait péri de mort 580.
violente.

quid joculariter loqueretur, et adjeci : Si tu aliquid magis cernis, enarra. At ille alta trahens suspiria ait : Video ego evaginatum iræ divinæ gladium super domum hanc dependentem. (Greg. Turon. Hist. Franc., lib. v, apud script. rer. gallic. et francic., t. II, p. 264.)

TROISIÈME RÉCIT.

Histoire de Merowig, second fils du roi Hilperik.

(575-578.)

---

575.   Depuis le départ du roi Sighebert, Brunehilde, restée seule à Paris, avait vu chaque jour grandir ses espérances ambitieuses; elle se croyait reine de Neustrie et déjà maîtresse du sort de ses ennemis, lorsqu'elle apprit la mort de Sighebert, événement qui, de la plus haute fortune, la faisait tomber tout à coup dans un danger extrême et imminent. Hilperik, victorieux par un fratricide, s'avançait vers Paris pour s'emparer de la famille et des trésors de son frère. Non-seulement tous les Neustriens revenaient à lui sans exception, mais les principaux des Austrasiens commençaient à être gagnés, et, se rendant sur son passage, ils lui juraient fidélité, soit pour obtenir

en retour des terres du fisc, soit pour s'assurer une protection dans le désordre qui menaçait leur pays. Un seigneur, nommé Godin ou Godewin, reçut, pour prix de sa défection, de grands domaines dans le voisinage de Soissons; et le gardien de l'anneau royal ou du grand sceau d'Austrasie, le référendaire Sig ou Sigoald, donna le même exemple, qui fut suivi par beaucoup d'autres[1].

575.

Atterrée par son malheur et par ces tristes nouvelles, Brunehilde ne savait que résoudre et ne pouvait se fier à personne : le vieux palais impérial qu'elle occupait au bord de la Seine était devenu une prison pour elle et pour ses trois enfants. Quoiqu'elle n'y fût pas gardée à vue, elle n'osait en sortir et reprendre le chemin de l'Austrasie, de peur d'être arrêtée ou trahie dans sa fuite, et d'aggraver encore une situation déjà si périlleuse[2]. Convaincue de l'impossibilité de

---

[1] Godinus autem, qui a sorte Sigiberti se ad Chilpericum transtulerat, et multis ab eo muneribus locupletatus est... Villas vero quas ei rex a fisco in territorio suessionico indulserat. (Greg. Turon. Hist. Franc., lib. v, apud script. rer. gallic. et francic. t. II, p. 233.) — Siggo quoque referandarius, qui annulum regis Sigiberti tenuerat, et ab Chilperico rege provocatus erat... Multi autem et alii de his qui se de regno Sigiberti ad Chilpericum tradiderant. (Ibid., p. 234.) — *Sig* est un diminutif familier.

[2] Igitur, interempto Sigiberto rege, Brunechildis regina cum filiis Parisius residebat. Quod factum cùm ad eam perlatum fuisset, et, conturbata dolore et luctu, quid ageret ignoraret... (Ibid.)

575. fuir avec sa famille et ses bagages, elle conçut l'idée de sauver au moins son fils qui, tout enfant qu'il était, faisait trop d'ombrage à l'ambition de Hilperik pour que sa vie fût épargnée. L'évasion du jeune Hildebert fut préparée dans le plus grand secret par le seul ami dévoué qui restât à sa mère; c'était le duc Gondobald, le même qui, deux ans auparavant, avait si mal défendu le Poitou contre l'invasion des Neustriens. L'enfant, placé dans un grand panier qui servait aux provisions de la maison, fut descendu par une fenêtre et transporté de nuit hors de la ville. Gondobald, ou, selon d'autres récits, un homme moins capable que lui d'inspirer des soupçons, un simple serviteur, voyagea seul avec le fils du roi Sighebert, et le conduisit à Metz, au grand étonnement et à la grande joie des Austrasiens. Son arrivée inattendue changea la face du pays; la défection cessa, et les Franks orientaux s'empressèrent de relever leur royauté nationale. Il y eut à Metz une grande assemblée des seigneurs et des guerriers de l'Austrasie; Hildebert II, à peine âgé de cinq ans, y fut proclamé roi, et un conseil choisi parmi les grands et les évêques prit le gouvernement en son nom[1].

---

[1] Gondobaldus dux adprehensum Childebertum filium ejus parvulum furtim abstulit : ereptumque ab imminenti morte, collectisque gentibus super quas pater ejus regnum tenuerat, regem instituit, vix lustro

A cette nouvelle, qui lui enlevait toute espérance de réunir sans guerre à son royaume le royaume de son frère, Hilperik, furieux de voir échouer le projet qui lui était le plus cher, fit diligence pour arriver à Paris et s'assurer au moins de la personne et des trésors de Brunehilde[1]. La veuve du roi Sighebert se trouva bientôt en présence de son mortel ennemi, sans autre protection que sa beauté, ses larmes et sa coquetterie féminine. Elle avait à peine vingt-huit ans; et quelles que fussent à son égard les intentions haineuses du mari de Fredegonde, peut-être la grâce de ses manières, cette grâce que les contemporains ont vantée, eût-elle fait sur lui une certaine impression, si d'autres charmes, ceux du riche trésor dont la renommée parlait aussi, ne l'avaient d'avance préoccupé. Mais l'un des fils du roi de Neustrie, qui accompagnaient leur père, Merowig, le plus âgé des deux, fut vivement touché à la vue de cette femme si attrayante et si malheureuse, et ses

---

ætatis uno jam peracto. (Greg. Turon. Hist. Franc., lib. v, apud script. rer. gallic. et francic., t. II, p. 233.) — Sed factione Gondoaldi ducis, Childebertus in pera positus, per fenestram a puero acceptus est, et ipse puer singulus eum Mettis exhibuit. (Fredegarii Hist. Francor. epitom., ibid., p. 407.)

[1] Chilpericus rex Parisius venit, adprehensamque Brunichildem..... thesaurosque ejus quos Parisius detulerat, abstulit. (Greg. Turon. loc. supr. cit.)

regards de pitié et d'admiration n'échappèrent pas à Brunehilde.

Soit que la sympathie du jeune homme fût pour la reine prisonnière une consolation, soit qu'avec le coup d'œil d'une femme habile en intrigues elle y entrevît un moyen de salut, elle employa tout ce qu'elle avait d'adresse à flatter cette passion naissante, qui devint presque aussitôt de l'amour le plus aveugle et le plus emporté. En s'y abandonnant, Merowig allait devenir l'ennemi de sa propre famille, l'instrument d'une haine implacable contre son père et contre tous les siens. Peut-être ne se rendait-il pas bien compte de ce qu'il y aurait de criminel et de dangereux pour lui dans cette situation violente; peut-être, prévoyant tout, s'obstina-t-il, en dépit du danger et de sa conscience, à suivre sa volonté et son penchant. Quoi qu'il en soit, et quelle que fût l'assiduité de Merowig auprès de la veuve de son oncle, Hilperik ne s'aperçut de rien, tout occupé qu'il était à faire compter et inventorier les sacs d'or et d'argent, les coffres de joyaux et les ballots d'étoffes précieuses[1]. Il se trouva que leur nombre allait au-delà de ses espérances, et cette heureuse découverte, influant

---

[1] Greg. Turon. Hist. Franc., lib. v, apud script. rer. gallic. et francic., t. II, p. 245.

tout à coup sur son humeur, le rendit plus doux et plus clément envers sa prisonnière. Au lieu de tirer une vengeance cruelle du mal qu'elle avait voulu lui faire, il se contenta de la punir par un simple exil, et lui abandonna même, avec une sorte de courtoisie, une petite portion du trésor dont il venait de la dépouiller. Brunehilde, traitée plus humainement qu'elle-même n'eût osé l'espérer en consultant son propre cœur, partit sous escorte pour la ville de Rouen, qui lui était assignée comme lieu d'exil; la seule épreuve vraiment douloureuse qu'elle eut à subir après tant de crainte, fut de se voir séparée de ses deux filles, Ingonde et Chlodoswinde, que le roi Hilperik, on ne sait pourquoi, fit conduire et garder à Meaux[1].

576.

Ce départ laissa le jeune Merowig tourmenté d'un chagrin d'autant plus vif qu'il n'osait le confier à personne; il suivit son père au palais de Braine, séjour assez triste pour lui, et qui, maintenant surtout, devait lui paraître insupportable. Fredegonde nourrissait contre les enfants de son mari une haine de belle-mère, qui, à défaut de tout autre exemple, aurait pu devenir proverbiale. Tout ce que leur père avait pour

[1] Brunichildem apud Rotomagensem civitatem in exilium trusit..... Filias vero ejus Meldis urbe teneri præcepit. (Greg. Turon. Hist. Franc, lib. v, apud script. rer. gallic. et francic., t. II, p. 233.)

576. eux de tendresse ou de complaisance excitait sa jalousie et son dépit. Elle désirait leur mort, et celle de Théodebert, tué l'année précédente, lui avait causé une grande joie[1]. Merowig, comme chef futur de la famille, était maintenant le principal objet de son aversion et des persécutions sans nombre qu'elle avait l'art de susciter contre ceux qu'elle haïssait. Le jeune prince aurait voulu quitter Braine et aller retrouver à Rouen celle dont les regards et peut-être les paroles lui avaient fait croire qu'elle l'aimait; mais il n'avait ni moyens ni prétexte pour tenter sûrement ce voyage. Son père lui-même, sans se douter de ce qu'il faisait, lui en fournit bientôt l'occasion.

Hilperik, tenace dans ses projets plutôt par lenteur d'esprit que par énergie de caractère, après avoir réglé de son mieux les affaires de la Neustrie, songea à faire une nouvelle tentative sur les villes qui avaient été le sujet d'une guerre de deux années entre son frère et lui. Ces villes, reprises par les généraux austrasiens un peu avant la mort de Sighebert, venaient toutes de reconnaître l'autorité de son fils, à l'exception de Tours, dont les habitants, plus précautionneux pour l'avenir, parce qu'ils étaient moins

---

[1] Eo quod Guntchramnus (dux) Fredegundis reginæ occultis amicitiis potiretur pro interfectione Theodoberti. (Greg. Turon. Hist. Franc., lib. v, apud script. rer. gallic. et francic., t. II, p. 246.)

éloignés du centre de la Neustrie, prêtèrent serment au roi Hilperik. Il s'agissait donc d'entreprendre encore une fois cette campagne si souvent recommencée contre Poitiers, Limoges, Cahors et Bordeaux. Entre les deux fils qui lui restaient depuis la mort de Théodebert, Hilperik choisit, pour commander la nouvelle expédition, celui qui ne s'était pas encore fait battre; c'était Merowig. Son père lui confia une petite armée, et lui ordonna de prendre, à sa tête, le chemin du Poitou[1].

576.

Cette direction n'était pas celle que le jeune homme aurait suivie de préférence s'il eût été libre de marcher à sa fantaisie; car il avait dans le cœur une tout autre pasion que celle de la gloire et des combats. En cheminant à petites journées vers le cours de la Loire avec ses cavaliers et ses piétons, il pensait à Brunehilde, et regrettait de ne pas se trouver sur une route qui pût au moins le rapprocher d'elle. Cette idée l'occupant sans cesse lui fit bientôt perdre de vue l'objet de son voyage et la mission dont il était chargé. Parvenu à Tours, au lieu d'une simple halte, il fit dans cette ville un séjour de plus d'une semaine, prétextant le désir de célébrer les

---

[1] Chilpericus vero filium suum Merovechum cum exercitu Pictavis dirigit. (Greg. Turon. Hist. Franc., lib. v, apud script. rer. gallic. et francic., t. II, p. 233.)

576 fêtes de Pâques à la basilique de Saint-Martin [1]. Durant ce temps de repos, il s'occupait, non de préparer à loisir son plan de campagne, mais d'arranger des projets d'évasion, et de se composer, par tous les moyens possibles, avec des objets de grand prix et d'un volume peu considérable, un trésor facile à transporter. Pendant que ses soldats couraient les environs de la ville, pillant et ravageant tout, il rançonna jusqu'au dernier écu un partisan dévoué de son père, Leudaste, comte de Tours, qui l'avait accueilli dans sa maison avec toutes sortes de respects [2]. Après avoir dépouillé cette maison de ce qu'elle renfermait de plus précieux, se trouvant maître d'une somme suffisante pour l'exécution de ses desseins, il sortit de Tours, feignant d'aller voir sa mère qui était religieuse au Mans depuis que Hilperik l'avait répudiée pour épouser Fredegonde. Mais, au lieu d'accomplir ce devoir filial et de rejoindre ensuite son armée, il passa outre et prit la route de Rouen par Chartres et par Évreux [3].

[1] At ille, relicta ordinatione patris, Turonis venit, ibique et dies sanctos Paschæ tenuit. (Greg. Turon. Hist. Franc., lib. v, apud script. rer. gallic. et francic., t. II, p. 233.)

[2] Multum enim regionem illam exercitus ejus vastavit. (Ibid.) — Adveniente autem Turonis Merovecho, omnes res ejus (Merovechus) usquequaque diripuit. (Ibid., p. 261.) —Voyez ci-après Cinquième récit.

[3] Ipse vero simulans ad matrem suam ire velle, Rothomagum petiit. (Greg. Turon. loc. supr. cit., p. 233.)

Soit que Brunehilde s'attendît à un pareil témoignage d'affection, soit que l'arrivée du fils de Hilperik fût pour elle une cause de surprise, elle en eut tant de joie, et l'amour entre eux alla si vite, qu'au bout de quelques jours la veuve de Sighebert avait entièrement oublié son mari et consentait à épouser Merowig[1]. Le degré d'affinité rangeait ce mariage dans la classe des unions prohibées par les lois de l'église ; et bien que le scrupule religieux eût peu de prise sur la conscience des deux amants, ils risquaient de se voir contrarier dans leur désir, faute de trouver un prêtre qui voulût exercer son ministère en violation des règles canoniques. L'église métropolitaine de Rouen avait alors pour évêque Prætextatus, Gaulois d'origine, qui, par une singulière rencontre, était le parrain de Merowig, et qui, en vertu de cette paternité spirituelle, conservait pour lui, depuis le jour de son baptême, une véritable tendresse de père[2]. Cet homme, d'un cœur facile et d'un esprit faible, ne put résister aux vives instances et peut-être aux emportements fougueux du jeune prince qu'il appelait son fils,

576.

---

[1] Et ibi Brunichildi reginæ conjungitur, eamque sibi in matrimonio sociavit. (Greg. Turon. Hist. Franc., lib. v, apud script. rer. gallic. et francic., t. II, p. 233.)

[2] Proprium mihi esse videbatur, quod filio meo Merovecho erat, quem de lavacro regenerationis excepi. (Ibid., p. 245).

576. et, malgré les devoirs de son ordre, il se laissa entraîner à bénir le mariage du neveu avec la veuve de l'oncle.

Dans ce déclin de la Gaule vers la barbarie, l'impatience et l'oubli de toute règle étaient la maladie du siècle; et, pour tous les esprits, même les plus éclairés, la fantaisie individuelle ou l'inspiration du moment tendait à remplacer l'ordre et la loi. Les indigènes suivaient trop bien en cela l'exemple des conquérants germains, et la mollesse des uns concourait au même but que la brutalité des autres. Obéissant en aveugle à un mouvement de sympathie, Prætextatus célébra secrètement la messe du mariage pour Merowig et Brunehilde, et tenant, selon les rites de l'époque, la main des deux époux, il prononça les formules sacramentelles de la bénédiction conjugale, acte de condescendance qui devait un jour lui coûter la vie, et dont les suites ne furent pas moins fatales au jeune imprudent qui le lui avait arraché [1].

Hilperik se trouvait à Paris, plein d'espérance pour le succès de l'expédition d'Aquitaine, lorsqu'il reçut l'étrange nouvelle de la fuite et du mariage de son fils. Au violent accès de colère qu'il éprouva se joignaient des soupçons de tra-

---

[1] Voyez ci-après Quatrième récit.

hison et la crainte d'un complot ourdi contre sa personne et son pouvoir. Afin de le déjouer, s'il en était temps encore, et de soustraire Merowig à l'influence et aux mauvais conseils de Brunehilde, il partit aussitôt pour Rouen, bien résolu de les séparer l'un de l'autre et de faire rompre leur union[1]. Cependant les nouveaux époux, tout entiers aux premières joies du mariage, n'avaient encore songé qu'à leur amour, et malgré son esprit actif et plein de ressources, Brunehilde se vit prise au dépourvu par l'arrivée du roi de Neustrie. Pour ne pas tomber entre ses mains dans le premier feu de sa colère, et gagner du temps s'il était possible, elle imagina de se réfugier avec son mari dans une petite église de Saint-Martin, bâtie sur les remparts de la ville. C'était une de ces basiliques de bois, communes alors dans toute la Gaule, et dont la construction élancée, les pilastres formés de plusieurs troncs d'arbre liés ensemble, et les arcades nécessairement aiguës à cause de la difficulté de cintrer avec de pareils matériaux, ont fourni, selon toute apparence, le type originel du style à ogives, qui,

576.

---

[1] Hæc audiens Chilpericus, quod scilicet contra fas legemque canonicam uxorem patrui accepisset, valde amarus, dicto citius ad supra memoratum oppidum dirigit. (Greg. Turon. Hist. Franc., lib. v, apud script. rer. gallic. et francic., t. II, p. 233.)

plusieurs siècles après, fit invasion dans la grande architecture [1].

Quoiqu'un pareil asile fût très-incommode à cause de la pauvreté des logements, qui, attenant aux murs de la petite église et participant à ses priviléges, servaient d'habitation aux réfugiés, Merowig et Brunehilde s'y établirent, décidés à ne point quitter ce lieu tant qu'ils se croiraient en péril. Ce fut vainement que le roi de Neustrie mit en usage toutes sortes de ruses pour les attirer dehors; ils n'en furent point dupes : et comme Hilperik n'osait employer la violence, craignant d'appeler sur sa tête la redoutable vengeance de saint Martin, force lui fut d'entrer en capitulation avec son fils et sa belle-fille. Ils exigèrent, avant de se rendre, que le roi leur promît, sous le serment, de ne point user de son autorité pour les séparer l'un de l'autre. Hilperik fit cette promesse, mais d'une manière adroitement perfide, qui lui laissait toute liberté d'agir comme bon lui semblerait; il jura que, si telle était la volonté de Dieu, il ne les séparerait point [2].

[1] At illi cùm hæc cognovissent, quod eosdem separare decerneret, ad basilicam sancti Martini, quæ super muros civitatis ligneis tabulis fabricata est, confugium faciunt. (Greg. Turon. Hist. Franc., lib. v, apud script. rer. gallic. et francic, t. II, p. 233.)

[2] Rex vero adveniens, cùm in multis ingeniis eos exinde auferre

Quelque ambigus que fussent les termes de ce 576 serment, les réfugiés s'en contentèrent, et, moitié par lassitude, moitié par persuasion, ils sortirent de l'enceinte privilégiée à laquelle l'église de Saint-Martin de Rouen communiquait son droit d'asile. Hilperik, un peu rassuré par la contenance soumise de son fils, retint prudemment sa colère et ne laissa rien deviner de ses soupçons ; il embrassa même les deux époux et se mit à table avec eux, affectant à leur égard un air de bonhomie paternelle. Après avoir passé de la sorte deux ou trois jours dans une parfaite dissimulation, il emmena subitement Merowig, et prit avec lui le chemin de Soissons, laissant Brunehilde à Rouen sous une garde plus sévère[1].

A quelques lieues en avant de Soissons, le roi de Neustrie et son jeune compagnon de voyage furent arrêtés par les nouvelles les plus sinistres. La ville était assiégée par une armée d'Austrasiens ; Fredegonde, qui y séjournait en attendant le retour de son mari, avait à peine eu le temps de prendre la fuite avec son beau-fils Chlodowig

niteretur, et illi dolose eum putantes facere, non crederent, juravit eis dicens : « Si, inquit, voluntas Dei fuerit, ipse hos separare non conaretur. » (Greg. Turon Hist. Franc., lib. v, apud script. rer. gallic., et francic., t. II, p. 233.)

[1] Hæc illi sacramenta audientes, de basilica egressi sunt, exosculatisque et dignenter acceptis, epulavit cum eis. Post dies vero paucos, adsumto secum rex Merovecho, Suessionas rediit. (Ibid.)

576. et son propre fils encore au berceau. Des récits de plus en plus positifs ne laissèrent aucun doute sur les circonstances de cette attaque inattendue. C'étaient les transfuges d'Austrasie, et à leur tête Godewin et Sigoald, qui, abandonnant Hilperik pour le jeune roi Hildebert II, sur le point de rentrer dans leur pays, signalaient cet acte de résipiscence par un coup de main audacieux contre la capitale de la Neustrie. Leur armée peu nombreuse se composait surtout d'habitants de la campagne rémoise, gens turbulents qui, au premier bruit d'une guerre avec les Neustriens, passaient la frontière pour aller faire du butin sur le territoire ennemi[1]. Le roi Hilperik n'eut pas de peine à rassembler entre Paris et Soissons des forces plus considérables. Il marcha sur-le-champ au secours de la ville assiégée; mais, au lieu d'attaquer vivement les Austrasiens, il se contenta de leur montrer ses troupes et de leur envoyer un message, espérant qu'ils se retireraient sans combat. Godewin et ses compagnons répondirent qu'ils étaient là pour se battre. Mais ils se bat-

---

[1] Collecti aliqui de Campania, Suessionas urbem adgrediuntur, fugataque ex ea Fredegonde regina, atque Chlodovecho filio Chilperici, volebant sibi subdere civitatem... Godinus autem caput belli istius fuit. (Greg. Turon. Hist. Franc., lib. v, apud script. rer. gallic. et francic., t. II, p. 233.) — Siggo quoque referandarius... ad Childebertum regem Sigiberti filium, relicto Chilperico, transivit. (Ibid., p. 234.)

tirent mal; et Hilperik, vainqueur pour la première fois, entra joyeux dans la capitale de son royaume¹.

576.

Cette joie fut pour lui de courte durée, et de graves réflexions ne tardèrent pas à le rendre inquiet et soucieux. Il lui vint à l'esprit que la tentative des Austrasiens contre Soissons était le résultat d'un complot tramé par les intrigues de Brunehilde, que Merowig en avait eu connaissance, qu'il y avait trempé, et que son air de soumission et de bonne foi n'était qu'un masque d'hypocrisie². Fredegonde saisit le moment pour envenimer par des insinuations perfides la conduite imprudente du jeune homme. Elle lui prêta de grands desseins dont il était incapable, l'ambition de détrôner son père et de régner sur toute la Gaule avec la femme qui venait de s'unir à lui par un mariage incestueux. Grâce à ces adroites manœuvres, les soupçons et la défiance du roi s'accrurent au point de devenir une sorte de terreur panique. S'imaginant que sa vie était

---

¹ Quod ut Chilpericus rex comperit, cum exercitu illuc direxit, mittens nuntios ne sibi injuriam facerent... Illi autem hæc negligentes, præparantur ad bellum, commissoque prælio invaluit pars Chilperici.... Fugatisque reliquis, Suessionas ingreditur. (Greg. Turon. Hist. Franc., lib. v, apud script. rer. gallic. et francic. t. II, p. 234.)

² Quæ postquam acta sunt, rex, propter conjugationem Brunichildis, suspectum habere cœpit Merovechum filium suum, dicens hoc prælium ejus nequitia surrexisse. (Ibid.)

576. en péril par la présence de son fils, il lui fit enlever ses armes, et ordonna qu'il fût gardé à vue jusqu'à ce qu'une résolution définitive eût été prise à son égard [1].

Quelques jours après, une ambassade, envoyée par les seigneurs qui gouvernaient l'Austrasie au nom du jeune roi Hildebert, et chargée de désavouer la tentative de Godewin comme un acte de guerre privée, se rendit auprès de Hilperik. Le roi de Neustrie affecta un si grand amour de la paix et tant d'amitié pour son neveu, que les envoyés ne craignirent pas de joindre à leurs excuses une demande dont le succès était fort douteux, celle de la mise en liberté de Brunehilde et de ses deux filles. Dans toute autre circonstance, Hilperik se fût bien gardé de relâcher, à la première requête, un ennemi tombé en son pouvoir ; mais, frappé de l'idée que l'épouse de Merowig bouleverserait son royaume, et saisissant l'occasion de faire avec bonne grâce un acte de prudence, il accorda sans peine ce qu'on lui demandait [2].

---

[1] Spoliatumque ab armis, datis custodibus, libere custodiri præcepit, tractans quid de eo in posterum ordinaret. (Greg. Turon. Hist. Franc., lib. v, apud script. rer. gallic. et francic., t. II, p. 233.) — Adriani Valesii Rer. Francic., lib. x, p. 73.

[2] Tunc quoque Chilpericus legationem suscepit Childeberti junioris, nepotis sui, petentis matrem suam sibi reddi Brunichildem. Cujus ille

A cette révocation inespérée des ordres qui la 576.
retenaient en exil, Brunehilde s'empressa de quitter Rouen et la Neustrie au plus vite, comme si la terre eût tremblé sous ses pieds. Dans la crainte du moindre retard, elle brusqua ses préparatifs de voyage, et résolut même de partir sans son bagage qui, malgré l'énorme diminution qu'il avait subie, était encore d'une grande valeur. Plusieurs milliers de pièces d'or et plusieurs ballots renfermant des bijoux et des tissus de prix furent confiés par son ordre à l'évêque Prætextatus qui, en acceptant ce riche dépôt, se compromit une seconde fois, et encore plus gravement que la première, pour l'amour de son filleul Merowig [1]. Partie de Rouen, la mère de Hildebert II alla trouver à Meaux ses deux filles; puis, évitant l'approche de Soissons, elle se dirigea vers l'Austrasie où elle arriva sans obstacle. Sa présence, vivement désirée dans ce pays, ne tarda pas à y causer de grands troubles, en excitant la jalousie des chefs puissants et ambitieux qui vou-

---

non aspernatus preces, eam cum munere pacis poscenti remisit filio. (Aimoini, de Gest. Franc., apud script. rer. gallic et francic., t. III, p. 73.)

[1] Duo volucla speciebus et diversis ornamentis referta quæ adpreciabantur amplius quam tria millia solidorum. Sed et sacculum cum numismatis auri pondere tenentem quasi millia duo... quia res ejus, id est quinque sarcinas, commendatas haberem. (Greg. Turon. Hist. Franc., lib. v, apud script. rer. gallic. et francic., t. II, p. 245.)

576 laient rester seuls chargés de la tutelle du jeune roi.

Le départ de Brunehilde ne mit fin ni aux défiances du roi Hilperik ni à ses mesures de rigueur contre son fils aîné. Merowig, privé de ses armes et de son baudrier militaire, ce qui, selon les mœurs des Germains, était une sorte de dégradation civique, continua d'être tenu aux arrêts sous une garde sûre. Dès que le roi se fut remis de l'agitation que tant d'événements coup sur coup lui avaient causée, il revint à son éternel projet de conquête sur les cinq villes d'Aquitaine, dont une seule, celle de Tours, était en sa possession. N'ayant plus à choisir entre ses deux fils, il remit à Chlodowig, en dépit de son ancienne mésaventure, le commandement de cette nouvelle expédition. Le jeune prince eut ordre de se diriger sur Poitiers, et de rassembler autant d'hommes qu'il le pourrait dans la Touraine et dans l'Anjou [1]. Ayant levé une petite armée, il s'empara de Poitiers sans résistance, et y fit sa jonction avec des forces beaucoup plus considérables que lui amenait du Midi un grand seigneur d'origine gauloise, appelé Desiderius.

[1] Chilpericus rex Chlodovechum filium suum Turonis transmisit. Qui congregato exercitu, in terminum Turonicum et Andegavum...... (Greg. Turon. Hist. Franc., lib. v, apud script. rer. gallic. et francic., t. II, p. 239.)

C'était un homme de haute naissance, posses- 576
sesseur de grands biens aux environs d'Alby, turbulent et ambitieux sans aucun scrupule, comme
on l'était alors, mais ayant, de plus que ses concurrents d'origine barbare, quelque largeur dans
les vues et d'assez grands talents militaires. Gouverneur d'un district voisin de la frontière des
Goths, il s'était rendu redoutable à cette nation
ennemie des Gallo-Franks, et avait acquis par
ses actions d'éclat beaucoup de renom et d'influence parmi les Gaulois méridionaux[1]. Le
grand nombre d'hommes bien équipés qui vinrent, sous ses ordres, se joindre aux troupes
neustriennes, était dû à cette influence; et du
moment que les deux armées n'en firent plus
qu'une, ce fut Desiderius qui en prit le commandement. Jugeant en homme de guerre et en politique l'idée mesquine d'aller surprendre une à
une quatre villes séparées par des distances considérables, il substitua aux projets de Hilperik
un plan de conquête de tout le pays compris
entre la Loire, l'Océan, les Pyrénées et les Cevennes. Ce projet d'invasion territoriale n'admettant aucune distinction entre les villes qui dépen-

---

[1] Greg. Turon. Hist. Franc., lib. vIII, apud script. rer. gallic. et francic., t. II, p. 332. — Desiderius Francorum dux, Gothis satis infestus. (Chron. Joannis Biclariensis, apud script. rer. gallic et francic., t. II, p. 21.)

576. daient de l'Austrasie et celles qui appartenaient au royaume de Gonthramn, Desiderius n'épargna point ces dernières, et commença par s'emparer de Saintes qui lui ouvrait le chemin de Bordeaux [1].

A la nouvelle de cette agression qu'il n'avait nullement prévue, le roi Gonthramn sortit pour la seconde fois de son inaction habituelle; il fit partir en grande hâte, avec des forces suffisantes, le célèbre Eonius Mummolus, patrice de Provence, qui avait alors dans toute la Gaule la réputation d'être invincible. Mummolus, s'avançant à grandes journées par la plaine d'Auvergne, entra sur le territoire de Limoges, et força Desiderius à abandonner la contrée de l'ouest pour se porter à sa rencontre [2]. Les deux armées, commandées par deux hommes de race gauloise, furent bientôt en présence; il se livra entre elles une bataille rangée, une de ces batailles qu'on ne voyait plus en Gaule depuis que la tactique romaine avait fait place à la guerre d'escarmouche et de partisans, la seule que comprissent les barbares. La victoire fut vivement disputée; mais

---

[1] Usque Santonas transiit, eamque pervasit. (Greg. Turon. Hist. Franc., lib. v, apud script. rer. gallic. et francic., t. II, p. 239.)

[2] Mummolus vero, patricius Guntchramni regis, cum magno exercitu usque Lemovicinum transiit, et contra Desiderium, ducem Chilperici regis, bellum gessit. (Ibid.)

elle resta, comme toujours, à Mummolus, qui 576. contraignit son adversaire à la retraite, après un carnage effroyable. Les chroniques parlent de cinq mille hommes tués d'un côté et de vingt-quatre mille de l'autre; la chose est difficile à croire; mais cette exagération montre à quel point fut frappée l'imagination des contemporains.

Voyant l'armée neustrienne totalement détruite, Mummolus retourna en arrière, soit que telles fussent ses instructions, soit qu'il crût avoir assez fait[1]. Quoique victorieux, il conçut une grande estime pour l'habileté de l'homme qui venait de se mesurer avec lui; et, plus tard, cette opinion servit à les réunir tous deux dans une entreprise qui ne tendait à rien moins qu'à fonder un nouveau royaume sur le territoire gaulois. Desiderius se retrouva en peu de temps à la tête d'une nombreuse armée, et, aidé par la sympathie de race et par son crédit personnel sur l'esprit des Gallo-Romains, il reprit ses opérations militaires avec un succès que rien ne vint plus interrompre. Cinq ans après, de Dax à Poitiers et d'Alby à Limoges, toutes les villes appartenaient

---

[1] In quo prælio cecidere de exercitu ejus quinque millia ; de Desiderii vero viginti quatuor millia. Ipse quoque Desiderius fugiens vix evasit. Mummolus vero patricius per Arvernum rediit. (Greg Turon. Hist. Franc., lib. v, apud script. rer. gallic. et francic., t. II, p. 239.)

576. au roi de Neustrie; et le Romain auteur de cette conquête, installé dans Toulouse, l'ancienne capitale des Visigoths, exerçait, avec le titre de duc, une sorte de vice-royauté[1].

Merowig avait déjà passé plusieurs mois dans un état de demi-captivité, lorsque son arrêt fut prononcé par le tribunal domestique où la voix de sa belle-mère Fredegonde était la voix prépondérante. Cet arrêt sans appel le condamnait à perdre sa chevelure, c'est-à-dire à se voir retranché de la famille des Merowings. En effet, d'après une coutume antique et probablement rattachée autrefois à quelque institution religieuse, l'attribut particulier de cette famille, et le symbole de son droit héréditaire à la dignité royale, étaient une longue chevelure, conservée intacte depuis l'instant de la naissance, et que les ciseaux ne devaient jamais toucher. Les descendants du vieux Merowig se distinguaient par là entre tous les Franks; sous le costume le plus vulgaire, on pouvait toujours les reconnaître à leurs cheveux qui, tantôt serrés en natte, tantôt flottant en liberté, couvraient les épaules et descendaient jusqu'au milieu des reins[2]. Retrancher

[1] Greg. Turon. Hist. Franc., apud script. rer. gallic. et francic., t. II, p. 281, 282, 296, 303, etc.

[2] Solemne enim est Francorum regibus nunquam tonderi : sed a pueris intonsi manent : cæsaries tota decenter cis in humeros propendet :

la moindre partie de cet ornement, c'était profaner leur personne, lui enlever le privilége de la consécration, et suspendre ses droits à la souveraineté; suspension que l'usage limitait, par tolérance, au temps nécessaire pour que les cheveux, croissant de nouveau, eussent atteint une certaine mesure.

Un prince mérovingien pouvait subir de deux façons cette déchéance temporaire; ou ses cheveux étaient coupés à la manière des Franks, c'est-à-dire à la hauteur du col, ou bien on le tondait très-court, à la mode romaine, et ce genre de dégradation, plus humiliant que l'autre, était ordinairement accompagné de la tonsure ecclésiastique. Telle fut la décision sévère prise par le roi Hilperik à l'égard de son fils; le jeune homme perdit du même coup le droit de régner et le droit de porter les armes. Il fut ordonné prêtre malgré lui, au mépris des canons de l'église, contraint de rendre l'épée et le baudrier militaire qui lui avaient été donnés solennellement, selon la coutume germanique, de se dépouiller de toutes les pièces de son costume national et de revêtir l'habit romain qui était le

---

anterior coma e fronte discriminata in utrumque latus deflexa.... Idque velut insigne quoddam eximiaque honoris prærogativa regio generi apud eos tribuitur. Subditi enim orbiculatim tondentur. (Agathiæ histor., apud script. rer. gallic. et francic., t. II, p. 49.)

costume du clergé¹. Merowig reçut l'ordre de monter à cheval dans cet accoutrement si peu d'accord avec ses goûts, et de partir pour le monastère de Saint-Calais près du Mans, où il devait se former, dans une complète réclusion, aux règles de la discipline ecclésiastique. Escorté par des cavaliers armés, il se mit en route sans espoir de fuite ou de délivrance, mais consolé peut-être par ce dicton populaire fait pour les membres de sa famille victimes d'un sort pareil au sien : « Le bois est encore vert, les feuilles « repousseront². »

Il y avait alors dans la basilique de Saint-Martin de Tours, le plus respecté des asiles religieux, un réfugié que le roi Hilperik cherchait à en faire sortir afin de mettre la main sur lui. C'était l'Austrasien Gonthramn-Bose, accusé par le bruit public d'avoir tué de sa propre main le jeune Théodebert, ou tout au moins de l'avoir laissé massacrer par ses soldats, lorsqu'en ennemi

---

¹ Post hæc Merovechus, cùm in custodia a patre retineretur, tonsuratus est, mutataque veste qua clericis uti mos est, presbyter ordinatur. (Greg. Turon. Hist. Franc., lib. v, apud script. rer. gallic. et francic., t. II, p. 239.)

² Et ad monasterium Cenomannicum, quod vocatur Aninsula, dirigitur, ut ibi sacerdotali erudiretur regula. (Ibid.) — In viridi ligno hæ frondes succisæ sunt, nec omnino arescunt, sed velociter emergent ut crescere queant. (Ibid., lib. 11, p. 185.) — *V.* Adriani Valesii Notit. Galliar., p. 22.

généreux il pouvait lui accorder la vie [1]. Surpris 576. au centre de l'Aquitaine par la terrible nouvelle du meurtre de Sighebert, et craignant, non sans motif, de tomber entre les mains du roi de Neustrie, il était venu se mettre en sûreté sous la protection de saint Martin. A cette sauvegarde mystérieuse se joignait, pour assurer au duc Gonthramn une complète sécurité, l'intervention, plus visible, mais non moins efficace, de l'évêque de Tours, Georgius Florentius Gregorius, qui veillait avec fermeté au maintien des droits de son église et surtout du droit d'asile. Quelque péril qu'il y eût alors, au milieu de la société bouleversée, à défendre la cause des faibles et des proscrits contre la force brutale et la mauvaise foi des hommes puissants, Grégoire montrait, dans cette lutte sans cesse renouvelée, une constance que rien ne pouvait lasser et une dignité prudente, mais intrépide.

Depuis le jour où Gonthramn-Bose s'était installé avec ses deux filles dans l'une des maisons qui formaient le parvis de la basilique de Saint-Martin, l'évêque de Tours et son clergé n'avaient plus un seul moment de repos. Il leur fallait tenir

[1] Ut scilicet Guntchramnum, qui tunc de morte Theodoberti impetebatur, a basilica sancta deberemus extrahere. (Greg. Turon., lib. v, apud script. rer. gallic. et francic., t. II, p 234.) — Voyez plus haut, Deuxième récit.

576. tête au roi. Hilperik qui, altéré de vengeance contre le réfugié et n'osant le tirer par violence hors de son asile, voulait, pour s'épargner le crime et les dangers d'un sacrilége, contraindre les clercs eux-mêmes à le faire sortir de l'enceinte privilégiée. D'abord ce fut de la part du roi une invitation amicale, puis des insinuations menaçantes, puis enfin, comme les messages et les paroles demeuraient sans effet, des mesures comminatoires, capables d'agir par la terreur non-seulement sur le clergé de Tours, mais sur la population entière.

Un duc neustrien appelé Rokkolen vint camper aux portes de la ville, avec une troupe d'hommes levés sur le territoire du Mans. Il établit ses quartiers dans une maison qui appartenait à l'église métropolitaine de Tours, et de là fit partir ce message adressé à l'évêque : « Si vous ne faites « sortir le duc Gonthramn de la basilique, je « brûlerai la ville et ses faubourgs. » L'évêque répondit avec calme que la chose était impossible. Mais il reçut un second message encore plus menaçant : « Si vous n'expulsez aujourd'hui « même l'ennemi du roi, je vais détruire tout ce « qu'il y a de verdoyant à une lieue autour de « la ville, si bien que la charrue pourra y passer [1]. »

---

[1] Quod si non faceremus, et civitatem, et omnia suburbana ejus

L'évêque Grégoire ne fut pas moins impassible 576. que la première fois; et Rokkolen, qui, selon toute apparence avait trop peu de monde avec lui pour tenter quelque chose de sérieux contre la population d'une grande ville, se contenta, après tant de jactance, de piller et de démolir la maison qui lui servait de logement. Elle était construite en pièces de bois réunies et fixées par des chevilles de fer que les soldats manceaux emportèrent, avec le reste du butin, dans leurs havresacs de cuir [1]. Grégoire de Tours se félicitait de voir finir ainsi cette rude épreuve, lorsque de nouveaux embarras lui survinrent, amenés par une complication d'événements impossibles à prévoir.

Gonthramn-Bose présentait dans son caractère une singularité remarquable. Germain d'origine, il surpassait en habileté pratique, en talent de ressources, en instinct de rouerie, si ce mot peut

juberet incendio concremari. Quo audito mittimus ad eum legationem, dicentes : 'hæc ab antiquo facta non fuisse, quæ hic fieri deposcebat.... Sed (Roccolenus) mandata aspera remittit dicens : « Nisi hodie proje-
« ceritis Guntchramnum ducem de basilica, ita cuncta virentia quæ sunt
« circa urbem adteram, ut dignus fiat aratro locus ille. » (Greg. Turon. Hist. Franc., lib. v, apud script. rer. gallic et francic., t. II, p. 234-235.)

[1] Cùm in domo ecclesiæ ultra Ligerim resideret, domum ipsam quæ clavis adfixa erat, disfixit. Ipsos quoque clavos Cenomannici, qui tunc cum eodem advenerant, impletis follibus portant, annonas evertunt et cuncta devastant. (Ibid.)

être employé ici, les hommes les plus déliés parmi la race gallo-romaine. Ce n'était pas la mauvaise foi tudesque, ce mensonge brutal accompagné d'un gros rire[1]; c'était quelque chose de plus raffiné et de plus pervers en même temps, un esprit d'intrigue universel, et en quelque sorte nomade, car il allait s'exerçant d'un bout à l'autre de la Gaule. Personne ne savait mieux que cet Austrasien pousser les autres dans un pas dangereux et s'en tirer à propos. On disait de lui que jamais il n'avait fait de serment à un ami, sans le trahir aussitôt; et c'est de là probablement que lui venait son surnom germanique[2]. Dans l'asile de Saint-Martin de Tours, au lieu de mener la vie habituelle d'un réfugié de distinction, c'est-à-dire de passer le jour à boire et à manger sans s'occuper d'autre chose, le duc Gonthramn était à l'affût de toutes les nouvelles, et s'informait du moindre événement pour tâcher de le mettre à profit. Il apprit d'une manière aussi prompte qu'exacte les mésaventures de Merowig, son ordination forcée et son exil au monastère de Saint-

---

[1] Ipsis prodentibus Francis, quibus familiare est ridendo fidem frangere. (Flav. Vopisc., apud script. rer. gallic. et francic., t. I, p. 541.)

[2] *Bose*, en allemand moderne *Bœse*, signifie malin, méchant. — Verumtamen nulli amicorum sacramentum dedit, quod non protinus omisisset. (Greg. Turon. Hist. Franc., lib. v, apud script. rer. gallic. et francic., t. II, p. 241.)

Calais. L'idée lui vint de bâtir sur ce fondement 576. un projet de délivrance pour lui-même, d'inviter le fils de Hilperik à venir le joindre pour partager son asile et s'entendre avec lui sur les moyens de passer tous deux en Austrasie. Gonthramn-Bose comptait par là augmenter ses propres chances d'évasion, de celles beaucoup plus nombreuses que pourrait trouver le jeune prince dans le prestige de son rang et le dévouement de ses amis. Il confia son plan et ses espérances à un sous-diacre d'origine franke, nommé Rikulf, qui se chargea, par amitié pour lui, d'aller à Saint-Calais, et d'avoir, s'il était possible, une entrevue avec Merowig[1].

Pendant que le sous-diacre Rikulf s'acheminait vers la ville du Mans, Gaïlen, jeune guerrier frank, attaché à Merowig par le lien du vasselage et par la fraternité d'armes, guettait aux environs de Saint-Calais l'arrivée de l'escorte qui devait remettre le nouveau reclus aux mains de ses supérieurs et de ses geôliers. Dès qu'elle parut, une troupe de gens postés en embuscade fondit sur elle avec l'avantage du nombre, et la con-

---

[1] Hæc audiens Guntchramnus Boso, qui tunc in basilica Sancti-Martini, ut diximus, residebat, misit Riculfum subdiaconum, ut ei consilium occulte præberet expetendi basilicam sancti Martini. (Greg. Turon. Hist Franc., lib. v, apud script. rer. gallic. et francic., t. II, p. 239.)

576. traignit à prendre la fuite en abandonnant le prisonnier confié à sa garde[1]. Merowig, rendu à la liberté, quitta avec joie l'habit clérical pour reprendre le costume tout militaire de sa nation, la chaussure attachée par de longues courroies croisant sur la jambe, la tunique à manches courtes, serrée, tombant à peine jusqu'aux genoux, et le justaucorps de fourrures, sur lequel passait le baudrier d'où pendait l'épée[2]. C'est dans cet équipage que le messager de Gonthramn-Bose le rencontra incertain de la direction qu'il devait suivre pour se mettre tout à fait en sûreté. La proposition de Rikulf fut accueillie sans beaucoup d'examen; et le fils de Hilperik, escorté cette fois par ses amis, prit aussitôt la route de Tours. Un manteau de voyage, dont le capuchon se rabattait sur sa tête, lui servait de préservatif contre l'étonnement et les risées qu'au-

---

[1] Ab alia parte Gailenus puer ejus advenit. Cumque parvum solatium qui eum ducebant haberent; ab ipso Gaileno in itinere excussus est. (Greg. Turon. Hist. Franc., lib. v, apud script. rer. gallic. et francic., t. II, p. 239.)

[2] Quorum pedes primi perone setoso talos ad usque vinciebantur; genua, crura, suræque sine tegmine. Præter hoc vestis alta, stricta, versicolor vix appropinquans poplitibus exertis : manicæ sola brachiorum principia velantes... Penduli ex humero gladii balteis supercurrentibus strinxerant clausa bullatis latera rhenonibus. (Sidon. Apollinar. epist., apud script. rer. gallic. et francic., t. I, p. 793.) — *V*. Monachi Sangallensis de gestis Caroli magni, lib. i, ibid., t. V, p. 121, et Vitam Caroli magni per Eginhardum scriptam, ibid, p. 98.

rait excités la vue de cette tête de clerc sur les épaules d'un soldat. Arrivé sous les murs de Tours, il mit pied à terre; et, la tête toujours enveloppée dans le capuchon de son manteau, il marcha vers la basilique de Saint-Martin dont, en ce moment, toutes les portes étaient ouvertes[1].

C'était un jour de fête solennelle, et l'évêque de Tours, qui officiait pontificalement, venait de donner aux fidèles la communion sous les deux espèces. Les pains qui s'étaient trouvés de reste après la consécration de l'eucharistie couvraient l'autel, rangés sur des nappes à côté du grand calice à deux anses qui contenait le vin. L'usage voulait qu'à la fin de la messe ces pains, non consacrés et simplement bénits par le prêtre, fussent coupés en morceaux et distribués entre les assistants; on appelait cela donner les eulogies. L'assemblée entière à l'exception des personnes excommuniées, avait part à cette distribution faite par les diacres, comme celle de

---

[1] Opertoque capite, indutusque veste sæculari, beati Martini templum expetit. (Greg. Turon. Hist. Franc., lib. v, apud script. rer. gallic. et francic., t. II, p. 239.) — Ces mots: *opertoque capite*, se trouvent éclaircis dans le sens que je leur attribue par le passage suivant du même auteur : *Et tecto capite ne agnoscaris silvam pete..... et ille accepto consilio, dum obtecto capite fugere niteretur, extracto quidam gladio caput ejus cum cucullo decidit.* (Lib. vii, p. 310.) — L'usage des manteaux à capuchon avait passé des Gaules à Rome. Voyez les satires de Juvénal, passim., et le Père Montfaucon, *Antiquité expliquée*.

576. l'eucharistie était faite par le prêtre ou l'évêque officiant[1]. Après avoir parcouru la basilique, en donnant à chacun sa portion de pain bénit, les diacres de Saint-Martin virent près des portes un homme qui leur était inconnu, et dont le visage à demi enveloppé, semblait indiquer de sa part l'intention de ne pas se faire connaître; ils passèrent devant lui avec méfiance et sans lui rien offrir.

L'humeur du jeune Merowig, naturellement violente, s'était encore échauffée par les soucis et par la fatigue de la route. En se voyant privé d'une faveur que tous les assistants avaient obtenue, il tomba dans un accès de dépit furieux. Traversant la foule qui remplissait la nef de l'église, il pénétra jusque dans le chœur où se trouvait Grégoire avec un autre évêque, Raghenemod, Frank d'origine, qui venait de succéder à saint Germain dans la métropole de Paris. Parvenu en face de l'estrade où siégeait Grégoire dans ses habits pontificaux, Merowig lui dit d'un ton brusque et impérieux : « Évêque, pourquoi « ne me donne-t-on pas des eulogies comme au « reste des fidèles? Dis-moi si je suis excom-

---

[1] Nobis autem missas celebrantibus in sanctam basilicam, aperta reperiens ostia, ingressus est. (Greg. Turon. Hist. Franc., lib. v, apud script. rer. gallic. et francic., t. II, p. 239.) — Præfatio D. Theod. Ruinart ad Greg. Turon. Hist. Franc., ibid., p. 95.

« munié¹? » A ces mots, il rejeta en arrière le capuchon de son manteau, et découvrit aux regards des assistants son visage rouge de colère, et l'étrange figure d'un soldat tonsuré.

L'évêque de Tours n'eut pas de peine à reconnaître l'aîné des fils du roi Hilperik, car il l'avait vu souvent et savait déjà toute son histoire. Le jeune fugitif paraissait devant lui chargé d'une double infraction aux lois ecclésiastiques, le mariage à l'un des degrés prohibés, et la renonciation au caractère sacré de la prêtrise, faute si grave, que les casuistes rigides lui donnaient le nom d'apostasie. Dans l'état de culpabilité flagrante où le plaçaient le costume séculier et les armes qu'il avait sur lui, Merowig ne pouvait, sans passer par l'épreuve d'un jugement canonique, être admis ni à la communion du pain et du vin consacrés, ni même à celle du pain simplement bénit, qui était comme une figure de l'autre. C'est ce que répondit l'évêque Grégoire avec son calme et sa dignité ordinaires. Mais sa parole à la fois grave et douce ne réussit qu'à augmenter l'emportement du jeune homme qui,

---

¹ Petiit, ut ei eulogias dare deberemus. Erat autem tunc nobiscum Ragnemodus Parisiacæ sedis episcopus, qui sancto Germano successerat. (Greg. Turon. Hist. Franc., lib. v, apud script. rer. gallic. et francic., t. II, p. 239.) — En rendant le discours direct j'ai employé une formule d'allocution très-commune dans l'Histoire de Grégoire de Tours : *Quid tibi visum est, o episcope*, etc. Voyez ci-après, Quatrième récit.

576. perdant toute mesure et tout respect pour la sainteté du lieu, s'écria : « Tu n'as pas le pouvoir « de me suspendre de la communion chrétienne, « sans l'aveu de tes frères les évêques, et si, de « ton autorité privée, tu me retranches de ta « communion, je me conduirai en excommunié, « je tuerai quelqu'un ici¹. » Ces mots prononcés d'un ton farouche épouvantèrent l'auditoire, et firent sur l'évêque une impression de tristesse profonde. Craignant de pousser à bout la frénésie de ce jeune barbare, et d'amener ainsi de grands malheurs, il céda par nécessité; et après avoir, pour sauver au moins les formes légales, délibéré quelque temps avec son collègue de Paris, il fit donner à Merowig les eulogies qu'il réclamait².

Dès que le fils de Hilperik, avec Gaïlen, son frère d'armes, ses jeunes compagnons et de nombreux serviteurs, eut pris un logement dans le parvis de la basilique de Saint-Martin, l'évêque

---

¹ Quod cùm refutaremus, ipse clamare cœpit et dicere, quod non recte eum a communione sine fratrum conniventia suspenderemus..... Minabatur enim aliquos de populo nostro interficere, si communionem nostram non meruisset. (Greg. Turon. Hist. Franc., lib. v, apud script. rer. gallic. et franc., t. II, p. 239.)

² Illo autem hæc dicente, cum consensu fratris qui præsens erat, contestata causa canonica, eulogias a nobis accepit. Veritus autem sum, ne dum unum a communione suspendebam, in multos existerem homicida. (Ibid.)

de Tours se hâta de remplir certaines formalités 576. qu'exigeait la loi romaine, et dont la principale consistait pour lui à déclarer au magistrat compétent et à la partie civile l'arrivée de chaque nouveau réfugié[1]. Dans la cause présente, il n'y avait d'autre juge et d'autre partie intéressée que le roi Hilperik; c'était donc à lui que la déclaration devait être faite, quelle que fût d'ailleurs la nécessité d'adoucir par des actes de déférence l'aigreur de son ressentiment. Un diacre de l'église métropolitaine de Tours partit pour Soissons, ville royale de Neustrie, avec la mission de faire un récit exact de tout ce qui venait d'avoir lieu. Il eut pour compagnon, dans cette ambassade, un parent de l'évêque, appelé Nicetius, qui se rendait à la cour de Hilperik pour des affaires personnelles[2].

Arrivés au palais de Soissons, et admis ensemble à l'audience royale, ils commençaient à exposer les motifs de leur voyage, lorsque Fredegonde survint et dit : « Ce sont des espions, « ils viennent s'informer ici de ce que fait le roi,

---

[1] Loi de l'empereur Léon pour les asiles (466). — Voyez Histoire ecclésiastique de Fleury, t. VI, p. 562.

[2] Nicetius vir neptis meæ, propriam habens causam, ad Chilpericum regem abiit cum diacono nostro, qui regi fugam Merovechi narraret. (Greg. Turon. Hist. Franc., lib v, apud script. rer. gallic. et francic., t. II, p. 239.)

« afin d'aller ensuite le rapporter à Merowig. » Ces paroles suffirent pour mettre en émoi l'esprit soupçonneux de Hilperik; l'ordre fut donné aussitôt d'arrêter Nicetius et le diacre porteur du message. On les dépouilla de tout l'argent qu'ils avaient sur eux, et on les conduisit aux extrémités du royaume, d'où ils ne revinrent l'un et l'autre qu'après un exil de sept mois[1]. Pendant que le messager et le parent de Grégoire de Tours se voyaient traiter d'une si rude manière, lui-même reçut de la part du roi Hilperik une dépêche conçue en ces termes : « Chassez l'apos« tat hors de votre basilique, sinon j'irai brûler « tout le pays. » L'évêque répondit simplement qu'une pareille chose n'avait jamais eu lieu, pas même au temps des rois goths qui étaient hérétiques, et qu'ainsi elle ne se ferait pas dans un temps de véritable foi chrétienne. Obligé par cette réponse de passer de la menace à l'effet, Hilperik se décida, mais avec mollesse; et grâce à l'instigation de Fredegonde qui n'avait aucune peur du sacrilége, il fut résolu que des troupes seraient rassemblées, et que le roi lui-même se

---

[1] Quibus visis, Fredegundis regina ait : « Exploratores sunt, et ad « sciscitandum quid agat rex advenerunt, ut sciant quid Merovecho « renuntient. » Et statim exspoliatos in exilium retrudi præcepit, de quo mense septimo expleto relaxati sunt. (Greg. Turon. Hist. Franc., lib. v, apud script. rer. gallic. et francic., t. II, p. 239.)

mettrait à leur tête pour aller châtier la ville de 576.
Tours et forcer l'asile de Saint-Martin [1].

En apprenant la nouvelle de ces préparatifs, Merowig fut saisi d'une terreur dont l'expression se colorait d'un sentiment religieux. « A Dieu ne « plaise, s'écria-t-il, que la sainte basilique de « mon seigneur Martin subisse aucune violence, « ou que son pays soit désolé à cause de moi! » Il voulait partir sur-le-champ avec Gonthramn-Bose et tâcher de gagner l'Austrasie, où il se flattait de trouver auprès de Brunehilde un asile sûr, du repos, des richesses et toutes les jouissances du pouvoir; mais rien n'était prêt pour ce long voyage; ils n'avaient encore ni assez d'hommes autour d'eux ni assez de relations au dehors. L'avis de Gonthramn fut qu'il fallait attendre et ne pas se jeter, par crainte du péril, dans un péril beaucoup plus grand [2]. Incapable de rien tenter sans le concours de son nouvel

---

[1] Igitur Chilpericus nuntios ad nos direxit, dicens : « Ejicite apos-« tatam illum de basilica, sin autem, totam regionem illam igni succin-« dam. » Cùmque nos recripsissemus impossibile esse quod temporibus hæreticorum non fuerat christianorum nunc temporibus fieri, ipse exercitum commovet. (Greg. Turon. Hist. Franc., lib. v, apud script. rer. gallic. et francic., t. II, p. 239.)

[2] Cùm videret Merovechus patrem suum in hac deliberatione intentum, adsumto secum Guntchramno duce ad Brunichildem pergere cogitat, dicens : « Absit ut propter meam personam basilica domini « Martini violentiam perferat, aut regio ejus per me captivitati subda-« tur. » (Ibid., p. 240.)

576. ami, le jeune prince cherchait un remède à ses anxiétés dans des actes de dévotion fervente qui ne lui étaient pas ordinaires. Il résolut de passer toute une nuit en prières dans le sanctuaire de la basilique, et faisant apporter avec lui ses effets les plus précieux, il les déposa comme offrande sur le tombeau de saint Martin; puis, s'agenouillant près du sépulcre, il pria le saint de venir à son secours, de lui accorder ses bonnes grâces, de faire que la liberté lui fût promptement rendue et qu'un jour il devînt roi[1].

Ces deux souhaits, pour Merowig, n'allaient guère l'un sans l'autre, et le dernier, à ce qu'il semble, jouait un assez grand rôle dans ses conversations avec Gonthramn-Bose et dans les projets qu'ils faisaient en commun. Gonthramn, plein de confiance dans les ressources de son esprit, invoquait rarement l'appui des saints; mais, en revanche, il avait recours aux diseurs de bonne aventure, afin d'éprouver par leur science la justesse de ses combinaisons. Laissant donc Merowig prier seul, il dépêcha l'un de ses serviteurs vers une femme, très-habile à ce qu'il

---

[1] Et ingressus basilicam, dum vigilias ageret, res quas secum habebat, ad sepulchrum beati Martini exhibuit, orans ut sibi sanctus succurreret, atque ei concederet gratiam suam, ut regnum accipere posset. (Greg. Turon. Hist. Franc., lib. v, apud script. rer. gallic. et francic., t. II, p 241.)

disait, qui lui avait prédit, entre autres choses, l'année, le jour et l'heure où devait mourir le roi Haribert[1]. Interrogée, au nom du duc Gonthramn, sur l'avenir qui lui était réservé à lui et au fils de Hilperik, la sorcière, qui probablement les connaissait bien tous deux, donna cette réponse adressée à Gonthramn lui-même : « Il arrivera que le roi Hilperik trépassera dans « l'année, et que Merowig, à l'exclusion de ses « frères, obtiendra la royauté; toi, Gonthramn, « tu seras pendant cinq ans duc de tout le « royaume; mais, à la sixième année, tu recevras « par la faveur du peuple, la dignité épiscopale « dans une ville située sur la rive gauche de la « Loire; et enfin tu sortiras de ce monde vieux et « plein de jours[2]. »

Gonthramn-Bose, qui passait sa vie à faire des dupes, était dupe lui-même de la friponnerie des

---

[1] Tunc direxit Guntchramnus puerum ad mulierem quamdam, sibi jam cognitam a tempore Chariberti regis, habentem spiritum Pythonis, ut ei quæ erant eventura narraret. (Greg. Turon. Hist. Franc., lib. v, apud script. rer. gallic. et francic., t. II, p. 240.)

[2] Quæ hæc ei per pueros mandata remisit : « Futurum est enim ut « rex Chilpericus hoc anno deficiat, et Merovechus rex, exclusis fratri- « bus, omne capiat regnum. Tu vero ducatum totius regni ejus annis « quinque tenebis. Sexto vero anno in una civitatum, quæ super Ligeris « alveum sita est in *dextra* ejus parte, favente populo, episcopatus gra- « tiam adipisceris.... » (Ibid.) — Il faut entendre ici par les mots *dextra parte* la droite du fleuve en remontant son cours. V. Adriani Valesii Notitiam Galliarum.

576. sorciers et des devineresses. Il ressentit une grande joie de cette prophétie extravagante mais conforme, sans aucun doute, à ses rêves d'ambition et à ses désirs les plus intimes. Pensant que la ville indiquée si vaguement n'était autre que celle de Tours, et se voyant déjà en idée le successeur de Grégoire sur le trône pontifical, il eut soin de lui faire part, avec une satisfaction maligne, de sa bonne fortune à venir, car le titre d'évêque était fort envié des chefs barbares. Grégoire venait d'arriver à la basilique de Saint-Martin pour y célébrer l'office de la nuit, lorsque le duc austrasien lui fit son étrange confidence en homme convaincu du savoir infaillible de la prophétesse. L'évêque répondit : « C'est à « Dieu qu'il faut demander de pareilles choses, » et ne put s'empêcher de rire [1]. Mais cette vanité, aussi folle qu'insatiable, ramena douloureusement sa pensée sur les hommes et les misères de son temps. De tristes réflexions le préoccupèrent au milieu du chant des psaumes; et lorsque après l'office des vigiles, voulant prendre un peu

---

[1] Statim ille vanitate elatus, tanquam si jam in cathedra Turonicæ ecclesiæ resideret, ad me hæc detulit verba. Cujus ego inridens stultitiam, dixi : « A Deo hæc poscenda sunt.... » Illo quoque cum confusione discedente, valde inridebam hominem, qui talia credi putabat. (Greg. Turon. Hist. Franc., lib. v, apud script. rer. gallic. et francic., t. II, p. 240.)

de repos, il se fut mis au lit dans un appartement voisin de l'église, les crimes dont cette église semblait devoir être le théâtre dans la guerre contre nature allumée entre le père et le fils, tous les malheurs qu'il prévoyait sans pouvoir les conjurer, le poursuivirent en quelque sorte jusqu'au moment où il s'endormit. Durant le sommeil, les mêmes idées, traduites en images terribles, se présentèrent encore à son esprit. Il vit un ange qui traversait les airs, planant au-dessus de la basilique et criant d'une voix lugubre : « Hélas! hélas! Dieu a frappé Hilperik et « tous ses fils! pas un d'eux ne lui survivra et ne « possédera son royaume[1]. » Ce songe parut à Grégoire une révélation de l'avenir bien autrement digne de foi que les réponses et tous les prestiges des devins.

576.

Merowig, léger et inconséquent par caractère, eut bientôt recours à des distractions plus d'accord avec ses habitudes turbulentes, que les veilles et les prières auprès des tombeaux des saints. La loi qui consacrait l'inviolabilité des

---

[1] Vigiliis in basilica sancti antistitis celebratis, dum lectulo decubans obdormissem, vidi angelum per aera volantem : cùmque super sanctam basilicam præteriret, voce magna ait : « Heu! heu! percussit « Deus Chilpericum, et omnes filios ejus, nec superabit de his qui pro- « cesserunt ex lumbis ejus qui regat regnum illius in æternum. » (Greg. Turon. Hist. Franc., lib. v, apud script. rer. gallic. et francic., t. II, p. 240.)

576. asiles religieux voulait que les réfugiés fussent pleinement libres de se procurer toute espèce de provisions, afin qu'il fût impossible à ceux qui les poursuivaient de les prendre par la famine. Les prêtres de la basilique de Saint-Martin se chargeaient eux-mêmes de pourvoir des choses nécessaires à la vie leurs hôtes pauvres et sans domestiques. Le service des riches était fait tantôt par leurs gens qui allaient et venaient en toute liberté, tantôt par des hommes et par des femmes du dehors, dont la présence occasionnait souvent de l'embarras et du scandale. A toute heure, les cours du parvis et le péristyle de la basilique étaient remplis d'une foule affairée ou de promeneurs oisifs et curieux. A l'heure des repas, un bruit d'orgie, couvrant parfois le chant des offices, allait troubler les prêtres dans leurs stalles et les religieux au fond de leurs cellules. Quelquefois aussi les convives, pris de vin, se querellaient jusqu'à en venir aux coups, et des rixes sanglantes avaient lieu aux portes et même dans l'intérieur de l'église[1].

---

[1] Nam sæpe cædes infra ipsum atrium, quod ad pedes Beati extat, exegit (Eberulfus), exercens assidue ebrietates ac vanitates.... Introeuntes puellæ, cum reliquis pueris ejus, suspiciebant picturas parietum, rimabanturque ornamenta beati sepulchri : quod valde facinosorum religiosis erat.... hæc ille cùm post cœnam vino madidus advertisset...... Furibundus ingreditur. (Greg. Turon. Hist. Franc., lib. vii, apud script. rer. gallic. et francic., t. II, p. 3oo.)

Si de pareils désordres ne venaient point à 576. la suite des festins où Merowig cherchait à s'étourdir avec ses compagnons de refuge, la joie bruyante n'y manquait pas ; des éclats de rire et de grossiers bons mots retentissaient dans la salle et accompagnaient surtout les noms de Hilperik et de Fredegonde. Merowig ne les ménageait pas plus l'un que l'autre. Il racontait les crimes de son père et les débauches de sa belle-mère, traitait Fredegonde d'infâme prostituée, et Hilperik de mari imbécile, persécuteur de ses propres enfants. « Quoiqu'il y eût en cela beau-
« coup de vrai, dit l'historien contemporain, je
« pense qu'il n'était pas agréable à Dieu que de
« telles choses fussent divulguées par un fils[1]. »
Cet historien, Grégoire de Tours lui-même, invité un jour à la table de Merowig, entendit de ses propres oreilles les scandaleux propos du jeune homme. A la fin du repas, Merowig, resté seul avec son pieux convive, se sentit en veine de dévotion et pria l'évêque de lui faire quelque lecture pour l'instruction de son âme. Grégoire prit le livre de Salomon, et l'ayant ouvert au

---

[1] Merovechus vero de patre atque noverca multa crimina loquebatur : quæ cùm ex parte vera essent, credo acceptum non fuisse Deo, ut hæc per filium vulgarentur. (Greg. Turon. Hist. Franc., lib. v, apud script. rer. gallic. et francic., t. II, p. 240.)

576. hasard, il tomba sur le verset suivant : « L'œil « qu'un fils tourne contre son père lui sera arra- « ché de la tête par les corbeaux de la vallée. » Cette rencontre faite si à propos fut prise par l'évêque pour une seconde révélation de l'avenir, aussi menaçante que la première[1].

Cependant Fredegonde, plus acharnée dans sa haine et plus active que son mari, résolut de prendre les devants sur l'expédition qui se préparait, et de faire assassiner Merowig au moyen d'un guet-apens. Le comte de Tours, Leudaste, qui tenait à s'assurer les bonnes grâces de la reine, et qui d'ailleurs avait à se venger du pillage commis dans sa maison l'année précédente, s'offrit avec empressement pour exécuter ce meurtre. Comptant sur l'imprévoyance de celui qu'il voulait tuer par surprise, il essaya différents stratagèmes pour l'attirer hors des limites où s'arrêtait le droit d'asile; mais il n'y réussit pas. Soit par un dépit sauvage, soit pour exciter la colère du jeune prince, jusqu'au point de lui faire perdre

[1] Quadam enim die, ad convivium ejus adscitus, dum pariter sederemus suppliciter petiit aliqua ad instructionem animæ legi. Ego vero reserato Salomonis libro, versiculum qui primus occurrit arripui, qui hæc continebat : « Oculum qui adversus adspexerit patrem, effodiant « eum corvi de convallibus. » Illo quoque non intelligente, consideravi hunc versiculum a Domino præparatum. (Greg. Turon. Hist. Franc., lib. v, apud script. rer. gallic. et francic., t. II, p. 240.)

tout sentiment de prudence, il fit attaquer à main armée ses serviteurs dans les rues de la ville[1]. La plupart furent massacrés; et Merowig, saisi de fureur à cette nouvelle, serait allé tête baissée dans le piége, si le prudent Gonthramn ne l'eût retenu. Comme il s'emportait outre mesure, disant qu'il n'aurait de repos qu'après avoir châtié d'une manière sanglante le complaisant de Fredegonde, Gonthramn lui conseilla de diriger ses représailles d'un côté où le danger fût nul et le profit considérable, et de faire payer le coup, non à Leudaste, qui était sur ses gardes, mais à un autre, n'importe lequel, des amis du roi Hilperik ou des familiers de sa maison[2].

Marileïf, premier médecin du roi, homme très-riche et d'un naturel peu belliqueux, se trouvait alors à Tours, venant de Soissons et se rendant à Poitiers, sa ville natale. Il avait avec lui très-peu de gens et beaucoup de bagage; et pour les jeunes guerriers, compagnons de Merowig, rien n'était plus facile que de l'enlever dans son hôtellerie. Ils y entrèrent en effet à

[1] Leudastes tunc comes, cùm multas ei in amore Fredegundis insidias tenderet, ad extremum pueros ejus, qui in pago egressi fuerant, circumventos dolis gladio trucidavit, ipsumque interimere cupiens si reperire loco opportuno potuisset. (Greg. Turon. Hist. Franc., lib. v, apud script. rer. gallic. et francic., t. II, p. 240.)

[2] Sed ille consilio usus Guntchramni, et se ulcisci desiderans.... (Ibid.)

576. l'improviste, et battirent cruellement le pacifique médecin qui, heureusement pour lui, parvint à s'échapper, et se réfugia presque nu dans la cathédrale, laissant aux mains des assaillants son or, son argent et le reste de son bagage[1]. Tout cela fut regardé comme de bonne prise par le fils de Hilperik qui, satisfait du tour qu'il venait de jouer à son père et se croyant assez vengé, voulut montrer de la clémence. Sur la prière de l'évêque, il fit annoncer au pauvre Marileif, qui n'osait plus sortir de son asile, qu'il était libre de continuer sa route[2]. Mais, au moment où Merowig s'applaudissait d'avoir pour compagnon de fortune et pour ami de cœur un homme aussi avisé que Gonthramn-Bose, celui-ci n'hésitait pas à vendre ses services à la mortelle ennemie du jeune homme inconsidéré qui plaçait en lui toute sa confiance.

Loin de partager la haine que le roi Hilperik vouait au duc Gonthramn à cause du meurtre de Théodebert, Fredegonde lui savait gré de ce

[1] Redeunte Marileifo archiatro de præsentia regis (eum) comprehendi præcepit, cæsumque gravissime, ablato auro argentoque ejus, et reliquis rebus quas secum exhibebat, nudum reliquit. Et interfecisset utique, si non, inter manus cædentium elapsus, ecclesiam expetisset. (Greg. Turon. Hist. Franc., lib. v, apud script. rer gallic. et francic., t. II, p. 240.)

[2] Quem nos postea indutum vestimentis, obtenta vita, Pictavum remisimus. (Ibid.)

meurtre qui l'avait débarrassée d'un de ses
beaux-fils, comme elle souhaitait de l'être des
deux autres. Son intérêt en faveur du duc austrasien était devenu encore plus vif, depuis qu'elle
entrevoyait la possibilité de le faire servir d'instrument pour la perte de Merowig. Gonthramn-Bose se chargeait peu volontiers d'une commission périlleuse; mais le mauvais succès des tentatives du comte Leudaste, homme plus violent
qu'adroit, détermina la reine à tourner les yeux
vers celui qui pourrait, non pas exécuter de sa
propre main, mais rendre infaillible par son
astuce l'assassinat qu'elle méditait. Elle envoya
donc près de Gonthramn une personne affidée
qui lui remit de sa part ce message : « Si tu par« viens à faire sortir Merowig de la basilique,
« afin qu'on le tue, je te ferai un magnifique
« présent[1]. » Gonthramn-Bose accepta de grand
cœur la proposition. Persuadé que l'habile Fredegonde avait déjà pris toutes ses mesures, et
que des meurtriers apostés faisaient le guet aux
environs de Tours, il alla trouver Merowig, et
lui dit du ton le plus enjoué : « Pourquoi me-

---

[1] Misit ad Guntchramnum Bosonem Fredegundis regina, quæque ei jam pro morte Theodoberti patrocinabatur, occultè dicens : Si Merovechum ejicere potueris de basilica ut interficiatur, magnum de me munus accipies. (Greg. Turon. Hist. Franc., lib. v, apud script. rer. gallic. et francic., t. II, p. 240.)

« nons-nous ici une vie de lâches et de pares-
« seux, et restons-nous tapis comme des hébétés
« autour de cette basilique? Faisons venir nos
« chevaux, prenons avec nous des chiens et des
« faucons, et allons à la chasse nous donner de
« l'exercice, respirer le grand air et jouir d'une
« belle vue [1]. »

Le besoin d'espace et d'air libre que ressentent si vivement les emprisonnés parlait au cœur de Merowig, et sa facilité de caractère lui faisait approuver sans examen tout ce que proposait son ami. Il accueillit avec la vivacité de son âge cette invitation attrayante. Les chevaux furent amenés sur-le-champ dans la cour de la basilique, et les deux réfugiés sortirent en complet équipage de chasse, portant leurs oiseaux sur le poing, escortés par leurs serviteurs et suivis de leurs chiens tenus en laisse. Ils prirent pour but de leur promenade un domaine appartenant à l'église de Tours et situé au village de Jocundiacum, aujourd'hui Jouay, à peu de distance de la ville. Ils passèrent ainsi tout le jour, chassant et cou-

---

[1] At ille præsto putans esse interfectores, ait ad Merovechum : « Ut
« quid hic quasi segnes et timidi residemus, et ut hebetes circa basili-
« cam hanc occulimur? veniant enim equi nostri, et acceptis accipitri-
« bus, cum canibus exerceamur venatione, spectaculisque patulis jocun-
« demur. » Hoc enim agebat callide, ut eum a sancta basilica separaret.
(Greg. Turon. Hist. Franc., lib. v, apud script. rer. gallic. et francic.,
t. II, p. 240.)

rant ensemble, sans que Gonthramn donnât le moindre signe de préoccupation et parût songer à autre chose qu'à se divertir de son mieux. Ce qu'il attendait n'arriva point; ni durant les courses de la journée, ni dans le trajet du retour, aucune troupe armée ne se présenta pour fondre sur Merowig, soit que les émissaires de Fredegonde ne fussent pas encore arrivés à Tours, soit que ses instructions eussent été mal suivies. Merowig rentra donc paisiblement dans l'enceinte qui lui servait d'asile, joyeux de sa liberté de quelques heures, et ne se doutant nullement qu'il eût été en danger de périr par la plus insigne trahison[1].

L'armée qui devait marcher sur Tours était prête, mais quand il s'agit de partir, Hilperik devint tout à coup indécis et timoré; il aurait voulu savoir jusqu'à quel point allait en ce moment la susceptibilité de saint Martin contre les infracteurs de ses priviléges, et si le saint confesseur était en veine d'indulgence ou de colère. Comme personne au monde ne pouvait donner là-dessus la moindre information, le roi conçut l'étrange idée de s'adresser par écrit au saint lui-

---

[1] Egressi itaque, ut diximus, de basilica ad Jocundiacensem domum civitati proximam progressi sunt : sed a nemine Merovechus nocitus est. (Greg. Turon. Hist. Franc., lib. v, apud script. rer. gallic. et francic., t. II, p. 241.)

576. même, en sollicitant de sa part une réponse nette et positive. Il rédigea donc une lettre qui énonçait en manière de plaidoirie ses griefs paternels contre le meurtrier de son fils Theodebert et faisait contre ce grand coupable un appel à la justice du saint. La requête avait pour conclusion cette demande péremptoire : « M'est-il permis « ou non de tirer Gonthramn hors de la basi- « lique[1]? » Une chose encore plus bizarre, c'est qu'il y avait là-dessous un stratagème, et que le roi Hilperik voulait ruser avec son correspondant céleste, se promettant bien, si la permission lui était donnée pour Gonthramn, d'en user également pour s'emparer de Merowig, dont il taisait le nom de peur d'effaroucher le saint. Cette singulière missive fut portée à Tours par un clerc de race franke, nommé Baudeghisel, qui la déposa sur le tombeau de saint Martin et mit à côté une feuille de papier blanc pour que le saint pût écrire sa réponse. Au bout de trois jours, le messager revint, et trouvant sur la pierre du sépulcre la feuille blanche telle qu'il l'y avait mise, sans le moindre signe d'écriture, il jugea que saint

---

[1] Et quia impetebatur tunc Guntchramnus de interitu, ut diximus, Theodoberti, misit Chilpericus rex nuntios et epistolam scriptam ad sepulchrum sancti Martini, quæ habebat insertum, ut ei beatus Martinus rescriberet, utrum liceret extrahi Guntchramnum de basilica ejus, an non. (Greg. Turon. Hist. Franc., lib. v, apud script. rer. gallic. et francic., t. II, p. 241.)

Martin refusait de s'expliquer, et retourna vers le roi Hilperik[1]. 576.

Ce que le roi craignait par-dessus tout, c'était que Merowig n'allât rejoindre Brunehilde en Austrasie, et qu'aidé de ses conseils et de son argent, il ne réussît à se créer un parti nombreux parmi les Franks neustriens. Cette crainte l'emportait même, dans l'esprit de Hilperik, sur sa haine contre Gonthramn-Bose, envers lequel il se sentait des velléités de pardon, pourvu qu'il ne favorisât en rien le départ de son compagnon d'asile. De là naquit un nouveau plan, où Hilperik se montre encore avec le même caractère de finesse lourde et méticuleuse. Ce plan consistait à tirer de Gonthramn, sans lequel Merowig, faute de ressources et de décision, était incapable d'entreprendre son voyage, la promesse sous le serment de ne point sortir de la basilique sans en donner avis au roi. Le roi Hilperik comptait de cette manière être averti assez à temps pour pouvoir intercepter les communications entre Tours et la frontière d'Austrasie. Il envoya des émissaires parler secrètement à Gonthramn; et,

---

[1] Sed Baudegiselus diaconus, qui hanc epistolam exhibuit, chartam puram cum eadem quam detulerat, ad sanctum tumulum misit. Cùmque per triduum expectasset, et nihil rescripti reciperet, rediit ad Chilpericum. (Greg. Turon. Hist. Franc., lib. v, apud script. rer. gallic. et francic., t. II, p. 241).

576. dans cette lutte de fourbe contre fourbe, celui-ci ne recula pas. Se fiant peu aux paroles de réconciliation que lui envoyait Hilperik, mais trouvant qu'il y avait là peut-être une dernière chance de salut, si toutes les autres venaient à lui manquer, il prêta le serment qu'on lui demandait, et jura dans le sanctuaire même de la basilique, une main sur la nappe de soie qui couvrait le maître-autel [1]. Cela fait, il ne mit pas moins d'activité qu'auparavant à tout préparer dans le plus grand mystère pour une évasion inopinée.

577. Depuis le coup de fortune qui avait fait tomber entre les mains des réfugiés l'argent du médecin Marileïf, ces préparatifs marchaient rapidement. Des braves de profession, classe d'hommes que la conquête avait créée, s'offraient en foule pour servir d'escorte jusqu'au terme du voyage; leur nombre s'éleva bientôt à plus de cinq cents. Avec une pareille force, l'évasion était facile et l'arrivée en Austrasie extrêmement probable. Gonthramn-Bose jugea qu'il n'y avait plus de motif pour différer davantage, et, se gardant bien, malgré son serment, de faire donner au roi le moindre avis,

---

[1] Ille vero misit alios, qui a Guntchramno sacramenta exigerent, ut sine ejus scientia basilicam non relinqueret. Qui, ambienter jurans, pallam altaris fidejussorem dedit nunquam se exinde sine jussione regia egressurum. (Greg. Turon. Hist. Franc., lib. v, apud script. rer. gallic. et francic.. t. II, p. 241.)

il dit à Merowig qu'il fallait songer au départ. 577.
Merowig, faible et irrésolu lorsque la passion
ne le soulevait pas, sur le point de risquer cette
grande aventure, fléchit et retomba de nouveau
dans ses anxiétés. « Mais, lui dit Gonthramn,
« est-ce que nous n'avons pas pour nous les pré-
« dictions de la devineresse? » Le jeune prince
ne fut pas rassuré, et, pour faire diversion à ses
tristes pressentiments, il voulut chercher à une
meilleure source des informations sur l'avenir[1].

Il y avait alors un procédé de divination religieuse prohibé par les conciles, mais pratiqué
en Gaule, malgré cette défense, par les hommes
les plus sages et les plus éclairés; Merowig s'avisa
d'y recourir. Il se rendit à la chapelle où était le
tombeau de saint Martin, et posa sur le sépulcre
trois des livres saints, celui des Rois, le Psautier,
et les Évangiles. Durant toute une nuit, il pria
Dieu et le saint confesseur de lui faire connaître
ce qui allait arriver, et s'il devait espérer ou non
d'obtenir le royaume de son père[2]. Ensuite il
jeûna trois jours entiers, et, le quatrième, reve-

---

[1] Merovechus vero non credens Pythonissæ...... (Greg. Turon. Hist. Franc., lib. v, apud script. rer. gallic. et francic., t. II, p. 241.)

[2] Tres libros super Sancti sepulchrum posuit, id est, Psalterii, Re- gum, Evangeliorum : et vigilans tota nocte, petiit ut sibi beatus confes- sor quid eveniret ostenderet, et utrum possit regnum accipere, an non ut Domino indicante cognosceret. (Ibid.)

nant près du tombeau, il ouvrit les trois volumes l'un après l'autre. D'abord, ce fut le livre des Rois qu'il avait surtout hâte d'interroger ; il tomba sur une page en tête de laquelle se trouvait le verset suivant : « Parce que vous avez « abandonné le Seigneur votre Dieu pour suivre « des dieux étrangers, le Seigneur vous a livrés « aux mains de vos ennemis. » En ouvrant le livre des Psaumes, il rencontra ce passage : « Tu « les a renversés au moment où ils s'élevaient. « Oh! comment sont-ils tombés dans la désola- « tion! » Enfin, dans le livre des Évangiles, il lut ce verset : « Vous savez que la pâque se fera « dans deux jours et que le Fils de l'homme sera « livré pour être crucifié[1]. » Pour celui qui, dans chacune de ces paroles, croyait voir une réponse de Dieu même, il était impossible de rien imaginer de plus sinistre ; il y avait là de quoi ébranler une âme plus forte que celle du fils de Hilperik. Sous le poids de cette triple menace de trahison, de ruine et de mort violente, il resta comme accablé, et pleura longtemps à

---

[1] Post hæc continuato triduo in jejuniis, vigiliis atque orationibus: ad beatum tumulum iterum accedens, revolvit librum, qui erat, Regum, versus autem primus paginæ quam reseravit, hic erat.... (Greg. Turon. Hist. Franc., lib. v apud script. rer. gallic. et francic., t. II, p. 241.) — Voy. Rois, liv. III, chap. IX, v. 9; Ps. LXXII, v. 18; Év. selon saint Matthieu, chap. XXVI, v. 2.

chaudes larmes auprès du tombeau de saint 577. Martin[1].

Gonthramn-Bose, qui s'en tenait à son oracle, et qui d'ailleurs ne trouvait là aucun sujet de crainte pour lui-même, persista dans sa résolution. A l'aide de cette influence que les esprits décidés exercent d'une manière qu'on pourrait dire magnétique sur les caractères faibles et impressionnables, il raffermit si bien le courage de son jeune compagnon, que le départ eut lieu sans le moindre délai, et que Merowig monta à cheval d'un air tranquille et assuré. Gonthramn, dans ce moment décisif, avait à se faire une autre espèce de violence; il allait se séparer de ses deux filles, réfugiées avec lui dans la basilique de Saint-Martin, et qu'il n'osait emmener à cause des hasards d'un si long trajet. Malgré son égoïsme profond et son imperturbable fourberie, on ne pouvait pas dire qu'il fût absolument dépourvu de bonnes qualités, et, parmi tant de vices, il avait au moins une vertu, celle de l'amour paternel[2]. La compagnie de ses filles lui était chère au plus haut degré. Pour les rejoindre, quand

---

[1] In his responsionibus ille confusus flens diutissime ad sepulchrum beati antistitis... (Greg. Turon. lib. v, apud script. rer. gallic. et francic., t. II, p. 241.)

[2] Guntchramnus vero alias sane bonus. Nam ad perjuria nimium præparatus erat... (Ibid.)

577. il se trouvait loin d'elles, il n'hésitait pas à exposer sa personne; et, s'il s'agissait de les garantir de quelque danger, il devenait batailleur et hardi jusqu'à la témérité. Contraint de les laisser dans un asile que le roi Hilperik, devenu furieux, pouvait cesser de respecter, il se promit de venir les chercher lui-même, et ce fut avec cette pensée, la seule bonne qui pût germer dans son âme, qu'il franchit les limites consacrées, galopant à côté de Merowig [1].

Près de six cents cavaliers, recrutés, selon toute apparence, parmi les aventuriers et les vagabonds du pays, soit Franks, soit Gaulois d'origine, accompagnaient les deux fugitifs. Longeant, du sud au nord, la rive gauche de la Loire, ils firent route en bon ordre sur les terres du roi Gonthramn. Arrivés près d'Orléans, ils tournèrent vers l'est, pour éviter de passer par le royaume de Hilperik, et parvinrent sans obstacle jusqu'aux environs de la ville d'Auxerre; mais là s'arrêta leur bonne fortune. Erp ou Erpoald, comte de cette ville, refusa le passage, soit qu'il eût reçu quelque dépêche du roi Hilperik réclamant son assistance amicale, soit qu'il agît de son propre mouvement, pour maintenir la paix entre les

---

[1] Adsumto secum Guntchramno duce, cum quingentis aut eo amplius viris discessit. Egressus autem basilicam sanctam... (Greg. Turon. Hist. Franc., lib. v, apud script. rer. gallic. et francic., t. II, p. 241.)

deux royaumes. Il paraît que ce refus donna 577. lieu à un combat dans lequel la troupe des deux proscrits eut complétement le dessous. Merowig, que la colère avait sans doute poussé à quelque imprudence, tomba entre les mains du comte Erpoald; mais Gonthramn, toujours habile à s'esquiver, battit en retraite avec les débris de sa petite armée [1].

N'osant plus s'aventurer du côté du nord, il prit le parti de retourner sur ses pas et de gagner l'une des villes d'Aquitaine qui appartenaient au royaume d'Austrasie. Les approches de Tours étaient pour lui extrêmement dangereuses; il devait craindre que le bruit de sa fuite n'eût décidé Hilperik à faire marcher ses troupes, et que la ville ne fût remplie de soldats. Mais toute sa prudence ne prévalut point contre l'affection paternelle; au lieu de passer au large, avec sa bande de fuyards peu nombreuse et mal armée, il alla droit à la basilique de Saint-Martin. Elle était gardée; il y entra par force et en sortit aussitôt, emmenant ses filles qu'il voulait mettre en sûreté hors du royaume de Hilperik. Après ce coup de main audacieux, Gonthramn prit le chemin de Poitiers, ville qui était redevenue

[1] Cùm iter ageret per Autisiodorense territorium, ab Erpone duce Guntchramni regis comprehensus est. (Greg. Turon. Hist. Franc., lib. v, apud script. rer. gallic. et francic., t. II, p. 241.)

austrasienne depuis la victoire de Mummolus. Il y arriva sans aucun accident, installa ses deux compagnes de voyage dans la basilique de Saint-Hilaire, et les quitta pour aller voir ce qui se passait en Austrasie[1]. De crainte d'une seconde mésaventure, il fit cette fois un long détour, et se dirigea vers le nord, par le Limousin, l'Auvergne et la route de Lyon à Metz.

Avant que le comte Erpoald eût pu avertir le roi Gonthramn et recevoir ses ordres relativement au prisonnier, Merowig parvint à s'échapper du lieu où il était retenu. Il se réfugia dans la principale église de la ville d'Auxerre, dédiée à saint Germain, l'apôtre des Bretons, et s'y établit en sûreté, comme à Tours, sous la protection du droit d'asile[2]. La nouvelle de sa fuite arriva au roi Gonthramn presque aussitôt que celle de son arrestation. C'était plus qu'il n'en fallait pour mécontenter au dernier point ce roi timide et pacifique dont le soin principal était de se tenir en dehors de toutes les querelles qui pouvaient naître autour de lui. Il craignait que le

[1] Guntchramnus Boso Turonis cum paucis armatis veniens, filias suas, quas in basilica sancta reliquerat, vi abstulit, et eas usque Pictavis civitatem, quæ erat Childeberti regis, perduxit. (Greg. Turon. Hist. Franc., lib. v, apud script. rer. gallic. et francic., t. II, p. 249.)

[2] Cùmque ab eo Erpone detineretur, casu nescio quo dilapsus, basilicam Sancti Germani ingressus est. (Ibid., p. 241).

séjour de Merowig dans son royaume ne lui suscitât une foule d'embarras, et aurait voulu de deux choses l'une, ou qu'on laissât passer tranquillement le fils de Hilperik, ou qu'on le retînt sous bonne garde. Accusant à la fois Erpoald d'excès de zèle et de maladresse, il le manda sur-le-champ auprès de lui; et lorsque le comte voulut répondre et justifier sa conduite, le roi l'interrompit en disant : « Tu as arrêté celui que « mon frère appelle son ennemi; mais, si ton « intention était sérieuse, il fallait m'amener le « prisonnier sans perdre de temps, sinon, tu ne « devais pas toucher à un homme que tu ne vou- « lais pas garder[1]. »

L'expression ambiguë de ces reproches prouvait, de la part du roi Gonthramn, autant de répugnance à prendre parti contre le fils que de crainte de se brouiller avec le père. Il fit tomber sur le comte Erpoald le poids de sa mauvaise humeur, et, non content de le destituer de son office, il le condamna de plus à une amende de sept cents pièces d'or[2]. Il paraît qu'en dépit des messages et des instances de Hilperik, Gonthramn

---

[1] « Retinuisti, ut ait frater meus, inimicum suum : quod si hoc « facere cogitabas, ad me eum debuisti prius adducere : sin autem aliud, « nec tangere debueras quem tenere dissimulabas. » (Greg. Turon. Hist. Franc., lib. v, apud script. rer. gallic. et francic., t. II, p. 241.)

[2] Guntchramnus rex in ira commotus Erponem septingentis aureis damnat, et ab honore removet. (Ibid.)

577. ne prit aucune mesure pour inquiéter le réfugié dans son nouvel asile, et que, bien loin de là, sans se compromettre et en sauvant les apparences, il agit de façon que Merowig trouvât promptement l'occasion de s'évader et de continuer son voyage. En effet, après deux mois de séjour dans la basilique d'Auxerre, le jeune prince partit accompagné de son fidèle Gaïlen, et, cette fois, les routes lui furent ouvertes. Il mit enfin le pied sur la terre d'Austrasie où il espérait trouver le repos, des amis, les joies du mariage et tous les honneurs attachés au titre d'époux d'une reine, mais où l'attendaient seulement de nouvelles traverses et des malheurs qui ne devaient finir qu'avec sa vie [1].

Le royaume d'Austrasie, gouverné au nom d'un enfant par un conseil de seigneurs et d'évêques, était alors le théâtre de troubles continuels et de dissensions violentes. L'absence de tout frein légal et le déchaînement des volontés individuelles s'y faisaient sentir plus fortement que dans aucune autre portion de la Gaule. Il n'y avait à cet égard aucune distinction de race ni d'état; Barbares ou Romains, prélats ou chefs militaires, tous les hommes qui se croyaient

---

[1] Merovechus prope duos menses ad ante dictam basilicam residens, fugam iniit, et ad Brunichildem reginam usque pervenit. (Greg. Turon. Hist. Franc., lib. v, apud script. rer. gallic. et francic., t. II, p. 241.)

forts par le pouvoir ou la richesse luttaient à qui 577.
mieux mieux de turbulence et d'ambition. Divisés
en factions rivales, ils ne s'accordaient qu'en une
seule chose, leur haine acharnée contre Brunehilde à qui ils voulaient enlever toute influence
sur le gouvernement de son fils. Cette aristocratie redoutable avait pour principaux chefs
l'évêque de Reims Ægidius, notoirement vendu
au roi de Neustrie, et le duc Raukhing, le plus
riche des Austrasiens, caractère typique, si l'on
peut s'exprimer ainsi, qui faisait le mal par goût,
comme les autres Barbares le faisaient par passion ou par intérêt[1]. On racontait de lui des traits
d'une cruauté vraiment fabuleuse, comme ceux
que la tradition populaire impute à quelques
châtelains des temps féodaux et dont le souvenir
reste attaché aux ruines de leurs donjons. Lorsqu'il soupait, éclairé par un esclave qui tenait à
la main une torche de cire, un de ses jeux favo-
ris était de forcer le pauvre esclave à éteindre
son flambeau contre ses jambes nues, puis à le
rallumer et à l'éteindre encore plusieurs fois de
la même manière. Plus la brûlure était profonde,

---

[1] Rauchingus vir omni vanitate repletus, superbia tumidus, elatione protervus : qui se ita cum subjectis agebat, ut non cognosceret in se aliquid humanitatis habere, sed ultra modum humanæ maliciæ atque stultitiæ in suos desœviens nefanda mala gerebat. (Greg. Turon. Hist. Franc., lib. v, apud script. rer. gallic. et francic., t. II, p. 233.)

577. plus le duc Raukhing s'amusait et riait des contorsions du malheureux soumis à cette espèce de torture[1]. Il fit enterrer vifs, dans la même fosse, deux de ses colons, un jeune homme et une jeune fille, coupables de s'être mariés sans son aveu, et qu'à la prière d'un prêtre il avait juré de ne point séparer. « J'ai tenu mon serment, « disait-il avec un ricanement féroce; ils sont « ensemble pour l'éternité[2]. »

Cet homme terrible, dont l'insolence envers la reine Brunehilde passait toute mesure, et dont la conduite était une rébellion permanente, avait pour acolytes ordinaires Bertefred et Ursio, l'un, Germain d'origine, l'autre fils d'un Gallo-Romain, mais imbu à fond de la rudesse et de la violence des mœurs germaniques. Dans leur opposition sauvage, ils s'attaquaient non-seulement à la reine, mais à quiconque tâchait de s'entendre avec elle pour le maintien de l'ordre et de la paix

---

[1] Nam si ante eum, ut adsolet, convivio urentem puer cereum tenuisset, nudari ejus tibias faciebat, atque tamdiu in his cereum comprimi, donec lumine privaretur : iterum cùm inluminatus fuisset, similiter faciebat, usque dum totæ tibiæ famuli tenentis exurerentur; fiebatque ut, hoc flente, iste magna lætitia exultaret. (Greg. Turon. Hist. Franc., lib. v, apud script. rer. gallic. et francic., t. II, p. 234.)

[2] Sepelivitque eos viventes dicens : « Quia non frustravi juramen- « tum meum, ut non separarentur hi in sempiternum... » In talibus enim operibus valde nequissimus erat, nullam aliam habens potius utilitatem, nisi in cachinnis ac dolis. (Ibid.)

publique. Ils en voulaient surtout au Romain 577.
Lupus, duc de Champagne ou de la campagne
rémoise, administrateur sévère et vigilant, nourri
des vieilles traditions du gouvernement impérial[1].
Presque chaque jour, les domaines de Lupus
étaient dévastés, ses maisons pillées et sa vie
menacée par la faction du duc Raukhing. Une
fois, Ursio, et Bertefred, suivis d'une troupe de
cavaliers, fondirent sur lui et sur ses gens, aux
portes mêmes du palais où le jeune roi logeait
avec sa mère. Attirée par le tumulte, Brunehilde
accourut, et, se jetant avec courage au milieu
des cavaliers armés, elle cria aux chefs des assaillants : « Pourquoi attaquer ainsi un homme in-
« nocent? Ne faites point ce mal, n'engagez pas
« un combat qui serait la ruine du pays. » —
« Femme, lui répondit Ursio avec un accent de
« fierté brutale, retire-toi; qu'il te suffise d'avoir
« gouverné du vivant de ton mari; c'est ton fils
« qui règne maintenant, et c'est notre tutelle et
« non la tienne qui fait la sûreté du royaume.

---

[1] Illis consulibus romana potentia fulsit;
    Te duce sed nobis hic modo Roma redit.
Justitia florente, favent, te judice, leges,
    Causarumque æquo pondere libra manet....
        (Fortunati carmen de Lupo duce, apud script.
            rer. gallic. et francic., t. II, p. 514.)

577. « Retire-toi donc, ou nous allons t'écraser sous « les pieds de nos chevaux[1]. »

Cette situation des choses en Austrasie répondait mal aux espérances dont s'était bercé Merowig; son illusion ne fut pas de longue durée. A peine arrivé à Metz, capitale du royaume, il reçut du conseil de régence l'ordre de repartir sur-le-champ, si toutefois même il lui fut permis d'entrer dans la ville. Les chefs ambitieux qui traitaient Brunehilde comme une étrangère sans droits et sans pouvoir, n'étaient pas gens à supporter la présence d'un mari de cette reine qu'ils craignaient en feignant de la mépriser. Plus elle fit d'instances et de prières pour que Merowig fût accueilli avec hospitalité et pût vivre en paix auprès d'elle, plus ceux qui gouvernaient au nom du jeune roi se montrèrent durs et intraitables. Ils avaient pour prétexte le danger d'une rupture avec le roi de Neustrie; ils ne manquèrent pas de s'en prévaloir, et leur condescendance pour les affections de la reine

---

[1] Hæc illa loquente, respondit Ursio : « Recede a nobis, o mulier, « sufficiat tibi sub viro tenuisse regnum. Nunc autem filius tuus regnat : « regnumque ejus non tua, sed nostra tuitione salvatur. Tu vero recede a « nobis, ne te ungulæ equorum nostrorum cum terra confodiant. » (Greg. Turon. Hist. Franc., lib. vi, apud script. rer. gallic. et francic., t. II, p. 267.)

se borna à congédier simplement le fils de Hil- 577.
perik, sans lui faire de violence ou le livrer à son
père[1].

Privé de son dernier espoir de refuge, Merowig reprit le chemin qu'il venait de suivre ; mais, avant de passer la frontière du royaume de Gonthramn, il s'écarta de la grande route et se mit à errer de village en village à travers la campagne rémoise. Il allait à l'aventure, marchant de nuit et se cachant le jour, évitant surtout de se montrer aux gens de haute condition qui auraient pu le reconnaître, craignant la trahison, exposé à toutes sortes de misères, et n'ayant pour l'avenir d'autre perspective que celle de regagner, sous un déguisement, l'asile de Saint-Martin de Tours. Dès qu'on eut perdu sa trace, on pensa qu'il avait pris ce dernier parti, et le bruit en courut jusqu'en Neustrie[2].

Sur ce bruit, le roi Hilperik fit aussitôt marcher son armée, pour occuper la ville de Tours et garder l'abbaye de Saint-Martin. L'armée parvenue en Touraine se mit à piller, à dévaster et

[1] Sed ab Austrasiis non est collectus. (Greg. Turon. Hist. Franc., lib. v, apud script. rer. gallic. et francic., t. II, p. 241.) — Adriani Valesii Rer. francic., lib. x, p. 83.

[2] Merovechus vero dum in Remensi campania latitaret, nec palam se Austrasiis crederet. (Greg. Turon. Hist. Franc., lib. v, apud script. rer. gallic. et francic., t. II, p. 246.) — Post hæc sonuit, quod Merovechus iterum basilicam Sancti Martini conaretur expetere. (Ibid.)

577. même à incendier la contrée, sans épargner le bien des églises. Toutes sortes de rapines furent commises dans les bâtiments de l'abbaye, où une garnison était cantonnée; des postes de soldats bivouaquaient à toutes les issues de la basilique. De jour comme de nuit, les portes en restaient closes, à l'exception d'une seule par laquelle un petit nombre de clercs avaient la permission d'entrer pour chanter les offices; le peuple était exclu de l'église et privé du service divin[1]. En même temps que ces dispositions s'exécutaient pour couper la retraite au fugitif, le roi Hilperik, probablement avec l'aveu des seigneurs d'Austrasie, passa la frontière en armes, et fouilla tout le territoire où il était possible que Merowig se tînt caché. Traqué comme une bête fauve que des chasseurs poursuivent, le jeune homme réussit pourtant à échapper aux recherches de son père, grâce à la commisération des gens de bas étage Franks ou Romains d'origine, à qui seuls il pouvait se confier. Après avoir inutilement

---

[1] Exercitus autem Chilperici regis usque Turonis accedens, regionem illam in prædas mittit, succendit atque devastat : nec rebus sancti Martini pepercit. (Greg. Turon. Hist. Franc., lib. v, apud script. rer. gallic. et francic., t. II, p. 241.) — Chilpericus vero custodiri basilicam jubet, et omnes claudi aditus. Custodes autem unum ostium, per quod pauci clerici ad officium ingrederentur, relinquentes, reliqua ostia clausa tenebant, quod non sine tædio populis fuit. (Ibid., p. 246.)

battu le pays et fait une promenade militaire le 577. long de la forêt des Ardennes, Hilperik rentra dans son royaume, sans que la troupe qu'il conduisait à cette expédition de maréchaussée eût commis contre les habitants aucun acte d'hostilité [1].

Pendant que Merowig se voyait réduit à mener la vie de proscrit et de vagabond, son ancien compagnon de fortune, Gonthramn-Bose, revenant de Poitiers, arriva en Austrasie. Il était, dans ce royaume, le seul homme de quelque importance dont le fils de Hilperik pût réclamer le secours; et, sans doute, il ne tarda pas à connaître la retraite et tous les secrets du malheureux fugitif. Une fortune si complétement désespérée n'offrait à Gonthramn que deux perspectives entre lesquelles il n'avait pas coutume d'hésiter, un dévouement onéreux et les profits d'une trahison; ce fut pour la trahison qu'il se décida. Telle fut du moins l'opinion générale; car, selon son habitude, il évita de se compromettre ouvertement, travaillant sous main, et jouant un rôle assez équivoque pour qu'il lui fût possible de nier avec assurance, si le complot ne réussissait

---

[1] Pater vero ejus exercitum contra Campanenses commovit, putans eum ibidem occultari : sed nihil nocuit, nec eum potuit reperire. (Greg. Turon. Hist. Franc., lib. v, apud script. rer. gallic. et francic., t. II, p. 241.)

pas. La reine Fredegonde, qui ne manquait jamais d'agir pour son compte, dès qu'il arrivait, ce qui n'était pas rare, que l'habileté de son mari fût en défaut, voyant le peu de succès de la chasse donnée à Merowig, résolut de recourir à d'autres moyens moins bruyants, mais plus infaillibles. Elle communiqua son projet à Ægidius, évêque de Reims, qui était avec elle en relation d'amitié et d'intrigues politiques ; et, par l'entremise de ce dernier, Gonthramn-Bose reçut encore une fois de brillantes promesses et les instructions de la reine. Du concours de ces deux hommes avec l'implacable ennemie du fils de Hilperik, résulta contre lui une machination artistement combinée pour l'entraîner à sa perte, en le prenant par son plus grand faible, sa folle ambition de jeune homme et son impatience de régner[1].

Des hommes du pays de Thérouanne, le pays du dévouement à Fredegonde, se rendirent en Austrasie d'une manière mystérieuse pour avoir une entrevue avec le fils de Hilperik. Parvenus

---

[1] Loquebantur etiam tunc homines, in hac circumventione Egidium episcopum et Guntchramnum Bosonem fuisse maximum caput, eo quod Guntchramnus Fredegundis reginæ occultis amicitiis potiretur pro interfectione Theodoberti ; Egidius vero, quod ei jam longo tempore esset carus..... (Greg. Turon. Hist. Franc., lib. v, apud script. rer. gallic. et francic., t. II, p. 246.)

jusqu'à lui dans la retraite où il se cachait, ils lui remirent le message suivant au nom de leurs compatriotes : « Puisque ta chevelure a grandi, « nous voulons nous soumettre à toi, et nous « sommes prêts à abandonner ton père si tu « viens au milieu de nous[1]. » Merowig saisit avidement cette espérance; sur la foi de gens inconnus, mandataires suspects d'un simple canton de la Neustrie, il se crut assuré de détrôner son père. Il partit sur-le-champ pour Thérouanne, accompagné de quelques hommes dévoués en aveugles à sa fortune, Gaïlen, son ami inséparable dans les bons et dans les mauvais jours, Gaukil, comte du palais d'Austrasie sous le roi Sighebert et maintenant tombé en disgrâce, enfin Grind et plusieurs autres que le chroniqueur ne nomme pas, mais qu'il qualifie du titre de braves[2].

Ils s'aventurèrent sur le territoire neustrien, sans songer que, plus ils avançaient, plus la retraite devenait difficile. Aux confins du district sauvage qui s'étendait au nord d'Arras vers les

---

[1] Merovechus vero, a Tarrabennensibus circumventus est, dicentibus, quod, relicto patre ejus Chilperico, ei se subjugarent, si ad eos accederet. (Greg. Turon. Hist. Franc., lib. v, apud script. rer. gallic. et francic.,t. II, p. 246.) — Danihelem quondam clericum, cæsarie capitis crescente, regem Franci constituunt. (Erchanberti fragmentum, apud script. rer. gallic. et francic., t. II, p. 690.)

[2] Qui velociter, adsumtis secum viris fortissimis, ad eos venit. (Greg. Turon. loc. supr. cit.)

577. côtes de l'océan, ils trouvèrent ce qu'on leur avait promis, des troupes d'hommes qui les accueillirent en saluant de leurs cris le roi Merowig. Invités à se reposer dans une de ces fermes qu'habitait la population franke, ils y entrèrent sans défiance; mais aussitôt les portes furent fermées sur eux, des gardes occupèrent toutes les issues, et des postes armés s'établirent autour de la maison comme autour d'une ville assiégée. En même temps, des courriers montèrent à cheval et firent diligence vers Soissons, pour annoncer au roi Hilperik que, ses ennemis ayant donné dans le piége, il pouvait venir et disposer d'eux[1].

Au bruit des portes barricadées et à la vue des dispositions militaires qui rendaient la sortie impossible, Merowig, saisi par le sentiment du danger, demeura pensif et abattu. Cette imagination d'homme du Nord, triste et rêveuse, qui formait le trait le plus saillant de son caractère, s'exalta peu à peu jusqu'au délire; il fut obsédé par des pensées de mort violente et d'horribles images de tortures et de supplices. Une profonde terreur du sort qui lui était réservé s'empara de lui avec de telles angoisses, que, désespérant de

---

[1] Hi præparatos detegentes dolos, in villam eum quamdam concludunt, et circumseptum cum armatis, nuntios patri dirigunt. Quod ille audiens, illuc properare destinat. (Greg. Turon. Hist. Franc., lib. v, apud script. rer. gallic. et francic., t. II, p. 246.)

tout, il ne vit de recours que dans le suicide[1]. 577. Mais le courage lui manquait pour se frapper lui-même, il eut besoin d'un autre bras que le sien, et, s'adressant à son frère d'armes : « Gaïlen, « dit-il, jusqu'à présent nous n'avons eu qu'une « âme et qu'une pensée; ne me laisse pas, je t'en « conjure, à la merci de mes ennemis; prends « une épée et tue-moi. » Gaïlen, avec l'obéissance d'un vassal, tira le couteau qu'il portait à la ceinture, et frappa le jeune prince d'un coup mortel. Le roi Hilperik, qui arrivait en grande hâte pour s'emparer de son fils, ne trouva de lui qu'un cadavre[2]. Gaïlen fut pris avec les autres compagnons de Merowig; il avait tenu à la vie par un reste d'espérance ou par une faiblesse inexplicable. Il y eut des personnes qui mirent en doute la vérité de quelques-uns de ces faits, et crurent que Fredegonde, allant droit au but, avait fait poignarder son beau-fils, et supposé un suicide pour ménager les scrupules paternels du roi. Au reste, les traitements affreux que subirent les compagnons de Merowig semblèrent

---

[1] Sed hic cùm in hospitiolo quodam retineretur, timens ne ad vindictam inimicorum multas lueret pœnas... (Greg. Turon. Hist. Franc., lib. v, apud script. rer. gallic. et francic., t. II, p. 246.)

[2] Vocato ad se Gaileno familiari suo, ait : « Una nobis usque nunc « et anima et consilium fuit : rogo ne patiaris me manibus inimicorum « tradi : sed accepto gladio inruas in me. » Quod ille nec dubitans, cum cultro confodit. Adveniente autem rege, mortuus est repertus. (Ibid.)

justifier ses pressentiments pour lui-même et ses terreurs anticipées. Gaïlen périt mutilé de la manière la plus barbare; on lui coupa les pieds, les mains, le nez et les oreilles; Grind eut les membres brisés sur une roue qui fut élevée en l'air et où il expira; Gaukil, le plus âgé des trois, fut le moins malheureux; on se contenta de lui trancher la tête [1].

Ainsi Merowig porta la peine de sa déplorable intimité avec le meurtrier de son frère, et Gonthramn-Bose devint pour la seconde fois l'instrument de cette destinée de mort qui pesait sur les fils de Hilperik. Il ne sentit pas sa conscience plus chargée qu'auparavant, et, comme l'oiseau de proie qui revient au nid après avoir terminé sa chasse, il s'inquiéta de ses deux filles qu'il avait laissées à Poitiers. En effet, cette ville venait de retomber au pouvoir du roi de Neustrie; le projet de conquête suspendu par la victoire de Mummolus avait été repris après un an d'interruption, et Desiderius, à la tête d'une armée

---

[1] Extiterunt tunc qui adsererent verba Merovechi, quæ superius diximus, a regina fuisse conficta; Merovechum vero ejus fuisse jussu clam interemptum. Gailenum vero adprehensum, abscissis manibus et pedibus, auribus et narium summitatibus, et aliis multis cruciatibus adfectum infeliciter necaverunt. Grindionem quoque, intextum rotæ, in sublime sustulerunt. Gucilionem, qui quondam comes palatii Sigiberti regis fuerat, abscisso capite interfecerunt. (Greg. Turon. Hist. Franc., lib. v, apud script. rer. gallic. et francic., t. II, p. 246.)

nombreuse, menaçait de nouveau toute l'Aqui- 578.
taine. Ceux qui s'étaient le plus signalés par leur
fidélité au roi Hildebert, ou contre lesquels le
roi Hilperik avait quelques griefs particuliers,
étaient arrêtés dans leurs maisons, et dirigés
sous escorte vers le palais de Braine. On avait
vu passer ainsi, sur la route de Tours à Soissons,
le Romain Ennodius, comte de Poitiers, coupable
d'avoir voulu défendre la ville, et le Frank Dak,
fils de Dagarik, qui avait essayé de tenir la campagne comme chef de partisans[1]. En de pareilles
circonstances, un retour à Poitiers était pour Gonthramn-Bose une entreprise singulièrement périlleuse; mais il ne calcula pas cette fois, et résolut de mettre à tout prix ses filles hors du
danger d'être enlevées de leur asile. Accompagné
de quelques amis, car il en trouvait toujours
malgré ses trahisons multipliées, il prit le chemin du Midi par la route la plus sûre, parvint
à Poitiers sans accident, et réussit avec non moins
de bonheur à faire sortir ses deux filles de la basilique de Saint-Hilaire. Ce n'était pas tout, il

[1] Chilpericus quoque rex Pictavum pervasit, atque nepotis sui homines ab ejus sunt hominibus effugati. Ennodium ex comitatu ad regis præsentiam perduxerunt... Cùm Dacco, Dagarici quondam filius, relicto rege Chilperico, huc illucque vagaretur, a Dracoleno duce, qui dicebatur industrius, fraudulenter adprehensus est, quem vinctum ad Chilpericum regem Brennacum deduxit... (Greg. Turon. Hist. Franc., lib. v, apud script. rer. gallic. et francic., t. II, p. 246.)

fallait s'éloigner au plus vite et gagner promptement un lieu où nulle poursuite ne fût plus à craindre; Gonthramn et ses amis, sans perdre de temps, remontèrent à cheval, et sortirent de Poitiers par la porte qui s'ouvrait sur le chemin de Tours[1].

Ils marchaient près du chariot couvert qui portait les deux jeunes filles, armés de poignards et de courtes lances, équipage ordinaire des voyageurs les plus pacifiques. A peine avaient-ils fait quelques centaines de pas sur la route, qu'ils aperçurent des cavaliers qui venaient au-devant d'eux. Les deux troupes firent halte, afin de se reconnaître, et celle de Gonthramn-Bose se mit en défense, car les gens qu'elle voyait en face d'elle étaient des ennemis[2]. Ces gens avaient pour chef un certain Drakolen, partisan très-actif du roi de Neustrie, et qui justement revenait du palais de Braine, où il avait conduit le fils de Dagarik et d'autres captifs les mains liées derrière le dos. Gonthramn sentit qu'il fallait se battre; mais, avant d'en venir aux mains, il

---

[1] His diebus Guntchramnus Boso filias suas a Pictavo auferre conabatur. (Greg. Turon. Hist. Franc., lib. v, apud script. rer. gallic. et francic., t. II, p. 249.)

[2] Dracolenus se super eum objecit: sed illi, sicut erant parati resistentes, se defensare nitebantur. (Ibid.)

essaya de parlementer. Il détacha vers Drakolen 578. un de ses amis, en lui donnant les instructions suivantes : « Va, et dis-lui ceci en mon nom : Tu « sais qu'autrefois il y a eu alliance entre nous, « je te prie donc de me laisser le passage libre ; « prends ce que tu voudras de mes effets, je « t'abandonne tout, jusqu'à rester nu ; mais que « je puisse me rendre avec mes filles où j'ai « l'intention d'aller[1]. »

En entendant ces paroles, Drakolen, qui se croyait le plus fort, fit un éclat de rire, et, montrant un paquet de cordes suspendu à l'arçon de sa selle, il dit au messager : « Voici la corde « avec laquelle j'ai lié les autres coupables que « je viens de mener au roi, elle servira pour « lui[2]. » Aussitôt, donnant de l'éperon à son cheval, il courut sur Gonthramn-Bose, et lui porta un coup de lance ; mais ce coup fut mal dirigé, et le fer de la lance, se détachant du bois, tomba à terre. Gonthramn saisit le moment avec

---

[1] Guntchramnus vero misit unum de amicis suis ad eum, dicens : « Vade et dic ei : scis enim quod fœdus inter nos initum habemus, rogo « ut te de meis removeas insidiis. Quantum vis de rebus tollere non pro- « hibeo : tantum mihi etsi nudo liceat cum filiabus meis accedere quo « voluero » (Greg. Turon. Hist. Franc., lib. v, apud script. rer. gallic. et francic., t. II, p. 249.)

[2] « Ecce, inquit, funiculum, in quo alii culpabiles ad regem, me « ducente, directi sunt : in quo et hic hodie ligandus illuc deducetur « vinctus. « (Ibid., p. 250.)

578. résolution, et, frappant Drakolen au visage, il le fit chanceler sur les arçons; un autre le renversa et l'acheva d'un coup de lance à travers les côtes. Les Neustriens, voyant leur chef mort, tournèrent bride, et Gonthramn-Bose se remit en route, non sans avoir soigneusement dépouillé le cadavre de son ennemi [1].

Après cette aventure, le duc Gonthramn chemina tranquillement vers l'Austrasie. Arrivé à Metz, il reprit la vie de grand seigneur frank, vie d'indépendance farouche et désordonnée, qui n'avait rien de la dignité du patriciat romain, rien des mœurs chevaleresques des cours féodales. L'histoire dit peu de choses de lui durant un intervalle de trois années; puis, tout d'un coup, on le voit à Constantinople, où il paraît avoir été conduit par son humeur inquiète et vagabonde. C'est dans ce voyage que, par son entremise, fut nouée la grande intrigue du siècle, une intrigue qui remua la Gaule entière, et dans laquelle l'esprit de rivalité des Franks-Austrasiens contre leurs frères de l'ouest fit alliance

---

[1] Elevatoque conto, Dracolenum artat in faucibus. Suspensumque de equo sursum, unus de amicis suis cum lancea latere verberatum finivit. Fugatisque sociis, ipsoque spoliato, Guntchramnus cum filiabus liber abscessit. (Greg. Turon. Hist Franc., lib. v, apud script rer. gallic. et francic., t. II, p. 250.)

avec la haine nationale des Gaulois méridionaux, 578. pour la destruction des deux royaumes dont Soissons et Châlons-sur-Saône étaient les capitales.

QUATRIÈME RÉCIT.

Histoire de Prætextatus, évêque de Rouen.

(577 — 586.)

---

577. Pendant que le fils du roi Hilperik, sans asile dans le royaume de son père et dans le royaume de son épouse, errait à travers les bruyères et les forêts de la Champagne, il n'y avait guère en Neustrie qu'un seul homme qui eût le courage de se dire hautement son ami. C'était l'évêque de Rouen Prætextatus qui, depuis le jour où il avait tenu le jeune prince sur les fonts de baptême, s'était lié à lui d'un de ces attachements dévoués, absolus, irréfléchis, dont une mère ou une nourrice semble seule capable. L'entraînement de sympathie aveugle qui l'avait conduit à favoriser, en dépit des lois de l'église, la passion de Merowig pour la veuve de son oncle ne fit que s'accroître avec les malheurs qui furent la

suite de cette passion inconsidérée. Ce fut au zèle de Prætextatus que, selon toute probabilité, le mari de Brunehilde dut les secours d'argent au moyen desquels il parvint à s'échapper de la basilique de Saint-Martin de Tours et à gagner la frontière d'Austrasie. 577.

A la nouvelle du mauvais succès de cette évasion, l'évêque ne se découragea point; au contraire, il redoubla d'efforts pour procurer des amis et un asile au fugitif dont il était le père selon la religion, et que son propre père persécutait. Il prenait peu de soin de dissimuler ses sentiments, et des démarches qui lui semblaient un devoir. Pas un homme tant soit peu considérable parmi les Franks qui habitaient son diocèse ne venait lui rendre visite sans qu'il entretînt longuement le visiteur des infortunes de Merowig, sollicitant avec instance pour son filleul, pour son cher fils, comme il disait lui-même, de l'affection et un appui. Ces paroles étaient une sorte de refrain que, dans sa simplicité de cœur, il répétait sans cesse et mêlait à tous ses discours. S'il arrivait qu'il reçût un présent de quelque homme puissant ou riche, il s'empressait de le lui rendre au double, en lui faisant promettre de venir en aide à Merowig et de lui rester fidèle dans sa détresse[1].

[1] Greg. Turon. Hist. Franc., lib. v, apud script. rer. gallic. et

577. Comme l'évêque de Rouen gardait peu de mesure dans ses propos et se confiait sans précaution à toutes sortes de gens, le roi Hilperik ne tarda pas à être informé de tout, soit par le bruit public, soit par d'officieux amis, et à recevoir des dénonciations mensongères ou du moins exagérées. On accusait Prætextatus de répandre des présents parmi le peuple pour l'exciter à la trahison, et d'ourdir un complot contre le pouvoir et contre la personne du roi. Hilperik ressentit à cette nouvelle une de ces colères mêlées de crainte, durant lesquelles, incertain lui-même du parti qu'il fallait prendre, il s'abandonnait aux conseils et à la direction de Fredegonde. Depuis le jour où il était parvenu à séparer l'un de l'autre Merowig et Brunehilde, il avait presque pardonné à l'évêque Prætextatus la célébration de leur mariage; mais Fredegonde, moins oublieuse que lui, et moins bornée dans ses passions à l'intérêt du moment, s'était prise contre l'évêque d'une haine profonde, d'une de ces haines qui, pour elle, ne finissaient qu'avec la vie de celui qui avait eu le malheur de les exciter. Saisissant donc l'occasion, elle persuada au roi de traduire Prætextatus devant un concile

francic., t. II, p. 244 et 245. — Adriani Valesii Rer. francic., lib. x, p. 89 et seq.

d'évêques comme coupable de lèse-majesté selon
la loi romaine, et de requérir, tout au moins, le
châtiment de son infraction aux canons de l'église,
si l'on ne parvenait pas à lui trouver d'autre
crime [1].

Prætextatus fut arrêté dans sa maison et conduit à la résidence royale, pour y subir un interrogatoire sur les faits qui lui étaient imputés, et sur ses relations avec la reine Brunehilde depuis le jour où elle était partie de Rouen par retourner en Austrasie. Les réponses de l'évêque apprirent qu'il n'avait pas entièrement rendu à cette reine les effets précieux qu'elle lui avait confiés à son départ; qu'il lui restait encore deux ballots remplis d'étoffes et de bijoux, qu'on évaluait à trois mille sous d'or, et, de plus, un sac de pièces d'or au nombre d'environ deux mille [2]. Joyeux d'une pareille découverte plus que de toute autre information, Hilperik s'em-

---

[1] Audiens Chilpericus quod Prætextatus, Rothomagensis episcopus, contra utilitatem suam populis munera daret, eum ad se arcessiri præcepit. (Greg. Turon. Hist. Franc., lib. v, apud script. rer. gallic. et francic., t. II, p. 243.)

[2] Quo discusso, reperit cum eodem res Brunichildis reginæ commendata. (Ibid.) — Duo volucla speciebus et diversis ornamentis referta : quæ adpreciabantur amplius quam tria millia solidorum. Sed et sacculum cum numismatis auri pondere tenentem quasi millia duo. (Ibid., p. 245.) — D'après l'évaluation donnée par M. Guérard, trois mille sols d'or équivalent à 27,840 fr., valeur intrinsèque, et à 298,590 francs, valeur relative.

pressa de faire saisir ce dépôt et de le confisquer à son profit; puis il relégua Prætextatus loin de son diocèse et sous bonne garde jusqu'à la réunion du synode qui devait s'assembler pour le juger [1].

Des lettres de convocation, adressées à tous les évêques du royaume de Hilperik, leur enjoignirent de se rendre à Paris dans les derniers jours du printemps de l'année 577. Depuis la mort de Sighebert, le roi de Neustrie regardait cette ville comme sa propriété, et ne tenait plus aucun compte du serment qui lui en interdisait l'entrée. Soit que réellement il craignît quelque entreprise de la part des partisans secrets de Brunehilde et de Merowig, soit pour faire plus d'impression sur l'esprit des juges de Prætextatus, il fit le voyage de Soissons à Paris, accompagné d'une suite tellement nombreuse qu'elle pouvait passer pour une armée. Cette troupe établit son bivouac aux portes du logement du roi; c'était, selon toute apparence, l'ancien palais impérial dont les bâtiments s'élevaient au sud de la cité de Paris sur la rive gauche de la Seine. Sa façade orientale bordait la voie romaine qui, partant du petit pont de la Cité, se dirigeait vers le midi.

---

[1] Ipsisque (rebus) ablatis, cum in exsilio usque ad sacerdotalem audientiam retineri præcepit. (Greg. Turon. Hist. Franc., lib. v, apud script. rer. gallic. et francic., t. II, p. 243.)

Devant la principale entrée, une autre voie ro- 577.
maine tracée vers l'orient, mais tournant ensuite
au sud-est, conduisait, à travers des champs de
vigne, sur le plateau le plus élevé de la colline
méridionale. Là se trouvait une église dédiée
sous l'invocation des apôtres saint Pierre et saint
Paul, et qui fut choisie pour salle d'audience
synodale, probablement à cause de sa proximité
de l'habitation royale et du cantonnement des
troupes [1].

Cette église, bâtie depuis un demi-siècle, renfermait les tombeaux du roi Chlodowig, de la
reine Chlothilde et de sainte Genovefe ou Gene-
viève. Chlodowig en avait ordonné la construction, à la prière de Chlothilde, au moment de son
départ pour la guerre contre les Visigoths; arrivé
sur le terrain désigné, il avait lancé sa hache
droit devant lui, afin qu'un jour on pût mesurer
la force et la portée de son bras par la longueur
de l'édifice [2]. C'était une de ces basiliques du ve et
du vi^e siècles, plus remarquables par la richesse
de leur décoration que par la grandeur de leurs

---

[1] Voyez l'Histoire de Paris par Dulaure, tome I, aux articles Palais
des Thermes, rue Saint-Jacques, rue Galande, et rue de la Montagne
Sainte-Geneviève.

[2] Tunc rex projecit a se in directum bipennem suam, quod est
francisca; et dixit : *Fiatur ecclesia beatorum apostolorum, dum auxiliante Deo revertimur.* (Gest. reg. Franc., apud script. rer. gallic. et
francic., t II, p. 554.)

577. proportions architectoniques, ornées à l'intérieur de colonnes de marbre, de mosaïques et de lambris peints et dorés, et à l'extérieur d'un toit de cuivre et d'un portique[1]. Le portique de l'église de Saint-Pierre consistait en trois galeries, l'une appliquée à la face antérieure du bâtiment, et les deux autres formant de chaque côté des ailes saillantes en guise de fer à cheval. Ces galeries, dans toute leur longueur, étaient décorées de peintures à fresques divisées en quatre grands compartiments, et représentant les quatre phalanges des saints de l'ancienne et de la nouvelle loi, les patriarches, les prophètes, les martyrs et les confesseurs[2].

Tels sont les détails que fournissent les documents originaux sur le lieu où s'assembla ce concile, le cinquième de ceux qui furent tenus à Paris. Au jour fixé par les lettres de convocation, quarante-cinq évêques se réunirent dans la basilique de Saint-Pierre. Le roi vint, de son côté, à

---

[1] V. D. Theod. Ruinart, præfat. ad Greg. Turon., p. 95 et 96. — Greg. Turon. Hist. Franc., lib. ii, cap. xiv et xvi. — Fortunati carmina, apud script. rer. gallic. et francic., t. II, p. 479. — Ibid., t. III, p. 437.

[2] Cui est porticus applicata triplex; necnon et patriarcharum et prophetarum, et martyrum atque confessorum, veram vetusti temporis fidem, quæ sunt tradita libris et historiarum paginis, pictura refert. (Script. rer. gallic. et francic., t. III, p. 370.) — V. Dulaure, Hist. de Paris, t. I, p. 277.

l'église; il y entra accompagné de quelques-uns de ses leudes armés seulement de leurs épées; et la foule des Franks, en complet équipage de guerre, s'arrêta sous le portique, dont elle occupa toutes les avenues. Le chœur de la basilique formait, selon toute probabilité, l'enceinte réservée pour les juges, le plaignant et l'accusé; on y voyait figurer, comme pièces de conviction, les deux ballots et le sac de pièces d'or saisis dans la maison de Prætextatus. Le roi, à son arrivée, les fit remarquer aux évêques en leur annonçant que ces objets devaient jouer un grand rôle dans la cause qui allait se débattre [1]. Les membres du synode, venus soit des villes qui formaient primitivement le partage du roi Hilperik, soit de celles qu'il avait conquises depuis la mort de son frère, étaient en partie Gaulois et en partie Franks d'origine. Parmi les premiers, de beaucoup les plus nombreux, se trouvaient Grégoire, évêque de Tours, Félix de Nantes, Domnolus du Mans, Honoratus d'Amiens, Ætherius de Lisieux et Pappolus de Chartres. Parmi les autres on voyait Raghenemôd, évêque de Paris, Leudowald de Bayeux, Romahaire de Coutance, Marowig de Poitiers, Malulf de Senlis et Berthramn de

577.

---

[1] Ostenderat autem nobis ante diem tertiam rex duo volucla... (Greg. Turon. Hist. Franc., lib. v, apud script. rer. gallic. et francic., t. II, p. 245.)

577. Bordeaux; ce dernier fut, à ce qu'il semble, honoré par ses collègues de la dignité et des fonctions de président[1].

C'était un homme de haute naissance, proche parent des rois par sa mère Ingheltrude, et devant à cette parenté un immense crédit et de grandes richesses. Il affectait la politesse et l'élégance des mœurs romaines; il aimait à se montrer en public dans un char à quatre chevaux, escorté par les jeunes clercs de son église, comme un patron entouré de ses clients[2]. A ce goût de luxe et de pompe sénatoriale, l'évêque Berthramn joignait le goût de la poésie et composait des épigrammes latines qu'il offrait avec

---

[1] Conjuncto autem concilio, exhibitus est. Erant autem episcopi qui advenerant apud Parisius, in basilica sancti Petri apostoli. (Greg. Turon. Hist. Franc., lib. v, apud script. rer. gallic. et francic., t. II, p. 243.) — Ibid., lib. vii, cap. xvi et passim. — On a objecté contre cette double énumération qu'au vi[e] siècle la physionomie, romaine ou tudesque, des noms propres n'est pas toujours un signe certain de l'origine des personnes; que, déjà quelques noms germaniques se montrent dans des familles gallo-romaines. Je le sais parfaitement, mais ce sont là de rares exceptions qui ne détruisent point la règle. S'il n'est pas permis de prendre pour Franks, jusqu'à preuve du contraire, les personnages des temps mérovingiens qui portent des noms germaniques, et pour Gaulois ceux qui portent des noms romains, il n'y a plus d'histoire possible.

Huc ego dum famulans comitatu jungor eodem
Et mea membra cito dum veherentur equo,.....

(Fortunati carmen ad Bertechrammum Burdigal. episc., apud script. rer. gallic. et francic., t. II, p. 487.)

assurance à l'admiration des connaisseurs, quoi- 577.
qu'elles fussent pleines de vers pillés et de fautes
contre la mesure ¹. Plus insinuant et plus adroit
que ne l'étaient d'ordinaire les gens de race germanique, il avait conservé de leur caractère le
penchant à la débauche sans pudeur et sans
retenue. A l'exemple des rois ses parents, il prenait des servantes pour concubines, et, non content de cela, il cherchait des maîtresses parmi
les femmes mariées ². Il passait pour entretenir un
commerce adultère avec la reine Fredegonde,
et soit pour cette raison, soit pour une autre
cause, il avait épousé, de la manière la plus vive,
les ressentiments de cette reine contre l'évêque
de Rouen. En général, les prélats d'origine
franke, peut-être par l'habitude du vasselage,
inclinaient à donner gain de cause au roi en
sacrifiant leur collègue. Les évêques romains

---

¹ Sed tamen in vestro quædam sermone notavi,
    Carmine de veteri furta novella loqui.
Ex quibus in paucis superaditta syllaba fregit,
    Et, pede læsa suo, musica clauda jacet.
(Fortunati carmen ad Bertechramnum Burdigal. episc., apud script. rer. gallic. et francic., t. II, p. 487.)

² Greg. Turon. Hist. Franc. lib. vIII, apud script. rer. gallic. et francic., t. II, p. 316. — Abstulisti uxorem meam cum famulis ejus, et ecce, quod sacerdotem non decet, tu cum ancillis meis, et illa cum famulis tuis dedecus adulterii perpetratis. (Greg. Turon., lib. ix, ibid., p. 352.) — Tum Bertechramnus Burdigalensis civitatis episcopus cui hoc cum regina crimen impactum fuerat... (Ibid., lib. v, p. 263.)

577. avaient plus de sympathie pour l'accusé, plus de sentiment de la justice et plus de respect pour la dignité de leur ordre ; mais ils étaient effrayés par l'appareil militaire dont le roi Hilperik s'entourait, et surtout par la présence de Fredegonde, qui se défiant, comme toujours, de l'habileté de son mari, était venue travailler elle-même à l'accomplissement de sa vengeance.

Lorsque l'accusé eut été introduit, et que l'audience fut ouverte, le roi se leva, et, au lieu de s'adresser aux juges, apostrophant brusquement son adversaire : « Évêque, lui dit-il, comment
« t'es-tu avisé de marier mon ennemi Merowig,
« lequel aurait dû n'être que mon fils, avec sa
« tante, je veux dire avec la femme de son oncle?
« Est-ce que tu ignorais ce que les décrets des
« canons ordonnent à cet égard? Et non-seule-
« ment tu es convaincu d'avoir failli en cela,
« mais encore tu as comploté avec celui dont je
« parle, et distribué des présents pour me faire
« assassiner. Tu as fait du fils un ennemi de son
« père; tu as séduit le peuple par de l'argent, afin
« que nul ne me gardât la fidélité qui m'est due ;
« tu as voulu livrer mon royaume entre les
« mains d'un autre [1].... » Ces derniers mots, pro-

---

[1] Cui rex ait : « Quid tibi visum est, o episcope, ut inimicum meum
« Merovechum, qui filius esse debuerat, cum amita sua, id est patrui sui
« uxore, conjungeres? An ignarus eras, quæ pro hac causa canonum sta-

noncés avec force au milieu du silence général, 577. parvinrent jusqu'aux oreilles des guerriers franks qui, en station hors de l'église, se pressaient par curiosité le long des portes qu'on avait fermées dès l'ouverture de la séance. A la voix du roi qui se disait trahi, cette multitude armée répondit aussitôt par un murmure d'indignation et par des cris de mort contre le traître; puis, s'exaltant jusqu'à la fureur, elle se mit en devoir d'enfoncer les portes pour faire irruption dans l'église et en arracher l'évêque afin de le lapider. Les membres du concile, épouvantés par ce tumulte inattendu, quittèrent leurs places, et il fallut que le roi lui-même se portât au-devant des assaillants pour les apaiser et les faire rentrer dans l'ordre [1].

L'assemblée ayant repris assez de calme pour que l'audience continuât, la parole fut donnée à l'évêque de Rouen pour sa justification. Il ne lui fut pas possible de se disculper d'avoir enfreint les lois canoniques dans la célébration du mariage; mais il nia formellement les faits de complot et de trahison que le roi venait de lui imputer. Alors Hilperik annonça qu'il avait des

---

« tuta sanxissent? » (Greg. Turon. Hist. Franc., lib. v, apud script. rer. gallic. et francic., t. II, p. 243.)

[1] Hæc eo dicente, infremuit multitudo Francorum, voluitque ostia basilicæ rumpere, quasi ut extractum sacerdotem lapidibus urgeret : sed rex prohibuit fieri. (Ibid.)

témoins à faire entendre, et ordonna qu'ils fussent introduits. Plusieurs hommes d'origine franke comparurent, tenant à la main différents objets de prix qu'ils mirent sous les yeux de l'accusé en lui disant : « Reconnais-tu ceci? voilà « ce que tu nous as donné pour que nous pro- « missions fidélité à Merowig[1]. » L'évêque, sans se déconcerter, répliqua : « Vous dites vrai, je « vous ai fait plus d'une fois des présents, mais « ce n'était pas afin que le roi fût chassé de son « royaume. Quand vous veniez m'offrir un beau « cheval ou quelque autre chose, pouvais-je me « dispenser de me montrer aussi généreux que « vous-mêmes, et de vous rendre don pour « don[2]? » Il y avait bien sous cette réponse un peu de réticence, quelque sincère qu'elle fût d'ailleurs ; mais la réalité d'une proposition de complot ne put être établie par des témoignages valables. La suite des débats n'amena aucune preuve à la charge de l'accusé ; et le roi, mécontent du peu de succès de cette première tenta-

---

[1] Cùmque Prætextatus episcopus ea quæ rex dixerat facta negaret, advenerunt falsi testes, qui ostendebant species aliquas, dicentes : « Hæc « et hæc nobis dedisti, ut Merovecho fidem promittere deberemus. » (Greg. Turon. Hist. Franc., lib. v, apud script. rer. gallic. et francic., t. II, p. 243.)

[2] Ad hæc ille dicebat : « Verum enim dicitis vos a me sæpius mu- « neratos, sed non hæc causa exstitit, ut rex ejiceretur a regno... » (Ibid.)

tive, fit lever la séance et sortit de l'église pour retourner à son logement. Ses leudes le suivirent, et les évêques allèrent tous ensemble se reposer dans la sacristie[1].

Pendant qu'ils étaient assis par groupes, causant familièrement, mais avec une certaine réserve, car ils se défiaient les uns des autres, un homme que la plupart d'entre eux ne connaissaient que de nom, se présenta sans être attendu. C'était Aëtius, Gaulois de naissance et archidiacre de l'église de Paris. Après avoir salué les évêques, abordant avec une extrême précipitation le sujet d'entretien le plus épineux, il leur dit : « Écoutez-moi, prêtres du Seigneur qui « êtes ici réunis, l'occasion actuelle est grande « et importante pour vous. Ou vous allez vous « honorer de l'éclat d'une bonne renommée, ou « bien vous allez perdre dans l'opinion de tout « le monde le titre de ministres de Dieu. Il s'agit « de choisir ; montrez-vous donc judicieux et « fermes, et ne laissez pas périr votre frère[2]. » Cette allocution fut suivie d'un profond silence ;

577.

---

[1] Recedente vero rege ad metatum suum, nos collecti in unum sedebamus in secretario basilicæ beati Patri. (Greg. Turon. Hist. Franc., lib. v, apud script. rer. gallic. et francic., t. II, p. 243.)

[2] Confabulantibusque nobis, subito advenit Aëtius, archidiaconus parisiacæ ecclesiæ, salutatisque nobis; ait : « Audite me, o sacerdotes « Domini, qui in unum collecti estis.... » (Ibid.)

577. les évêques, ne sachant s'ils avaient devant eux un provocateur envoyé par Fredegonde, ne répondirent qu'en posant le doigt sur leurs lèvres en signe de discrétion. Ils se rappelaient avec terreur les cris féroces des guerriers franks, et les coups de leurs haches d'armes retentissant contre les portes de l'église. Presque tous, et les Gaulois en particulier, tremblaient de se voir signalés comme suspects à la loyauté ombrageuse de ces fougueux vassaux du roi ; ils restèrent immobiles et comme stupéfaits sur leurs siéges [1].

Mais Grégoire de Tours, plus fort de conscience que les autres, et indigné de cette pusillanimité, reprit pour son compte la harangue et les exhortations de l'archidiacre Aëtius. « Je vous en prie, « dit-il, faites attention à mes paroles, très-saints « prêtres de Dieu, et surtout vous qui êtes admis « d'une manière intime dans la familiarité du « roi. Donnez-lui un conseil pieux et digne du « caractère sacerdotal ; car il est à craindre que « son acharnement contre un ministre du Sei- « gneur n'attire sur lui la colère divine, et ne « lui fasse perdre son royaume et sa gloire [2]. »

---

[1] Hæc eo dicente, nullus sacerdotum ei quicquam respondit. Timebant enim reginæ furorem, cujus instinctu hæc agebantur. Quibus intentis, et ora digito comprimentibus... (Greg. Turon. Hist. Franc., lib. v, apud script. rer. gallic. et francic., t. II, p. 243.)

[2] Ego aio : « Adtenti estote, quæso, sermonibus meis, o sanctissimi

Les évêques franks, auxquels ce discours s'adressait d'une manière spéciale, restèrent silencieux comme les autres, et Grégoire ajouta d'un ton ferme : « Souvenez-vous, mes seigneurs et con-
« frères, des paroles du prophète, qui dit : « Si
« la sentinelle, voyant venir l'épée, ne sonne
« point de la trompette, et que l'épée vienne et
« ôte la vie à quelqu'un, je redemanderai le sang
« de cet homme à la sentinelle. » Ne gardez donc
« point le silence, mais parlez haut, et mettez
« devant les yeux du roi son injustice, de peur
« qu'il ne lui arrive malheur, et que vous n'en
« soyez responsables [1]. » L'évêque s'arrêta pour attendre une réponse, mais aucun des assistants ne répondit mot. Ils s'empressèrent de quitter la place, les uns pour décliner toute part de complicité dans de semblables propos, et se mettre à couvert de l'orage qu'ils croyaient déjà voir fondre sur la tête de leur collègue, les autres, comme Berthramn et Raghenemod, pour aller faire leur cour au roi et lui porter des nouvelles [2].

« sacerdotes Dei, et præsertim vos, qui familiariores esse regi videmini :
« adhibete ei consilium sanctum et sacerdotale... » (Greg. Turon. Hist. Franc., lib. v, apud script. rer. gallic. et francic., t. II, p. 243.)

[1] Illis vero silentibus adjeci : « Mementote, domini mei sacerdotes,
« verbi prophetici quod ait : si viderit speculator... » (Ibid.) — Ézéchiel, cap. xxxiii, v. 6.

[2] Hæc me dicente, non respondit ullus quicquam, sed erant omnes intenti et stupentes. Duo tamen adulatores ex ipsis, quod de episcopis

577.   Hilperik ne tarda pas à être informé en détail de tout ce qui venait d'avoir lieu. Ses flatteurs lui dirent qu'il n'avait pas dans cette affaire, ce furent leurs propres paroles, de plus grand ennemi que l'évêque de Tours. Aussitôt le roi, saisi de colère, dépêcha un de ses courtisans pour aller en toute diligence chercher l'évêque et le lui amener. Grégoire obéit et suivit son conducteur d'un air tranquille et assuré [1]. Il trouva le roi hors du palais, sous une hutte construite en branchages, au milieu des tentes et des baraques de ses soldats. Hilperik se tenait debout, ayant à sa droite Berthramn, l'évêque de Bordeaux, et à sa gauche Raghenemod, l'évêque de Paris, qui, tous les deux, venaient de jouer contre leur collègue le rôle de délateurs. Devant eux était un large banc couvert de pains, de viandes cuites et de différents mets destinés à être offerts à chaque nouvel arrivant; car l'usage et une sorte d'étiquette voulaient que personne ne quittât le roi, après une visite, sans prendre quelque chose à sa table [2].

---

dici dolendum est, nuntiaverunt regi... (Greg. Turon. Hist. Franc., lib. v, apud script. rer. gallic. et francic., t. II, p. 244.)

[1] Dicentes : « Quia nullum majorem inimicum in suis causis quam « me haberet. » Illico unus ex aulicis cursu rapido ad me repræsentandum dirigitur. (Ibid., p. 244.)

[2] Cùmque venissem, stabat rex juxta tabernaculum ex ramis factum

A la vue de l'homme qu'il avait mandé dans sa colère, et dont il connaissait le caractère inflexible devant la menace, Hilperik se composa pour mieux arriver à ses fins, et, affectant, au lieu d'aigreur, un ton doux et facétieux : « O évêque, « dit-il, ton devoir est de dispenser la justice à « tous, et voilà que je ne puis l'obtenir de toi ; « au lieu de cela, je le vois bien, tu es de conni- « vence avec l'iniquité, et tu donnes raison au « proverbe : le corbeau n'arrache point l'œil au « corbeau [1]. » L'évêque ne jugea pas convenable de se prêter à la plaisanterie ; mais avec ce respect traditionnel des anciens sujets de l'empire romain pour la puissance souveraine, respect qui, du moins chez lui, n'excluait ni la dignité personnelle, ni le sentiment de l'indépendance, il répondit gravement : « Si quelqu'un de nous, « ô roi, s'écarte du sentier de la justice, il peut « être corrigé par toi ; mais si c'est toi qui es en « faute, qui est-ce qui te reprendra ? Nous te « parlons, et si tu le veux, tu nous écoutes ; mais

577.

---

et ad dexteram ejus Berterhramnus episcopus, ad lævam vero Ragnemodus stabat ; et erat ante eos scamnum pane desuper plenum cum diversis ferculis. (Greg. Turon. Hist. Franc., lib. v, apud script. rer. gallic. et francic., t. II, p. 244.)

[1] Visoque me rex ait : « O episcope, justitiam cunctis largiri de- « bes, et ecce ego justitiam a te non accipio ; sed, ut video, consentis « iniquitati, et impletur in te proverbium illud, quod corvus oculum corvi « non eruit. » (Ibid.)

577. « si tu ne le veux pas, qui te condamnera? celui-
« là seul qui a prononcé qu'il était la justice
« même [1]. » Le roi l'interrompit et répliqua :
« La justice, je l'ai trouvée auprès de tous, et
« ne puis la trouver auprès de toi ; mais je sais
« bien ce que je ferai pour que tu sois noté parmi
« le peuple, et que tous sachent que tu es un
« homme injuste. J'assemblerai les habitants de
« Tours, et je leur dirai : Élevez la voix contre
« Grégoire, et criez qu'il est injuste et ne fait jus-
« tice à personne ; et pendant qu'ils crieront
« ainsi, j'ajouterai : Moi qui suis roi, je ne puis
« obtenir justice de lui, comment, vous autres
« qui êtes au-dessous de moi, l'obtiendriez-
« vous [2] ? »

Cette espèce d'hypocrisie pateline, par laquelle l'homme qui pouvait tout essayait de se faire passer pour opprimé, souleva dans le cœur de Grégoire un mépris qu'il eut peine à contenir, et qui fit prendre à sa parole une expression plus sèche et plus hautaine. « Si je suis injuste, reprit-

---

[1] Ad hæc ego : « Si quis de nobis, o rex, justitiæ tramitem transcen-
« dere voluit, a te corrigi potest; si vero tu excesseris, quis te corripiet ?
« Loquimur enim tibi, sed si volueris audis, si autem nolueris, quis te
« condemnabit ?... » (Greg. Turon. Hist. Franc., lib. v, apud script.
rer. gallic. et francic., t. II, p. 244.)

[2] Ad hæc ille, ut erat ab adulatoribus contra me accensus, ait :
« Cum omnibus enim inveni justitiam, et tecum invenire non possum.
« Sed scio quid faciam, ut noteris in populis... » (Ibid.)

« il, ce n'est pas toi qui le sais, c'est celui qui 577.
« connaît ma conscience et qui voit au fond des
« cœurs ; et quant aux clameurs du peuple que
« tu auras ameuté, elles ne feront rien, car cha-
« cun saura qu'elles viennent de toi. Mais c'est
« assez là-dessus : tu as les lois et les canons,
« consulte-les avec soin, et si tu n'observes pas
« ce qu'ils ordonnent, sache que le jugement de
« Dieu est sur ta tête [1]. »

Le roi sentit l'effet de ces paroles sévères ; et
comme pour effacer de l'esprit de Grégoire l'impression fâcheuse qui les lui avait attirées, il prit
un air de cajolerie, et montrant du doigt un vase
rempli de bouillon qui se trouvait là parmi les
pains, les plats de viandes et les coupes à boire,
il dit : « Voici un potage que j'ai fait préparer à
« ton intention, l'on n'y a mis autre chose que
« de la volaille et quelque peu de pois chiches [2]. »
Ces derniers mots étaient calculés pour flatter
l'amour-propre de l'évêque ; car les saints per-

---

[1] Ad hæc ego : « Quod sim injustus, tu nescis. Scit enim ille cons-
« cientiam meam, cui occulta cordis sunt manifesta. Quod vero falso
« clamore populus te insultante vociferatur, nihil est, quia sciunt omnes
« a te hæc emissa... » (Greg. Turon. Hist. Franc., lib. v, apud script.
rer. gallic. et francic., t. II, p. 244.)

[2] At ille quasi me demulcens, quod dolose faciens putabat me non
intelligere, conversus ad juscellum quod coram erat positum, ait : « Propter te hæc juscella paravi, in quibus nihil aliud præter volatilia, et parumper ciceris continetur. » (Ibid.)

sonnages de ce temps, et en général ceux qui aspiraient à la perfection chrétienne, s'abstenaient de la grosse viande comme trop substantielle, et ne vivaient que de légumes, de poisson et de volatille. Grégoire ne fut point dupe de ce nouvel artifice, et faisant de la tête un signe de refus, il répondit : « Notre nourriture « doit être de faire la volonté de Dieu, et non de « prendre plaisir à une chère délicate. Toi qui « taxes les autres d'injustice, commence par pro- « mettre que tu ne laisseras pas de côté la loi et « les canons, et nous croirons que c'est la jus- « tice que tu poursuis [1]. » Le roi, qui tenait à ne point rompre avec l'évêque de Tours, et qui au besoin ne se faisait pas faute de serments, sauf à trouver plus tard quelque moyen de les éluder, leva la main et jura, par le Dieu tout-puissant, de ne transgresser en aucune manière la loi et les canons. Alors Grégoire prit du pain et but un peu de vin, espèce de communion de l'hospitalité, à laquelle on ne pouvait se refuser sous le toit d'autrui, sans pécher d'une manière grave contre les égards et la politesse. Réconcilié en apparence avec le roi, il le quitta pour se

---

[1] Ad hæc ego, cognocens adulationes ejus, dixi : « Noster cibus « esse debet facere voluntatem Dei, et non his deliciis delectari... » (Greg. Turon. Hist. Franc., lib. v, apud script. rer. gallic. et francic., t. II, p. 244.)

rendre à son logement dans la basilique de Saint- 577.
Julien, voisine du palais impérial [1].

La nuit suivante, pendant que l'évêque de Tours, après avoir chanté l'office des nocturnes, reposait dans son appartement, il entendit frapper à coups redoublés à la porte de la maison. Étonné de ce bruit, il fit descendre un de ses serviteurs, qui lui rapporta que des messagers de la reine Frédégonde demandaient à le voir [2]. Ces gens, ayant été introduits, saluèrent Grégoire au nom de la reine, et lui dirent qu'ils venaient le prier de ne point se montrer contraire à ce qu'elle désirait, dans l'affaire soumise au concile. Ils ajoutèrent en confidence qu'ils avaient mission de lui promettre deux cents livres d'argent, s'il faisait succomber Prætextatus en se déclarant contre lui [3]. L'évêque de Tours, avec sa prudence et son sang-froid habituels, objecta d'une manière calme qu'il n'était pas seul juge

[1] Ille vero, porrecta dextra, juravit per omnipotentem Deum, quod ea quæ lex et canones edocebant, nullo prætermitteret pacto. Post hæc, accepto pane, hausto etiam vino, discessi. (Greg. Turon. Hist. Franc., lib. v, apud script. rer. gallic. et francic., t. II, p. 244.)

[2] Ostium mansionis nostræ gravibus audio cogi verberibus : missoque puero, nuntios Fredegundis reginæ adstare cognosco. (Ibid.)

[3] Deinde precantur pueri, ut in ejus causis contrarius non existam, simulque ducentas argenti promittunt libras, si Prætextatus me impugnante opprimeretur. (Ibid.) — Deux cents livres d'argent équivalent à 13,954 fr., valeur réelle, et à 149,300 fr., valeur relative. (Évaluation de M. Guérard.)

577 de la cause, et que sa voix, de quelque côté qu'elle fût, ne saurait rien décider. « Si vraiment, « répliquèrent les envoyés, car nous avons déjà « la parole de tous les autres; ce qu'il nous faut, « c'est que tu n'ailles pas à l'encontre. » L'évêque reprit sans changer de ton : « Quand vous me « donneriez mille livres d'or et d'argent, il me « serait impossible de faire autre chose que ce « que le Seigneur commande; tout ce que je puis « promettre, c'est de me réunir aux autres évê- « ques en ce qu'ils auront décidé conformément « à la loi canonique[1]. » Les envoyés se trompèrent sur le sens de ces paroles, soit parce qu'ils n'avaient pas la moindre idée de ce qu'étaient les canons de l'église, soit parce qu'ils s'imaginèrent que le mot *seigneur* s'appliquait au roi que, dans le langage usuel, on désignait souvent par ce simple titre, et, faisant beaucoup de remerciements, ils sortirent, joyeux de pouvoir porter à la reine la bonne réponse qu'ils croyaient avoir reçue[2]. Leur méprise délivra l'évêque Grégoire de nouvelles importunités, et lui permit

---

[1] Dicebant enim : « Jam omnium episcoporum promissionem habe- « mus : tantum tu adversus nos incedas. » Quibus ego respondi : « Si mihi « mille libras auri argentique donetis, numquid aliud facere possum, nisi « quod Dominus agere præcipit ?... » (Greg. Turon. Hist. Franc., lib. v, apud script. rer. gallic. et francic., t. II. p. 244.)

[2] At illi non intelligentes quæ dicebam, gratias agentes discesserunt. (Ibid.)

de prendre du repos jusqu'au lendemain matin. 577.

Les membres du concile s'assemblèrent de bonne heure pour la seconde séance, et le roi, déjà tout remis de ses désappointements, s'y rendit avec une grande ponctualité [1]. Pour trouver un moyen d'accorder son serment de la veille avec le projet de vengeance que la reine s'obstinait à poursuivre, il avait mis en œuvre tout son savoir littéraire et théologique; il avait feuilleté la collection des canons, et s'était arrêté au premier article décernant contre un évêque la peine la plus grave, celle de la déposition. Il ne s'agissait plus pour lui que de charger sur nouveaux frais l'évêque de Rouen d'un crime prévu par cet article, et c'est ce qui ne l'embarrassait guère; assuré, comme il croyait l'être, de toutes les voix du synode, il se donnait libre carrière en fait d'imputations et de mensonges. Lorsque les juges et l'accusé eurent pris place comme à l'audience précédente, Hilperik prit la parole, et dit avec la gravité d'un docteur commentant le droit ecclésiastique : « L'évêque convaincu de
« vol doit être destitué des fonctions épisco-
« pales; ainsi en a décidé l'autorité des canons [2]. »

---

[1] Convenientibus autem nobis in basilica sancti Petri, mane rex adfuit. (Greg. Turon. Hist. Franc., lib. v, apud script. rer. gallic. et francic., t. II, p. 244.)

[2] Dixitque : « Episcopus enim in furtis deprehensus, ab episcopali

577. Les membres du synode, étonnés de ce début, auquel ils ne comprenaient rien, demandèrent tous à la fois quel était cet évêque à qui l'on imputait le crime de vol. « C'est lui, répondit le « roi en se tournant vers Prætextatus avec une « singulière impudence, lui-même, et n'avez- « vous pas vu ce qu'il nous a dérobé[1]? »

Ils se rappelèrent en effet les deux ballots d'étoffes et le sac d'argent que le roi leur avait montrés sans expliquer d'où provenaient ces objets, et quels rapports ils avaient dans sa pensée aux charges de l'accusation. Quelque outrageante que fût pour lui cette nouvelle attaque, Prætextatus répondit patiemment à son adversaire : « Je crois que vous devez vous souvenir « qu'après que la reine Brunehilde eut quitté la « ville de Rouen, je me rendis près de vous, et « vous informai que j'avais en dépôt chez moi « les effets de cette reine, c'est-à-dire cinq bal- « lots d'un volume et d'un poids considérables; « que ses serviteurs venaient souvent me deman- « der de les rendre, mais que je ne voulais pas

---

officio ut evellatur canonum auctoritas sanxit. » (Greg. Turon. Hist. Franc., lib. v, apud script. rer. gallic. et francic., t. II, p. 244.)

[1] Nobis quoque respondentibus, quis ille sacerdos esset cui furti crimen inrogaretur, respondit rex : « Vidisti enim species quas nobis furto « abstulit. » (Ibid., p. 245.)

« le faire sans votre aveu. Vous me dîtes alors : 577.
« Défais-toi de ces choses, et qu'elles retournent
« à la femme à qui elles appartiennent, de crainte
« qu'il n'en résulte de l'inimitié entre moi et
« mon neveu Hildebert. De retour dans ma mé-
« tropole, je remis aux serviteurs un des bal-
« lots, car ils n'en pouvaient porter davantage[1].
« Ils revinrent plus tard me demander les autres,
« et j'allai de nouveau consulter votre magnifi-
« cence. L'ordre que je reçus de vous fut le
« même que la première fois : Mets dehors, mets
« dehors toutes ces choses, ô évêque, de peur
« qu'elles ne fassent naître des querelles. Je leur
« ai donc remis encore deux ballots, et les deux
« autres sont restés chez moi. Maintenant, pour-
« quoi me calomniez-vous et m'accusez-vous de
« larcin, puisqu'il ne s'agit point ici d'objets
« volés, mais d'objets confiés à ma garde[2] ? »

— « Si ce dépôt t'avait été remis en garde, »
répliqua le roi, donnant, sans se déconcerter,

---

[1] Hæc enim dicebat rex, sibi ab episcopo fuisse furata. Qui respondit : « Recolere vos credo, discedente a Rothomagensi urbe Brunichilde « regina, quod venerim ad vos, dixique vobis, quia res ejus, id est quin- « que sarcinas, commendatas haberem... » (Greg. Turon. Hist. Franc., lib. v, apud script. rer. gallic. et francic., t. II, p. 245.)

[2] Reversi iterum requirebant alia : iterum consului magnificentiam vestram. Tu autem præcepisti dicens : « Ejice, ejice hæc a te, o sacer- « dos, ne faciat scandalum hæc causa... » Tu autem quid nunc calumniaris, et me furti arguis, cùm hæc causa non ad furtum, sed ad custodiam debeat deputari? (Ibid.)

un autre tour à l'accusation, et quittant le rôle de plaignant pour celui de partie publique, « si « tu étais dépositaire, pourquoi as-tu ouvert « l'un des ballots, et en as-tu tiré une bordure « de robe tissue de fils d'or, que tu as coupée « par morceaux, afin de la distribuer à des « hommes conjurés pour me chasser de mon « royaume[1]? »

L'accusé reprit avec le même calme : « Je t'ai « déjà dit une fois que ces hommes m'avaient fait « des présents. N'ayant à moi, pour le moment, « rien que je pusse leur donner en retour, j'ai « puisé là, et je n'ai pas cru mal faire; je regar- « dais comme mon propre bien ce qui apparte- « nait à mon fils Merowig, que j'ai tenu sur les « fonts de baptême[2]. » Le roi ne sut que ré- pondre à ces paroles, où se peignait avec tant de naïveté le sentiment paternel qui était pour le vieil évêque une passion de tous les instants, et comme une sorte d'idée fixe. Hilperic se sen-

---

[1] Ad hæc rex : « Si hoc depositum penes te habebatur ad custo- « diendum, cur solvisti unum ex his, et limbum aureis contextum filis in « partes dissecasti, et dedisti per viros, qui me a regno dejicerent ? » (Greg. Turon. Hist. Franc., lib. v, apud script. rer. gallic. et francic., t. II, p. 245.)

[2] « Jam dixi tibi superius, quia munera eorum acceperam ; ideoque cum non haberem de præsenti quod darem, hinc præsumpsi et eis vicissitudinem munerum tribui. Proprium mihi esse videbatur, quod filio meo Merovecho erat, quem de lavacro regenerationis excepi. » (Ibid.)

tait à bout de ressources ; à l'assurance qu'il avait montrée d'abord, succéda un air d'embarras et presque de confusion ; il fit lever brusquement la séance, et se retira encore plus déconcerté et plus mécontent que la veille[1].

Ce qui le préoccupait surtout, c'était l'accueil qu'après une semblable déconvenue il allait infailliblement recevoir de l'impérieuse Fredegonde, et il semble qu'en effet son retour au palais fut suivi d'un orage domestique dont la violence le consterna. Ne sachant plus que faire pour écraser, au gré de sa femme, le vieux prêtre inoffensif dont elle avait juré la perte, il appela auprès de lui ceux des membres du concile qui lui étaient le plus dévoués, entre autres Berthramn et Raghenemod. « Je l'avoue, leur dit-il, « je suis vaincu par les paroles de l'évêque, et je « sais que ce qu'il dit est vrai. Que ferai-je donc « pour que la volonté de la reine s'accomplisse « à son égard[2] ? » Les prélats, embarrassés, ne surent que répondre ; il restaient mornes et silencieux, quand tout à coup le roi, stimulé et

---

[1] Videns autem rex Chilpericus, quod eum his calumniis superare nequiret, adtonitus valde, a conscientia confusus, discessit a nobis (Greg. Turon. Hist. Franc., lib. v, apud script. rer. gallic. et francic., t. II, p. 245.)

[2] Vocavitque quosdam de adulatoribus suis, et ait : « Victum me « verbis episcopi fateor, et vera esse quæ dicit scio ; quid nunc faciam, ut « reginæ de eo voluntas adimpleatur ? » (Ibid.)

comme inspiré par ce mélange d'amour et de crainte qui formait sa passion conjugale, reprit avec feu : « Allez le trouver, et, faisant semblant « de lui donner conseil de vous-mêmes, dites- « lui : « Tu sais que le roi Hilperik est bon et « facile à émouvoir, qu'il se laisse aisément ga- « gner à la miséricorde ; humilie-toi devant lui, « et dis pour lui complaire que tu as fait les « choses dont il t'accuse ; alors nous nous jette- « rons tous à ses pieds, et nous obtiendrons ta « grâce[1]. »

Soit que les évêques eussent persuadé à leur crédule et faible collegue que le roi, se repentant de ses poursuites, voulait seulement n'en pas avoir le démenti, soit qu'ils l'eussent effrayé en lui représentant que son innocence devant le concile ne le sauverait pas de la vengeance royale s'il s'obstinait à la braver, Prætextatus, intimidé d'ailleurs par ce qu'il savait des dispositions serviles ou vénales de la plupart de ses juges, ne repoussa point de si étranges conseils. Il réserva dans sa pensée, comme une dernière chance de salut, la ressource ignominieuse qui lui était

---

[1] Et ait : « Ite, et accedentes ad eum dicite, quasi consilium ex vo- « bis metipsis dantes : Nosti quod sit rex Chilpericus pius atque compunc- « tus, et cito flectatur ad misericordiam : humiliare sub eo, et dicito ab « eo objecta a te perpetrata fuisse... » (Greg. Turon. Hist. Franc., lib. v, apud script. rer. gallic. et francic., t. II, p. 245.)

offerte, donnant ainsi un triste exemple du re- 577.
lâchement moral qui gagnait alors jusqu'aux
hommes chargés de maintenir, au milieu de
cette société à demi dissoute, la règle du devoir
et les scrupules de l'honneur. Remerciés comme
d'un bon office par celui qu'ils trahissaient, les
évêques allèrent porter au roi Hilperik la nouvelle du succès de leur message. Ils promirent
que l'accusé, donnant à plein dans le piége,
avouerait tout à la première interpellation ; et
Hilperik, délivré par cette assurance du souci
d'inventer quelque nouvel expédient pour raviver la procédure, résolut de l'abandonner à
son cours ordinaire [1]. Les choses furent donc
remises pour la troisième audience précisément
au point où elles se trouvaient à la fin de la première, et les témoins qui avaient déjà comparu
furent assignés de nouveau, pour confirmer leurs
précédentes allégations.

Le lendemain, à l'ouverture de la séance, le
roi, comme s'il eût repris simplement son dernier propos de l'avant-veille, dit à l'accusé en
lui montrant les témoins qui se tenaient debout :
« Si tu ne voulais que rendre à ces hommes pré-
« sent pour présent, pourquoi leur as-tu de-

---

[1] His seductus Prætextatus episcopus, pollicitus est se ita facturum.
(Greg. Turon. Hist. Franc., lib. v, apud script. rer. gallic. et francic.,
t. II, p. 245.)

577. « mandé le serment de garder leur foi à Mero-
« wig[1]? » Quelque énervée que fût sa conscience depuis son entrevue avec les évêques, Prætextatus, par un instinct de pudeur plus fort que toutes ses appréhensions, recula devant le mensonge qu'il devait proférer contre lui-même. « Je
« l'avoue, répondit-il, je leur ai demandé d'avoir
« de l'amitié pour lui, et j'aurais appelé à son
« aide non-seulement les hommes, mais les anges
« du ciel, si j'en avais eu la puissance, car il
« était, comme je l'ai déjà dit, mon fils spirituel
« par le baptême[2]. »

A ces mots qui semblaient indiquer de la part du prévenu la volonté de continuer à se défendre, le roi, outré de voir son attente trompée, éclata d'une manière terrible. Sa colère, aussi brutale en ce moment que ses ruses avaient été patientes, frappa le débile vieillard d'une commotion nerveuse qui anéantit sur-le-champ ce qui lui restait de force morale. Il tomba à

---

[1] Mane autem facto, convenimus ad consuetum locum : adveniensque et rex, ait ad episcopum : « Si munera pro muneribus his hominibus es largitus, cur sacramenta postulasti ut fidem Merovecho servarent ? » (Greg. Turon. Hist. Franc., lib. v, apud script. rer. gallic. et francic., t. II, p. 245.)

[2] Respondit episcopus : « Petii, fateor, amicitias eorum haberi cum « eo ; et non solum hominem, sed, si fas fuisset, angelum de cœlo evocas-
« sem, qui esset adjutor ejus : filius enim mihi erat, ut sæpe dixi, spiri-
« talis ex lavacro. » (Ibid.)

genoux, et se prosternant la face contre terre, 577.
il dit : « O roi très-miséricordieux, j'ai péché
« contre le ciel et contre toi, je suis un détes-
« table homicide, j'ai voulu te tuer et faire mon-
« ter ton fils sur le trône ¹... » Aussitôt que le
roi vit son adversaire à ses pieds, sa colère se
calma, et l'hypocrisie reprit le dessus. Feignant
d'être emporté par l'excès de son émotion, il se
mit lui-même à genoux devant l'assemblée, et
s'écria : « Entendez-vous, très-pieux évêques,
« entendez-vous le criminel faire l'aveu de son
« exécrable attentat? » Les membres du concile
s'élancèrent tous hors de leurs siéges et coururent relever le roi qu'ils entourèrent, les uns
attendris jusqu'aux larmes, et les autres riant
peut-être en eux-mêmes de la scène bizarre que
leur trahison de la veille avait contribué à préparer ². Dès que Hilperik fut debout, comme s'il
lui eût été impossible de supporter plus longtemps la vue d'un si grand coupable, il ordonna
que Prætextatus sortît de la basilique. Lui-même

---

¹ Cùmque hæc altercatio altius tolleretur, Prætextatus episcopus, prostratus solo, ait : « Peccavi in cœlum et coram te, o rex misericordissime, ego sum homicida nefandus; ego te interficere volui, et filium tuum in solio tuo erigere. » (Greg. Turon Hist. Franc., lib. v, apud script. rer gallic. et francic., t. II, p. 245.)

² Hæc eo dicente, prosternitur rex coram pedibus sacerdotum, dicens : « Audite, o piissimi sacerdotes, reum crimen exsecrabile confitentem. » Cùmque nos flentes regem elevassemus a solo... (Ibid.)

577. se retira presque aussitôt, afin de laisser le concile délibérer selon l'usage avant de rendre son jugement[1].

De retour au palais, le roi, sans perdre un instant, envoya porter aux évêques assemblés un exemplaire de la collection des canons pris parmi les livres de sa bibliothèque. Outre le code entier des lois canoniques admises sans contestation par l'église gallicane, ce volume contenait, en supplément, un nouveau cahier de canons attribués aux apôtres, mais peu répandus alors en Gaule, peu étudiés et mal connus des théologiens les plus instruits. Là se trouvait l'article disciplinaire cité par le roi avec tant d'emphase à la seconde séance, lorsqu'il s'avisa de transformer l'imputation de complot en celle de vol. Cet article, qui décernait la peine de la déposition, lui plaisait fort à cause de cela; mais comme son texte ne cadrait plus avec les aveux de l'accusé, Hilperik, poussant à bout la duplicité et l'effronterie, n'hésita pas à le falsifier, soit de sa propre main, soit par la main d'un de ses secrétaires. On lisait dans l'exemplaire ainsi retouché : « L'évêque con« vaincu d'homicide, d'adultère ou de parjure, « sera destitué de l'épiscopat. » Le mot *vol* avait

---

[1] Jussit eum basilicam egredi. Ipse vero ad metatum discessit........ (Greg. Turon. Hist. Franc., lib. v, apud script. rer. gallic. et francic., t. II, p. 245.)

disparu remplacé par le mot *homicide*, et, chose encore plus étrange, aucun des membres du concile, pas même l'évêque de Tours, ne se douta de la supercherie. Seulement, à ce qu'il paraît, l'intègre et consciencieux Grégoire, l'homme de la justice et de la loi, fit, mais inutilement, des efforts pour engager ses collègues à s'en tenir au code ordinaire, et à décliner l'autorité des prétendus canons apostoliques[1].

La délibération terminée, les parties furent appelées de nouveau pour entendre prononcer la sentence. L'article fatal, l'un de ceux du vingt-unième canon des apôtres, ayant été lu à haute voix, l'évêque de Bordeaux, comme président du concile, s'adressant à l'accusé, lui dit : « Écoute, « frère et co-évêque, tu ne peux plus demeurer « en communion avec nous et jouir de notre « charité jusqu'au jour où le roi, auprès de qui « tu n'es pas en grâce, t'aura accordé son par- « don[2]. » A cet arrêt prononcé par la bouche

[1] Transmittens librum canonum, in quo erat quaternio novus adnexus, habens canones quasi apostolicos, continentes hæc : « Episcopus in homicidio, adulterio, et perjurio deprehensus, a sacerdotio divellatur. » (Ibid.) — Adriani Valesii Rer. francic., lib. x, p. 94. — D. Theod. Ruinart, præfat. ad Greg. Turon., p. 86.

[2] His ita lectis, cùm Prætextatus staret stupens, Bertechramnus episcopus ait : « Audi, o frater et coepiscope, quia regis gratiam non « habes, ideoque nec nostra caritate uti poteris, priusquam regis indul-« gentiam merearis. » (Greg Turon. Hist. Franc., lib. v, apud script. rer. gallic. et francic., t. II, p. 245.)

577. d'un homme qui la veille s'était joué si indignement de sa simplicité, Prætextatus resta silencieux et comme frappé de stupeur. Quant au roi, une victoire si complète ne lui suffisait déjà plus, et il s'ingéniait encore pour trouver quelque moyen accessoire d'aggraver la condamnation. Prenant aussitôt la parole, il demanda qu'avant de laisser sortir le condamné, on lui déchirât sa tunique sur le dos, ou bien qu'on récitât sur sa tête le psaume cviii^e, qui contient les malédictions appliquées par les Actes des apôtres à Judas Iscariote : « Que ses jours soient en petit nombre;
« que ses fils deviennent orphelins et sa femme
« veuve. Que l'usurier dévore son bien, et que
« des étrangers enlèvent le fruit de ses travaux;
« qu'il n'y ait pour lui ni aide ni pitié; que ses
« enfants meurent et que son nom périsse en une
« seule génération[1]. »

La première de ces cérémonies était un symbole de dégradation infamante, l'autre s'appliquait seulement dans les cas de sacrilége. Grégoire de Tours, avec sa fermeté tranquille et modérée, éleva la voix pour qu'une semblable aggravation de peine ne fût point admise, et le

---

[1] His ita gestis, petiit rex, ut aut tunica ejus scinderetur, aut centesimus octavus psalmus, qui maledictiones Ischariotichas continet, super caput ejus recitaretur. (Greg. Turon. Hist. Franc., lib. v, apud script. rer. gallic. et francic., t. II, p. 246.)

concile ne l'admit point. Alors Hilperik, toujours 577
en veine de chicanes, voulut que le jugement qui
suspendait son adversaire des fonctions épiscopales fût rédigé par écrit, avec une clause portant
que la déposition serait perpétuelle. Grégoire
s'opposa encore à cette demande, en rappelant au
roi sa promesse formelle de renfermer l'action dans
les bornes marquées par la teneur des lois canoniques [1]. Ce débat, qui prolongeait la séance,
fut interrompu tout à coup par un dénouement
où l'on pouvait reconnaître la main et la décision
de Fredegonde, ennuyée des lenteurs de la procédure et des subtilités de son mari. Des gens
armés entrèrent dans l'église et enlevèrent Prætextatus sous les yeux de l'assemblée qui n'eut
plus qu'à se séparer. L'évêque fut conduit en
prison au dedans des murs de Paris, dans une
geôle dont les restes subsistèrent longtemps sur
la rive gauche du grand bras de la Seine. La nuit
suivante, il tenta de s'évader et fut cruellement
battu par les soldats qui le gardaient. Après un
jour ou deux de captivité, il partit pour aller en
exil aux extrémités du royaume dans une île voisine des rivages du Cotentin; c'est probablement

[1] Aut certe judicium contra eum scriberetur, ne in perpetuum com-
municaret. Quibus conditionibus ego restiti, juxta promissum regis, ut
nihil extra canones gereretur. (Greg. Turon. Hist. Franc., lib. v, apud
script. rer. gallic. et francic., t. II, p. 246.)

577. celle de Jersey, colonisée depuis un siècle, ainsi que la côte elle-même, jusqu'à Bayeux, par des pirates de race saxonne[1].

L'évêque de Rouen devait, selon toute apparence, passer le reste de sa vie au milieu de cette population de pêcheurs et de forbans; mais, après sept ans d'exil, un grand événement le rendit tout à coup à la liberté et à son église.

584. En l'année 584, le roi Hilperik fut assassiné avec des circonstances qui seront racontées ailleurs, et sa mort, que la voix publique imputait à Fredegonde, devint, par tout le royaume de Neustrie, le signal d'une espèce de révolution. Tous les mécontents du dernier règne, tous ceux qui avaient à se plaindre de vexations ou de dommages, se faisaient justice eux-mêmes. On courait sus aux officiers royaux qui avaient abusé de leur pouvoir, ou qui l'avaient exercé avec rigueur et sans ménagement pour personne; leurs biens étaient envahis, leurs maisons pillées et incendiées; chacun profitait de l'occasion pour se livrer à des représailles contre ses oppresseurs

---

[1] Tunc Prætextatus a nostris raptus oculis, in custodiam positus est. De qua fugere tentans nocte, gravissime cæsus, in insulam maris, quod adjacet civitati Constantinæ, in exsilium est detrusus. (Greg. Turon. Hist. Franc., lib. v, apud script. rei gallic et francic., t. II, p. 246.) — V. Dulaure, Hist. de Paris, t. I. — V. Hist. de la conquête de l'Angleterre, liv. I et II.

ou ses ennemis. Les haines héréditaires de famille à famille, de ville à ville et de canton à canton, se réveillaient et produisaient des guerres privées, des meurtres et des brigandages [1]. Les condamnés sortaient des prisons et les proscrits rentraient comme si leur ban se fût rompu de lui-même par la mort du prince au nom duquel il avait été prononcé. C'est ainsi que Prætextatus revint d'exil, rappelé par une députation que lui envoyèrent les citoyens de Rouen. Il fit son entrée dans la ville, escorté d'une foule immense, au milieu des acclamations du peuple, qui, de sa propre autorité, le rétablit sur le siége métropolitain, et en chassa comme intrus le Gaulois Melantius que le roi avait mis à sa place [2].

Cependant la reine Fredegonde, chargée de tout le mal qui s'était fait sous le règne de son mari, avait été contrainte de se réfugier dans la principale église de Paris, laissant son fils unique,

[1] Qui (Audo judex) post mortem regis ab ipsis (Francis) spoliatus ac denudatus est, ut nihil ei præter quod super se auferre potuit remaneret. Domos enim ejus incendio subdiderunt, abstulissent utique et ipsam vitam, ni cum regina ecclesiam expetisset. (Greg. Turon. Hist. Franc., lib. vii, apud script rer. gallic. et francic., t. II, p. 299.) — Defuncto igitur Chilperico... Aurelianenses cum Blesensibus juncti super Dunenses inruunt, eosque inopinanter proterunt, domos annonasque, vel quæ movere facile non poterant, incendio tradunt, pecora diripiunt. (Ibid.)

[2] Quem cives rothomagenses post excessum regis de exsilio expetentes cum grandi lætitia et gaudio civitati suæ restituerunt. (Ibid.)

584 âgé de quatre mois[1], aux mains des seigneurs franks, qui le proclamèrent roi et prirent le gouvernement en son nom. Sortie de cet asile quand le désordre fut devenu moins violent, il fallut qu'elle allât se faire oublier au fond d'une retraite éloignée de la résidence du jeune roi. Renonçant avec un extrême chagrin à ses habitudes de faste et de domination, elle se rendit au domaine de Rotoïalum, aujourd'hui le Val de Reuil, près du confluent de l'Eure et de la Seine. Ainsi les circonstances l'amenèrent à quelques lieues de cette ville de Rouen où l'évêque qu'elle avait fait déposer et bannir venait d'être rétabli en dépit d'elle. Quoiqu'il n'y eût dans son cœur ni pardon ni oubli, et que sept ans d'exil sur la tête d'un vieillard ne l'eussent pas rendu pour elle moins odieux qu'au premier jour, elle n'eut pas d'abord le loisir de songer à lui; sa pensée et toute sa haine étaient ailleurs[2].

Triste de se voir réduite à une condition presque privée, elle avait sans cesse devant les yeux le bonheur et la puissance de Brunehilde, maintenant tutrice, sans contrôle, d'un fils âgé

---

[1] Chlother, né en 584, après la mort de tous les autres fils de Hilperik et de Fredegonde.

[2] Greg. Turon. Hist. Franc., lib. vii, apud script. Rer. gallic. et francic., t. II, p. 294. — Ibid., p. 299. — Adriani Valesii Rer. francic., lib. xii, p. 214.

de quinze ans. Elle disait avec amertume : « Cette « femme va se croire au-dessus de moi. » Une pareille idée pour Frédégonde était une idée de meurtre ; dès que son esprit s'y fut arrêté, elle n'eut plus d'autre occupation que d'atroces et sombres études sur les moyens de perfectionner les instruments d'assassinat, et de dresser au crime et à l'intrépidité des hommes d'un caractère enthousiaste [1]. Les sujets qui paraissaient le mieux répondre à ses desseins étaient de jeunes clercs de race barbare, mal disciplinés à l'esprit de leur nouvel état, et conservant encore les habitudes et les mœurs du vasselage. Il y en avait plusieurs parmi les commensaux de sa maison ; elle entretenait leur dévouement par des largesses et une sorte de familiarité ; de temps en temps elle faisait sur eux l'essai de liqueurs enivrantes et de cordiaux dont la composition mystérieuse était l'un de ses secrets. Le premier de ces jeunes gens qui lui parut suffisamment préparé reçut, de sa bouche, l'ordre d'aller en Austrasie, de se présenter comme transfuge à la reine Brunehilde, de gagner sa confiance, et de la tuer dès qu'il

---

[1] Postquam autem Fredegundis regina ad supradictam villam (Rotoïalensem) abiit, cùm esset valde mœsta, quid ei potestas ex parte fuisset ablata, meliorem se existimans Brunichildem.... (Greg. Turon. Hist. Franc., lib. vii, apud script. rer. gallic. et francic., t. II, p. 299.)

584. en trouverait l'occasion[1]. Il partit et réussit en effet à s'introduire auprès de la reine; il entra même à son service, mais, après quelques jours, on se défia de lui; on le mit à la question, et quand il eut tout avoué, on le renvoya sans lui faire d'autre mal, en lui disant : « Retourne à ta « patronne. » Fredegonde, outrée jusqu'à la fureur de cette clémence, qui lui semblait une insulte et un défi, s'en vengea sur son maladroit émissaire en lui faisant couper les pieds et les mains[2].

585. Après quelques mois, quand elle crut le moment venu de faire une seconde tentative, recueillant tout ce qu'il y avait en elle de génie pour le mal, elle fit fabriquer, sur ses indications, des poignards d'une nouvelle espèce. C'étaient de longs couteaux à gaîne, semblables pour la forme à ceux que d'ordinaire les Franks portaient à la ceinture, mais dont la lame, ciselée dans toute sa longueur, était couverte de figures en creux. Innocent en apparence, cet ornement avait une destination véritablement diabolique;

---

[1] Misit occulte clericum sibi familiarem, qui eam circumventam dolis interimere posset, videlicet ut cum se subtiliter in ejus subderet famulatum.... (Greg. Turon. Hist. Franc., lib. vii, apud script. rer. gallic. et francic., t. II, p. 300.)

[2] Redire permissus est ad patronam : reseransque quæ acta fuerant, effatus quod jussa patrare non potuisset, manuum ac pedum abscisione multatur. (Ibid.)

il devait servir à ce que le fer pût être empoisonné 585. plus à fond, et de telle sorte que la substance vénéneuse, au lieu de glisser sur le poli, s'incrustât dans les ciselures¹. Deux de ces armes, frottées d'un poison subtil, furent remises par la reine à deux jeunes clercs, dont le triste sort de leur compagnon n'avait pas refroidi le dévouement. Ils reçurent l'ordre de se rendre, accoutrés en pauvres gens, à la résidence du roi Hildebert, de le guetter dans ses promenades, et, quand l'occasion serait propice, de s'approcher de lui tous les deux, en demandant l'aumône, et de le frapper ensemble de leurs couteaux. « Prenez ces poignards, leur dit Frede« gonde, et partez vite, pour qu'enfin je voie « Brunehilde, dont l'arrogance vient de cet en« fant, perdre tout pouvoir par sa mort, et « devenir mon inférieure. Si l'enfant est trop « bien gardé pour que vous puissiez l'approcher, « vous tuerez mon ennemie ; si vous périssez « dans l'entreprise, je comblerai de bien vos « parents, je les enrichirai de mes dons, et les « ferai monter au premier rang dans le royaume.

---

¹ Fredegundis duos cultros ferreos fieri præcepit : quos etiam caraxari profundius, et veneno infici jusserat, scilicet si mortalis adsultus vitales non dissolveret fibras, vel ipsa veneni infectio vitam posset velocius extorquere. (Greg. Turon. Hist. Franc., lib. VIII, apud script. rer. gallic. et francic., t. II, p. 324.)

585. « Soyez donc sans crainte, et n'ayez aucun souci « de la mort[1]. »

A ce discours dont la netteté ne laissait voir d'autre perspective que celle d'un danger sans issue, quelques signes de trouble et d'hésitation parurent sur le visage des deux jeunes clercs. Fredegonde s'en aperçut, et aussitôt elle fit apporter une boisson composée, avec tout l'art possible, pour exalter les esprits en flattant le goût. Les jeunes gens vidèrent chacun une coupe de ce breuvage, dont l'effet ne tarda pas à se montrer dans leurs regards et dans leur contenance[2]. Satisfaite de l'épreuve, la reine reprit alors : « Quand le jour sera venu d'exécuter mes ordres, « je veux qu'avant de vous mettre à l'œuvre, « vous buviez un coup de cette liqueur, afin « d'être fermes et dispos. » Les deux clercs partirent pour l'Austrasie, munis de leurs couteaux

---

[1] Quos cultros duobus clericis cum his mandatis tradidit, dicens : « Accipite hos gladios, et quantocius pergite ad Childebertum regem, » adsimulantes vos esse mendicos... ut tandem Brunichildis, quæ ab illo « adrogantiam sumit, eo cadente conruat, mihique subdatur. Quod si « tanta est custodia circa puerum, ut accedere nequeatis, vel ipsam inte- « rimite inimicam. » (Greg. Turon. Hist. Franc., lib. VIII, apud script. rer. gallic. et francic., t. II, p. 324.)

[2] Cùmque hæc mulier loqueretur, clerici tremere cœperunt, difficile putantes hæc jussa posse complere. At illa dubios cernens, medificatos potione direxit quo ire præcepit; statimque robur animorum adcrevit. (Ibid. p. 325.)

empoisonnés et d'un flacon renfermant le précieux cordial ; mais on faisait bonne garde autour du jeune roi et de sa mère. A leur arrivée, les émissaires de Fredegonde furent saisis comme suspects, et cette fois, on ne leur fit aucune grâce ; tous deux périrent dans les supplices[1].

Ces choses se passèrent dans les derniers mois de l'année 585 ; vers le commencement de l'année suivante, il arriva que Fredegonde, ennuyée peut-être de sa solitude, quitta le Val de Reuil, pour aller passer quelques jours à Rouen. Elle se trouva ainsi, plus d'une fois, dans les réunions et les cérémonies publiques, en présence de l'évêque dont le retour était une sorte de démenti donné à sa puissance. D'après ce qu'elle savait par expérience du caractère de cet homme, elle s'attendait au moins à lui voir devant elle une contenance humble et mal assurée, des manières craintives, comme celles d'un proscrit amnistié de fait seulement et par simple tolérance ; mais, au lieu de lui témoigner cette déférence obséquieuse dont elle était encore plus jalouse depuis qu'elle se sentait déchue de son ancien rang, Prætextatus, à ce qu'il semble, se montra

---

[1] Nihilominus vasculum hac potione repletum ipsos levare jubet, dicens : « In die illa cùm hæc quæ precipio facitis, mane priusquam opus incipiatis, hunc potum sumite... » (Greg. Turon. Hist. Franc., lib. vIII, apud script. rer. gallic. et francic., t. II, p. 325.)

586. fier et dédaigneux; son âme, autrefois si molle et si peu virile, s'était retrempée en quelque sorte par la souffrance et le malheur[1].

Dans une des rencontres que les solennités civiles ou religieuses amenèrent alors entre l'évêque et la reine, celle-ci, laissant déborder sa haine et son dépit, dit assez haut pour être entendue de toutes les personnes présentes : « Cet homme
« devrait savoir que le temps peut revenir pour
« lui de reprendre le chemin de l'exil[1]. » Prætextatus ne laissa pas tomber ce propos, et affrontant le courroux de sa terrible ennemie, il lui répondit en face : « Dans l'exil comme hors de
« l'exil, je n'ai point cessé d'être évêque, je le
« suis et je le serai toujours; mais toi, peux tu
« dire que tu jouiras toujours de la puissance
« royale? Du fond de mon exil, si j'y retourne,
« Dieu m'appellera au royaume du ciel; et toi,
« de ton royaume en ce monde, tu seras préci-
« pitée dans les gouffres de l'enfer. Il serait temps
« désormais de laisser là tes folies et tes méchan-
« cetés, de renoncer à cette jactance qui te gonfle

---

[1] Dum hæc agerentur, et Fredegundis apud Rothomagensem urbem commoraretur... (Greg. Turon. Hist. Franc., lib. VIII, apud script. rer. gallic. et francic., t. II, p. 326.)

[2] Verba amaritudinis cum Prætextato pontifice habuit, dicens venturum esse tempus, quando exilia in quibus detentus fuerat, reviseret. (Ibid.)

« sans cesse, et de suivre une meilleure route, 586
« afin que tu puisses mériter la vie éternelle et
« conduire à l'âge d'homme l'enfant que tu as
« mis au monde [1]. » Ces paroles, où l'ironie la
plus acerbe se mêlait à la gravité hautaine d'une
admonition sacerdotale, soulevèrent tout ce qu'il
y avait de passion dans l'âme de Fredegonde;
mais loin de s'emporter en discours furieux, et
de donner en spectacle sa honte et sa colère, elle
sortit sans proférer un seul mot, et alla dans le
secret de sa maison dévorer l'injure et préparer
la vengeance [2].

Melantius qui, pendant sept années, avait occupé indûment le siége épiscopal, ancien protégé
et client de la reine, s'était rendu auprès d'elle à
son arrivée au domaine de Reuil, et, depuis ce
temps, il ne la quittait plus [3]. Ce fut lui qui reçut
la première confidence de ses sinistres desseins.
Cet homme, que le regret de n'être plus évêque

---

[1] Et ille: « Ego semper et in exsilio et extra exsilium episcopus fui,
« sum et ero : nam tu non semper regali potentia perfrueris. Nos ab
« exsilio provehimur, tribuente Deo, in regnum; tu vero ab hoc regno
« demergeris in abyssum. » (Greg. Turon. Hist. Franc , lib. vIII, apud
script. rer. gallic. et francic., t. II, p. 326.)

[2] Hæc effatus, cùm verba illius mulier graviter acciperet, se a conspectu ejus felle fervens abstraxit. (Ibid.)

[3] Ubique relinquentes eam (Fredegundem) cum Melantio episcopo,
qui de Rothomago submotus fuerat... (Ibid., lib. vII, p. 299.)—Adriani
Valesii Rer. francic., lib. xIII, p. 303.

586. tourmentait jusqu'à le rendre capable de tout oser pour le redevenir, n'hésita pas à se faire le complice d'un projet qui pouvait le conduire au but de son ambition. Ses sept années d'épiscopat n'avaient pas été sans influence sur le personnel du clergé de l'église métropolitaine. Plusieurs des dignitaires promus durant cette époque se regardaient comme ses créatures, et voyaient avec déplaisir l'évêque restauré, à qui ils ne devaient rien, et dont ils attendaient peu de faveurs. Prætextatus, simple et confiant par caractère, ne s'était pas inquiété, à son retour, des nouveaux visages qu'il rencontra dans le palais épiscopal; il n'avait point songé aux existences qu'un pareil changement ne pouvait manquer d'alarmer, et comme il était bienveillant pour tous, il ne se croyait haï de personne. Pourtant, malgré l'affection vive et profonde que le peuple de Rouen lui portait, la plupart des membres du clergé avaient pour lui peu de zele et d'attachement.

Chez quelques-uns, surtout dans les rangs supérieurs, l'aversion était complète; l'un des archidiacres ou vicaires métropolitains la poussait jusqu'à la fureur, soit par dévouement à la cause de Melantius, soit parce qu'il aspirait lui-même à la dignité épiscopale. Quels que fussent les motifs de cette haine mortelle qu'il nourrissait contre son évêque, Fredegonde et Melantius

crurent ne pouvoir se passer de lui, et l'admirent 586.
en tiers dans le complot. L'archidiacre eut avec
eux des conférences où se discutèrent les moyens
d'exécution. Il fut décidé qu'on chercherait,
parmi les serfs attachés au domaine de l'église
de Rouen, un homme capable de se laisser sé-
duire par la promesse d'être affranchi avec sa
femme et ses enfants. Il s'en trouva un que cette
espérance de liberté, quelque douteuse qu'elle
fût, enivra au point de le rendre prêt à commettre le double crime de meurtre et de sacrilége. Ce malheureux reçut comme encourage-
ment deux cents pièces d'or, cent de la part de
Fredegonde, cinquante données par Melantius,
et le reste par l'archidiacre; toutes les mesures
furent prises, et le coup arrêté pour le dimanche
suivant, qui était le 24 février[1].

Ce jour-là, l'évêque de Rouen, dont le meurtrier guettait la sortie depuis le lever du soleil,
se rendit de bonne heure à l'église. Il alla s'asseoir à sa place accoutumée, à quelques pas du
maître-autel, sur un siége isolé au-devant duquel
se trouvait un prie-dieu. Le reste du clergé occupa
les stalles qui garnissaient le chœur, et l'évêque
entonna, suivant l'usage, le premier verset de l'of-

---

[1] Greg Turon. Hist. Franc., lib. viii, apud script. rer. gallic. et francic., t. II, p. 331 — Adriani Valesii Rer. francic., lib. xiii, p. 303.

586. fice du matin.[1]. Pendant que la psalmodie, reprise par les chantres, continuait en chœur, Prætextatus s'agenouilla en appuyant les mains et en inclinant la tête sur le prie-dieu placé devant lui. Cette posture, dans laquelle il resta longtemps, fournit à l'assassin, qui s'était glissé par derrière, l'occasion qu'il épiait depuis le commencement du jour. Profitant de ce que l'évêque, prosterné en prières, ne voyait rien de ce qui se passait à l'entour, il s'approcha de lui insensiblement jusqu'à la portée du bras, et, tirant le couteau suspendu à sa ceinture, il l'en frappa sous l'aisselle. Prætextatus, se sentant blessé, poussa un cri; mais soit malveillance, soit lâcheté, aucun des clercs présents n'accourut à son aide, et l'assassin eut le temps de s'esquiver[2]. Ainsi abandonné, le vieillard se releva seul, et appuyant les deux mains contre sa blessure, il se dirigea vers l'autel, dont il eut encore la force de monter les degrés. Arrivé là, il étendit ses mains pleines de sang

---

[1] Cùm sacerdos ad implenda ecclesiastica officia, ad ecclesiam maturius properasset, antiphonas juxta consuetudinem incipere per ordinem cœpit. (Greg. Turon. Hist. Franc., lib. viii, apud script. rer. gallic. et francic., t. II, p. 326.)

[2] Cùmque inter psallendum formulæ decumberet, crudelis adfuit homicida qui episcopum super formulam quiescentem, extracto balthei cultro, sub ascella percutit. Ille vero vocem emittens, ut clerici qui aderant adjuvarent, nullius auxilio de tantis adstantibus est adjutus. (Ibid.)

pour atteindre, au-dessus de l'autel, le vase d'or 586. suspendu par des chaînes, où l'on gardait l'Eucharistie réservée pour la communion des mourants. Il prit une parcelle du pain consacré et communia; puis rendant grâce à Dieu de ce qu'il avait eu le temps de se munir du saint viatique, il tomba en défaillance entre les bras de ses fidèles serviteurs, et fut transporté par eux dans son appartement[1].

Instruite de ce qui venait d'avoir lieu, soit par la rumeur publique, soit par le meurtrier lui-même, Fredegonde voulut se donner l'affreux plaisir de voir son ennemi agonisant. Elle se rendit en hâte à la maison de l'évêque, accompagnée des ducs Ansowald et Beppolen, qui ne savaient ni l'un ni l'autre quelle part elle avait prise à ce crime, et de quelle étrange scène ils allaient être témoins. Prætextatus était dans son lit, ayant sur le visage tous les signes d'une mort prochaine, mais conservant encore le sentiment et la connaissance. La reine dissimula ce qu'elle

---

[1] Ex quo lethali ictu erumpente cruore... propius ad aram accessit divinaque humiliter expetiit sacramenta. Factus igitur aræ et mensæ dominicæ ex voto particeps..... (Bollandi Acta Sanctor., t. III, p. 465.) — At ille plenas sanguine manus super altarium extendens, orationem fundens et Deo gratias agens, in cubiculum suum inter manus fidelium deportatus..... (Greg. Turon., Hist. Franc., lib. vIII, apud script. rer. gallic. et francic., t. II, p. 326.) — V. Ducange, Glossar. ad Script. med. et infim. latinitat., v° *Columba*.

586. ressentait de joie, et, prenant, avec un air de sympathie, un ton de dignité royale, elle dit au mourant : « Il est triste pour nous, ô saint évêque, « aussi bien que pour le reste de ton peuple, « qu'un pareil mal soit arrivé à ta personne véné- « rable. Plût à Dieu qu'on nous indiquât celui « qui a osé commettre cette horrible action, afin « qu'il fût puni d'un supplice proportionné à son « crime¹. »

Le vieillard, dont tous les soupçons étaient confirmés par cette visite même, se souleva sur son lit de douleur, et attachant ses yeux sur Fredegonde, il répondit : « Et qui a frappé ce coup, « si ce n'est la main qui a tué des rois, qui a si « souvent répandu le sang innocent et fait tant « de maux dans le royaume² ? » Aucun signe de trouble ne parut sur le visage de la reine, et comme si ces paroles eussent été pour elle vides de sens et le simple effet d'un dérangement fébrile, elle reprit du ton le plus calme et le plus

---

¹ Statimque Fredegundis cum Beppoleno duce et Ansovaldo adfuit, dicens : « Non oportuerat hæc nobis ac reliquæ plebi tuæ, o sancte « sacerdos, ut ista tuo cultui evenirent. Sed utinam indicaretur qui talia « ausus est perpetrare, ut digna pro hoc scelere supplicia sustineret. » (Greg. Turon. Hist. Franc., lib. VIII, apud script. rer. gallic. et francic., t. II, p. 327.)

² Sciens autem eam sacerdos hæc dolose proferre, ait : « Et quis « hæc fecit, nisi is qui reges interemit, qui sæpius sanguinem innocentem « effudit ?... » (Ibid.)

affectueux: « Il y a auprès de nous de très-habiles
« médecins qui sont capables de guérir cette bles-
« sure; permets qu'ils viennent te visiter[1]. » La
patience de l'évêque ne put tenir contre tant d'effronterie, et, dans un transport d'indignation qui
épuisa le reste de ses forces, il dit : « Je sens que
« Dieu veut me rappeler de ce monde; mais toi
« qui t'es rencontrée pour concevoir et diriger l'at-
« tentat qui m'ôte la vie, tu seras dans tous les
« siècles un objet d'exécration, et la justice divine
« vengera mon sang sur ta tête. » Fredegonde
se retira sans dire un mot, et, après quelques
instants, Prætextatus rendit le dernier soupir[2].

A cette nouvelle, toute la ville de Rouen fut
dans la consternation; les citoyens sans distinction de race, Romains ou Franks, s'unirent dans
le même sentiment de tristesse mêlée d'horreur.
Les premiers, n'ayant hors des limites de leur
cité aucune existence politique, ne savaient exprimer qu'une douleur impuissante à la vue du
crime dont une reine était le principal auteur;
mais, parmi les autres, un certain nombre au

---

[1] Respondit mulier : « Sunt apud nos peritissimi medici, qui huic
« vulneri mederi possunt ; permitte ut accedant ad te. » (Greg. Turon.
Hist. Franc., lib. VIII, apud script. rer. gallic et francic., t. II,
p. 327.)

[2] Et ille : « Jam, inquit, me Deus præcipit de hoc mundo vocari.
« Nam tu quæ his sceleribus princeps inventa es, eris maledicta in sæculo,
« et erit Deus ultor sanguinis mei de capite tuo. » (Ibid.)

586 moins, ceux à qui leur fortune ou leur noblesse héréditaire faisait donner le titre de seigneurs, pouvaient, selon le vieux privilége de la liberté germanique, parler haut à qui que ce fût, et atteindre en justice tous les coupables[1]. Il y avait aux environs de Rouen plusieurs de ces chefs de famille, propriétaires indépendants, qui siégeaient comme juges dans les causes les plus importantes, et se montraient aussi fiers de leurs droits personnels que jaloux du maintien des anciennes coutumes et des institutions nationales. Parmi eux se trouvait un homme de cœur et d'entraînement, doué au plus haut degré de cette sincérité courageuse que les conquérants de la Gaule regardaient comme la vertu de leur race, opinion qui, devenue populaire, donna naissance par la suite à un mot nouveau, celui de *franchise*. Cet homme réunit quelques-uns de ses amis et de ses voisins, et leur persuada de faire avec lui une démarche éclatante, et d'aller porter à Fredegonde l'annonce d'une citation judiciaire.

Ils montèrent tous à cheval et partirent d'un domaine situé à quelque distance de Rouen pour se rendre au logement de la reine dans l'intérieur de la ville. A leur arrivée, un seul d'entre eux,

---

[1] Magnus tunc omnis Rothomagenses cives, et præsertim seniores loci illius Francos, mœror obsedit. (Greg. Turon Hist. Franc., lib. VIII, apud script. rer. gallic. et francic., t. II, p. 327.)

celui qui avait conseillé la visite, fut admis en 586.
présence de Fredegonde qui, redoublant de précautions depuis son nouveau crime, se tenait soigneusement sur ses gardes; tous les autres restèrent dans le vestibule ou sous le portique de la maison. Interrogé par la reine sur ce qu'il voulait d'elle, le chef de la députation lui dit avec l'accent d'un homme profondément indigné:
« Tu as commis dans ta vie bien des forfaits,
« mais le plus énorme de tous est ce que tu viens
« de faire en ordonnant le meurtre d'un prêtre
« de Dieu. Dieu veuille se déclarer bientôt le ven-
« geur du sang innocent! Mais nous tous, en
« attendant, nous rechercherons le crime et nous
« poursuivrons le coupable, afin qu'il te de-
« vienne impossible d'exercer de pareilles cruau-
« tés. » Après avoir proféré cette menace, le Frank sortit, laissant la reine troublée jusqu'au fond de l'âme d'une déclaration dont les suites probables n'étaient pas sans danger pour elle, dans son état de veuvage et d'isolement[1].

Fredegonde eut bientôt retrouvé son audace et pris un parti décisif; elle envoya l'un de ses

---

[1] Ex quibus unus senior ad Fredegundem veniens, ait : « Multa
« enim mala in hoc sæculo perpetrasti, sed adhuc pejus non feceras,
« quam ut sacerdotem Dei juberes interfici. Sit Deus ultor sanguinis
« innocentis velociter. Nam et omnes erimus inquisitores mali hujus,
« ut tibi diutius non liceat tam crudelia exercere. » (Greg. Turon. Hist. Franc., lib. VIII, apud script. rer. gallic. et francic., t. II, p. 327.)

586. serviteurs courir après le seigneur Frank, et lui dire que la reine l'invitait à dîner. Cette invitation fut accueillie par le Frank, qui venait de rejoindre ses compagnons, comme elle devait l'être par un homme d'honneur; il refusa[1]. Le serviteur ayant porté sa réponse, accourut de nouveau le prier, s'il ne voulait point rester pour le repas, d'accepter au moins quelque chose à boire, et de ne pas faire à une demeure royale l'injure d'en sortir à jeun. Il était d'usage qu'une pareille requête fût toujours agréée; l'habitude et le savoir-vivre tel qu'on le pratiquait alors, l'emportèrent cette fois sur le sentiment de l'indignation, et le Frank, qui était près de monter à cheval, attendit sous le vestibule avec ses amis[2].

Un moment après, les serviteurs descendirent, portant de larges coupes remplies de la boisson que les hommes de race barbare prenaient le plus volontiers hors des repas; c'était du vin mélangé de miel et d'absinthe. Celui des Franks à qui venait de s'adresser le message de la reine fut servi le premier. Il vida, sans réflexion et tout

---

[1] Cùm autem hæc dicens discederet a conspectu reginæ, misit illa qui eum ad convivium provocaret. Quo renuente... (Greg. Turon. Hist. Franc., lib. vIII, apud script. rer. gallic et francic., t. II, p. 327.)

[2] Rogat ut si convivio ejus uti non velit, saltem poculum vel hauriat, ne jejunus a regali domo discedat. Quo expectante... (Ibid.)

d'un trait, la coupe de liqueur aromatisée; mais à peine eut-il bu la dernière goutte qu'une souffrance atroce et comme un déchirement intérieur lui apprit qu'il venait d'avaler le poison le plus violent[1]. Un instant muet, sous l'empire de cette sensation foudroyante, quand il vit ses compagnons se disposer à suivre son exemple et à faire honneur au vin d'absinthe, il leur cria : « Ne « touchez pas à ce breuvage, sauvez-vous, mal- « heureux, sauvez-vous, pour ne pas périr avec « moi ! » Ces paroles frappèrent les Franks d'une sorte de terreur panique; l'idée d'empoisonnement, dont celle de sortilège et de maléfice était alors inséparable, la présence d'un danger mystérieux qu'il était impossible de repousser avec l'épée, fit prendre la fuite à ces hommes de guerre, qui n'eussent point reculé dans un combat. Ils coururent tous à leurs chevaux; celui qui avait bu le poison fit de même, et parvint à se placer sur le sien, mais sa vue se troublait, ses mains perdaient la force de soutenir la bride. Mené par son cheval qu'il ne pouvait plus diriger et qui l'emportait au galop à la suite des autres,

[1] Accepto poculo, bibit absinthium cum vino et melle mixtum, ut mos barbarorum habet; sed hic potus veneno imbutus erat. Statim autem ut bibit, sensit pectori suo dolorem validum imminere : et quasi si incideretur intrinsecus..... (Greg. Turon. Hist. Franc., lib. vIII, apud script. rer. gallic. et francic., t. II, p. 327.)

il fit quelques centaines de pas et tomba mort[1]. Le bruit de cette aventure causa au loin un effroi superstitieux; parmi les possesseurs de domaines du diocèse de Rouen, personne ne parla plus de citer Frédégonde à comparaître devant la grande assemblée de justice qui, sous le nom de *mâl*, se réunissait au moins deux fois chaque année.

C'était l'évêque de Bayeux, Leudowald, qui, à titre de premier suffragant de l'archevêché de Rouen, devait prendre le gouvernement de l'église métropolitaine durant la vacance du siége. Il se rendit dans la métropole, et de là il adressa officiellement à tous les évêques de la province une relation de la mort violente de Prætextatus; puis, ayant réuni le clergé de la ville en synode municipal, il ordonna, d'après l'avis de cette assemblée, que toutes les églises de Rouen fussent fermées, et qu'on n'y célébrât aucun office jusqu'à ce qu'une enquête publique eût mis sur la trace des auteurs et des complices du crime[2].

---

[1] Exclamat suis dicens : « Fugite, o miseri, fugite malum hoc, ne mecum pariter periamini. » Illis quoque non bibentibus, sed festinantibus abire, ille protinus excæcatus, ascensoque equo, in tertio ab hoc loco stadio cecidit, et mortuus est. (Greg. Turon. Hist. Franc., lib. viii, apud script. rer. gallic. et francic., t. II, p. 327.)

[2] Post hæc, Leudovaldus episcopus epistolas per omnes sacerdotes direxit, et accepto consilio, ecclesias rothomagenses clausit, ut in his populus solemnia divina non spectaret, donec indagatione communi reperiretur hujus auctor sceleris. (Ibid.)

Quelques hommes de race gauloise et d'un rang 586. inférieur furent arrêtés comme suspects, et soumis à la question ; la plupart avaient eu connaissance du complot contre la vie de l'archevêque et reçu même à cet égard des ouvertures et des offres ; leurs révélations vinrent à l'appui du soupçon général qui pesait sur Fredegonde ; mais ils ne nommèrent aucun de ses deux complices, Melantius et l'archidiacre. La reine, sentant qu'elle aurait bon marché de cette procédure ecclésiastique, prit sous son patronage tous les accusés, et leur procura ouvertement les moyens de se dérober à l'information judiciaire, soit par la fuite, soit en opposant la résistance à main armée [1].

Loin de se laisser décourager par les obstacles de tout genre qu'il rencontrait, l'évêque Leudowald, homme consciencieux et attaché à ses devoirs sacerdotaux, redoubla de zèle et de soins pour découvrir l'auteur du meurtre et s'enquérir à fond des mystères de cette horrible trame. Alors Fredegonde mit en usage les ressources qu'elle réservait pour les occasions extrêmes ; on vit des assassins rôder autour de la

---

[1] Sed et aliquos adprehendit, quibus supplicio subditis, veritatem extorsit, qualiter per consilium Fredegundis hæc acta fuerant ; sed ea defensante, ulcisci non potuit. (Greg. Turon. Hist. Franc., lib. vııı, apud script. rer. gallic. et francic., t. II, p. 327.)

maison de l'évêque et tenter de s'y introduire; il fallut que Leudowald se fît garder jour et nuit par ses domestiques et par ses clercs[1]. Sa constance ne tint pas contre de pareilles alarmes; les procédures, commencées d'abord avec un certain éclat, se ralentirent, et l'enquête selon la loi romaine fut bientôt abandonnée, comme l'avaient été les poursuites devant les juges de race franke, assemblés selon la loi salique[2].

Le bruit de ces événements, qui de proche en proche se répandait par toute la Gaule, arriva au roi Gonthramn, dans sa résidence de Châlons-sur-Saône. L'émotion qu'il en ressentit fut assez vive pour le tirer un moment de l'espèce de nonchalance politique où il se complaisait. Son caractère était, comme on l'a déjà vu, formé des plus étranges contrastes, d'un fonds de piété douce et d'équité rigide, au travers duquel bouillonnaient, pour ainsi dire, et se faisaient jour par intervalle les restes mal éteints d'une nature sauvage et sanguinaire. Ce vieux levain de férocité germanique révélait sa présence dans l'âme du

---

[1] Ferebant etiam ad ipsum percussores venisse, pro eo quod hæc inquirere sagaciter destinaret; sed custodia vallato suorum, nihil ei nocere potuerunt. (Greg. Turon. Hist. Franc., lib. viii, apud script. rer. gallic. et francic., t. II, p. 327.)

[2] In mallo, hoc est ante Theada, vel Tunginum. (Lex salica, apud script. rer. gallic. et francic., t. IV, p. 151.)

plus débonnaire des rois mérovingiens, tantôt
par des fougues de fureur brutale, tantôt par
des cruautés de sang-froid. La seconde femme de
Gonthramn, Austrehilde, atteinte en l'année 580
d'une maladie qu'elle sentait devoir être mortelle, eut la fantaisie barbare de ne vouloir pas
mourir seule, et de demander que ses deux
médecins fussent décapités le jour de ses funérailles. Le roi le promit comme la chose la plus
simple, et fit couper la tête aux médecins [1]. Après
cet acte de complaisance conjugale, digne du
tyran le plus atroce, Gonthramn était revenu,
avec une facilité inexplicable, à ses habitudes de
royauté paternelle et à sa bonhomie accoutumée.
En apprenant le double crime de meurtre et de
sacrilége dont la clameur générale accusait la
veuve de son frère, il éprouva une véritable indignation, et, comme chef de la famille mérovingienne, il se crut appelé à un grand acte de justice patriarcale. Il fit partir en ambassade, auprès
des seigneurs qui exerçaient la régence au nom
du fils de Hilperik, trois évêques, Artémius de
Sens, Agrœcius de Troyes, et Veranus de Cavaillon dans la province d'Arles. Ces envoyés reçurent
l'ordre de se faire autoriser par les seigneurs de

---

[1] Greg. Turon. Hist. Franc., lib. v, apud script. rer. gallic. et francic., t. II, p. 254.

586 Neustrie à rechercher, au moyen d'une enquête solennelle, la personne coupable du crime, et à l'amener de gré ou de force en présence du roi Gonthramn [1].

Les trois évêques se rendirent à Paris où était élevé l'enfant au nom duquel, depuis deux ans, se gouvernait le royaume de Neustrie. Admis devant le conseil de régence, ils exposèrent leur message en insistant sur l'énormité du crime dont le roi Gonthramn demandait la punition. Lorsqu'ils eurent cessé de parler, celui des chefs neustriens qui avait le premier rang parmi les tuteurs du jeune roi, et qu'on appelait son nourricier, se leva et dit : « De tels méfaits nous « déplaisent aussi au dernier point, et de plus « en plus nous désirons qu'ils soient punis ; mais « s'il se trouve parmi nous quelqu'un qui en soit « coupable, ce n'est pas en présence de votre roi « qu'il doit être conduit, car nous avons le moyen « de réprimer, avec la sanction royale, tous les « crimes commis chez nous [2]. »

[1] Itaque cùm hæc ad Guntchramnum regem perlata fuissent, et crimen super mulierem jaceretur, misit tres episcopos ad filium, qui esse dicitur Chilperici... ut scilicet cum his qui parvulum nutriebant perquirerent hujus sceleris personam, et in conspectu ejus exhiberent. (Greg. Turon. Hist. Franc., lib. viii, apud script. rer. gallic. et francic., t. II, p. 327.)

[2] Quod cùm sacerdotes locuti fuissent, responderunt seniores : « Nobis prorsus hæc facta displicent, et magis ac magis ea cupimus ul-

Ce langage, ferme et digne en apparence, 586. couvrait une réponse évasive, et les régents de Neustrie avaient moins de souci de l'indépendance du royaume que de ménagements pour Frédégonde. Les ambassadeurs ne s'y méprirent pas, et l'un d'eux répliqua vivement : « Sachez « que si la personne qui a commis le crime n'est « pas découverte et amenée au grand jour, notre « roi viendra avec une armée ravager tout ce « pays par le glaive et par l'incendie ; car il est « manifeste que celle qui a fait mourir le Frank « par des maléfices est la même qui a tué l'évêque « par l'épée [1]. » Les Neustriens s'émurent peu d'une pareille menace ; ils savaient que le roi Gonthramn manquait toujours de volonté lorsque venait le moment d'agir. Ils renouvelèrent leurs précédentes réponses, et les évêques mirent fin à cette inutile entrevue en protestant d'avance contre la réintégration de Melantius dans le siége épiscopal de Rouen [2]. Mais à peine étaient-ils de

« cisci. Nam non potest fieri ut si quis inter nos culpabilis invenitur, in « conspectum regis vestri deducatur. » (Greg. Turon. Hist. Franc., lib. VIII, apud script rer. gallic. et francic., t. II, p. 327.)

[1] Tunc sacerdotes, dixerunt : « Noveritis enim, quia si persona quæ hæc perpetravit in medio posita non fuerit, rex noster cum exercitu huc veniens, omnem hanc regionem gladio incend oque vastabit ; quia manifestum est hanc interfecisse gladio episcopum, quæ maleficiis Francum jussit interfici. (Ibid.)

[2] Et his dictis discesserunt, nullum rationabile responsum accipien-

586. retour auprès du roi Gonthramn, que Melantius fut rétabli, grâce à la protection de la reine et à l'ascendant qu'elle venait de reprendre par l'intrigue et par la terreur. Cet homme, digne créature de Fredegonde, alla chaque jour, pendant plus de quinze ans, s'asseoir et prier à la même place où le sang de Prætextatus avait coulé [1].

Fière de tant de succès, la reine couronna son œuvre par un dernier trait d'insolence, signe du plus incroyable mépris pour tout ce qui avait osé s'attaquer à elle. Elle fit saisir publiquement et amener en sa présence le serf de la glèbe qu'elle-même avait payé pour commettre le crime, et que jusque-là elle avait aidé à se soustraire à toutes les recherches. « C'est donc toi, « lui dit-elle, feignant la plus vive indignation, « toi qui as poignardé Prætextatus, l'évêque de « Rouen, et qui es cause des calomnies répandues « contre moi? » Puis elle le fit battre sous ses yeux, et le livra aux parents de l'évêque, sans plus s'inquiéter de ce qui s'ensuivrait que si cet homme n'eût rien connu du complot dont il avait

---

tes, obtestantes omnino ut nunquam in ecclesia illa Melantius, qui prius in loco Prætextati subrogatus fuerat, sacerdotis fungeretur officio. (Greg. Turon. Hist. Franc., lib. viii, apud script. rer. gallic. et francic., t. II, p. 328.)

[1] Fredegundis vero Melantium, quem prius episcopum posuerat, ecclesiæ instituit. (Ibid., p. 331.)

été l'instrument[1]. Le neveu de Prætextatus, l'un de ces Gaulois à l'humeur violente qui, prenant exemple des mœurs germaniques, ne respiraient que vengeance privée et marchaient toujours armés comme les Franks, s'empara de ce malheureux et le fit appliquer à la torture dans sa propre maison. L'assassin ne fit pas attendre ses réponses et ses aveux : « J'ai fait le coup, dit-il, « et pour le faire, j'ai reçu cent sous d'or de « la reine Fredegonde, cinquante de l'évêque « Melantius, et cinquante de l'archidiacre de la « ville ; on m'a promis, en outre, la liberté pour « moi et pour ma femme[2]. »

Quelque positives que fussent ces informations, il était clair désormais qu'elles ne pouvaient amener aucun résultat. Tous les pouvoirs sociaux de l'époque avaient tenté vainement d'exercer leur action dans cette épouvantable affaire ; l'aristocratie, le sacerdoce, la royauté

---

[1] Illa quoque quo facilius detergeretur a crimine, adprehensum puerum cædi jussit vehementer, dicens : « Tu hoc blasphemium super « me intulisti, ut Prætextatum episcopum gladio adpeteres. » Et tradidit eum nepoti ipsius sacerdotis. (Greg. Turon. Hist. Franc., lib. vIII, apud script. rer. gallic. et francic., t. II, p. 331.) — Grégoire de Tours me semble s'être mépris sur les motifs de cette étrange action.

[2] Qui cùm eum in supplicio posuisset, omnem rem evidenter aperuit, dixitque : « A regina enim Fredegunde centum solidos accepi, ut « hoc facerem ; a Melantio vero episcopo quinquaginta ; et ab archidia- « cono civitatis alios quinquaginta ; insuper et promissum habui ut inge- « nuus fierem, sicut et uxor mea. » (Ibid.)

580. elle-même, étaient demeurés impuissants pour atteindre les vrais coupables. Persuadé qu'il n'y aurait pas pour lui de justice hors de la portée de son bras, le neveu de Prætextatus termina tout par un acte digne d'un sauvage, mais dans lequel la part du désespoir était peut-être aussi grande que celle de la férocité; il tira son épée, et coupa en morceaux l'esclave qu'on lui avait jeté comme une proie[1]. Ainsi qu'il arrivait presque toujours dans ce temps de désordre, un meurtre brutalement commis fut l'unique réparation du meurtre. Le peuple seul ne manqua pas à la cause de son évêque assassiné; il le décora du titre de martyr, et, pendant que l'église officielle intronisait l'un des assassins et que les évêques l'appelaient frère[2], les citoyens de Rouen invoquaient dans leurs prières le nom de la victime, et s'agenouillaient sur son tombeau. C'est avec cette auréole de vénération populaire, que le souvenir de saint Prétextat, objet de pieux hommages pour les fidèles qui ne savaient guère de lui que son nom, a traversé les siècles. Si les détails d'une vie tout humaine par ses malheurs

---

[1] In hac voce illius, evaginato homo ille gladio prædictum reum in frusta concidit (Greg. Turon. Hist. Franc., lib. viii, apud script. rer. gallic. et francic., t. II, p. 331.)

[2] V. Gregorii Magni papæ I Epist. xxix, apud script. rer. gallic. et francic., t. IV, p. 29.

et par ses faiblesses peuvent diminuer la gloire du saint, ils attireront du moins sur l'homme un sentiment de sympathie; car n'y a-t-il pas quelque chose de touchant dans le caractère de ce vieillard, qui mourut pour avoir trop aimé celui qu'il avait tenu sur les fonts de baptême, réalisant ainsi l'idéal de la paternité spirituelle instituée par le christianisme?

586.

CINQUIÈME RÉCIT.

Histoire de Leudaste, comte de Tours. — Le poëte Venantius Fortunatus. — Le monastère de Radegonde, à Poitiers.

(579-581.)

L'île de Rhé, à trois lieues de la côte de Saintonge, formait, sous le règne de Chlother I, l'un des domaines du fisc royal. Ses vignes, maigre produit d'un sol incessamment battu par les vents de mer, étaient alors sous la surveillance d'un Gaulois nommé Leocadius. Cet homme eut un fils qu'il appela Leudaste, nom tudesque qui probablement était celui de quelque riche seigneur frank, célèbre dans la contrée, et que le vigneron gaulois choisit de préférence à tout autre, soit pour obtenir au nouveau-né un patronage utile, soit pour placer en quelque sorte sur sa tête l'augure d'une haute fortune, et s'entretenir ainsi lui-même dans les illusions et les espérances de l'ambition paternelle [1]. Né serf de la maison royale, le fils de Leocadius fut compris, au sortir de l'enfance, dans une réquisition de jeunes gens, faite pour le service des cuisines par l'intendant en chef des domaines du roi Haribert [2]. Dans une foule d'occasions, cette sorte de presse était exercée par l'ordre des rois franks sur les familles qui peuplaient leurs vastes domaines; et des personnes de tout âge, de toute profession, et même d'une naissance distinguée, se voyaient contraintes de la subir [3].

Transporté ainsi loin de la petite île où il était né, le jeune Leudaste se signala d'abord entre tous ses compagnons de servitude par son défaut de zèle pour le travail et son esprit d'indiscipline. Il avait les yeux malades, et l'âcreté de la fumée l'incommodait beaucoup, circonstance dont il se

---

[1] Cracina Pictavensis insula vocitatur, in qua a fiscalis vinitoris servo, Leocadio nomine, nascitur. (Greg. Turon. Hist. Franc., lib. v, apud script. rer. gallic. et francic., t. II, p. 261.) — V. Adriani Valesii Notit. Galliar., p. 463.

[2] Exinde ad servitium arcessitus, culinæ regiæ deputatur. (Greg. Turon., loc. supr. cit.)

[3] Ipse vero (Chilpericus) jam regressus Parisius, familias multas de domibus fiscalibus auferri præcipit et in plaustris componi... multi vero meliores natu, qui vi compellebantur abire, testamenta condiderunt. (Greg. Turon., lib, vi, p. 289.)

prévalait, avec plus ou moins de raison, dans ses négligences ou ses refus d'obéir. Après des tentatives inutiles pour le dresser au service qu'on exigeait de lui, force fut ou de le laisser aller ou de lui donner un autre emploi. On prit ce dernier parti, et le fils du vigneron passa des cuisines à la boulangerie, où, comme s'exprime son biographe original, du pilon au pétrin[1]. Privé des prétextes qu'il pouvait alléguer contre son ancien travail, Leudaste s'étudia dès-lors à dissimuler, et parut se plaire extrêmement à ses nouvelles fonctions. Il les remplit durant quelque temps avec une ardeur grâce à laquelle il réussit à endormir la vigilance de ses chefs et de ses gardiens; puis, saisissant la première occasion favorable, il prit la fuite[2]. On courut après lui, on le ramena, et il s'enfuit de nouveau jusqu'à trois fois. Les peines disciplinaires du fouet et du cachot, auxquelles il fut soumis successivement comme serf fugitif, étant jugées insuffisantes contre une telle opiniâtreté, on lui infligea la

---

[1] Sed quia lippis erat in adolescentia oculis, quibus fumi acerbitas non congruebat, amotus a pistillo promovetur ad cophinum. (Greg. Turon. Hist. Franc., lib. v, apud script. rer. gallic. et francic., t. II, p. 261.)

[2] Sed dum inter fermentatas massas se delectari consimulat, servitium fugam iniens dereliquit. (Ibid.)

dernière et la plus efficace de toutes, celle de la marque par incision pratiquée sur l'une des oreilles[1].

Quoique cette mutilation lui rendît désormais la fuite plus difficile et moins sûre, il s'échappa encore, au risque de ne savoir où trouver un refuge. Après avoir erré de différents côtés, toujours tremblant d'être découvert, parce qu'il portait visible à tous les yeux le signe de sa condition servile, fatigué de cette vie d'alarmes et de misères, il prit une résolution pleine de hardiesse[2]. C'était le temps où le roi Haribert venait d'épouser Markowefe, servante du palais, fille d'un cardeur de laine. Peut-être Leudaste avait-il eu quelques relations avec la famille de cette femme; peut-être se fia-t-il simplement à la bonté de son cœur et à sa sympathie pour un ancien compagnon d'esclavage. Quoi qu'il en soit, au lieu de marcher en avant pour s'éloigner le plus possible de la résidence royale, il revint sur ses pas, et, caché dans quelque forêt voisine, il épia le moment où il pourrait se présenter devant la nouvelle reine, sans crainte d'être vu et arrêté

---

[1] Cùmque bis aut tertio reductus a fugæ lapsu teneri non posset, auris unius incisione multatur. (Greg. Turon. Hist. Franc., lib. v, apud script. rer. gallic. et francic., t. II, p. 261.)

[2] Dehinc cùm notam inflictam corpori occulere nulla auctoritate valeret... (Ibid.)

par quelqu'un des serviteurs de la maison[1]. Il réussit, et Markowefe, vivement intéressée par ses supplications, le prit sous son patronage. Elle lui confia la garde de ses meilleurs chevaux, et lui donna parmi ses domestiques le titre de *mariskalk*, comme on disait en langue tudesque[2].

Leudaste, encouragé par ce succès et cette faveur inattendue, cessa bientôt de borner ses désirs à sa position présente, et, aspirant plus haut, il ambitionna la suprême intendance des haras de sa patronne et le titre de comte de l'écurie, dignité que les rois barbares avaient empruntée à la cour impériale[3]. Il y parvint en peu de temps, servi par son heureuse étoile, car il avait plus d'audace et de forfanterie que de finesse d'esprit et de véritable habileté. Dans ce poste, qui le plaçait au niveau non-seulement des hommes libres, mais des nobles de race franke, il oublia complétement son origine et ses

---

[1] Ad Marcovefam reginam, quam Charibertus rex nimium diligens, in loco sororis thoro adsciverat, fugit. (Greg. Turon. Hist. Franc., lib. v. apud script. rer. gallic. et francic., t II, p. 261.)

[2] Quæ libenter eum colligens, provocat, equorumque meliorum deputat esse custodem. (Ibid.) — Si mariscalcus, qui super xii caballos est, occiditur... (Lex. Alemannor., tit. LXXIX, § IV.) — Lex salica, tit. II, § VI.

[3] Hinc jam obsessus, vanitati, ac superbiæ deditus, comitatum ambit stabulorum. (Greg. Turon. Hist. Franc., lib. v, apud script. rer. gallic. et francic., t. II, p. 261.) — V. Ducange, Glossar. ad Script. med. et infim. latinit. voce *Comes*.

anciens jours de servitude et de détresse. Il devint dur et méprisant pour tous ceux qui étaient au-dessous de lui, arrogant avec ses égaux, avide d'argent et de toutes les choses de luxe, ambitieux sans frein et sans mesure[1]. Élevé par l'affection de la reine à une sorte de favoritisme, il s'entremettait dans toutes ses affaires et en tirait d'immenses profits, abusant sans aucune retenue de sa facilité et de sa confiance[2]. Lorsqu'elle mourut au bout de quelques années, il était déjà assez riche de ses rapines pour pouvoir briguer, à force de présents, auprès du roi Haribert, l'emploi qu'il avait exercé dans la maison de la reine. Il l'emporta sur tous ses compétiteurs, devint comte des écuries royales; et, loin d'être ruiné par la mort de sa protectrice, il y trouva le commencement d'une nouvelle carrière d'honneurs. Après avoir joui un an ou deux du haut rang qu'il occupait dans la domesticité du palais, l'heureux fils du serf de l'île de Rhé fut promu à une dignité politique, et fait comte de Tours, l'une des villes les plus considérables du royaume de Haribert[3].

---

[1] Quo accepto, cunctos despicit ac postponit : inflatur vanitate, luxuria dissolvitur. (Greg. Turon. Hist. Franc , lib. v, apud script. rer. gallic. et francic., t. II, p. 261.)

[2] Cupiditate succenditur, et in causis patronæ alumnus proprius huc illucque defertur. (Ibid.)

[3] Cujus post obitum refertus prædis, locum ipsum cum rege Chari-

L'office de comte, tel qu'il existait dans la Gaule depuis la conquête des Franks, répondait, selon leurs idées politiques, à celui du magistrat qu'ils appelaient *graf* dans leur langue, et qui, dans chaque canton de la Germanie, rendait la justice criminelle, assisté des chefs de famille ou des hommes notables du canton. Les relations naturellement hostiles des conquérants avec la population des villes conquises avaient fait joindre à ces fonctions de juge des attributions militaires, et un pouvoir dictatorial dont abusaient presque toujours, soit par violence de caractère, soit par calcul personnel, les hommes qui l'exerçaient au nom des rois franks. C'était comme une sorte de proconsulat barbare, superposé, dans chaque ville importante, aux anciennes institutions municipales, sans qu'on eût pris aucun soin de le régler de manière à ce qu'il pût s'accorder avec elles. Malgré leur isolement, ces institutions suffisaient encore au maintien du bon ordre et de la paix intérieure; et les habitants des cités gauloises éprouvaient plus de terreur que de joie quand une lettre royale venait leur notifier la venue d'un comte envoyé pour les régir selon leurs coutumes, et faire à

berto oblatis muneribus tenere cœpit. Post hæc, peccatis populi ingruentibus, comes Turonis destinatur. (Greg. Turon. Hist. Franc., lib. v, apud script. rer. gallic. et francic., t. II, p. 261.)

chacun bonne justice. Telle fut sans doute l'impression produite à Tours par l'arrivée de Leudaste ; et la répugnance des citoyens contre leur nouveau juge ne pouvait qu'augmenter de jour en jour. Il était sans lettres, sans aucune connaissance des lois qu'il avait mission d'appliquer, et même sans cet esprit de droiture et d'équité naturelle qui se rencontrait du moins, sous une écorce grossière, chez les *grafs* des cantons d'outre Rhin.

Formé d'abord aux mœurs de l'esclavage et ensuite aux habitudes turbulentes des vassaux de la maison royale, il n'avait rien de cette vieille civilisation romaine avec laquelle il allait se trouver en contact, si ce n'est l'amour du luxe, de la pompe et des jouissances matérielles. Il se comporta dans son nouvel emploi comme s'il ne l'avait reçu que pour lui-même et pour la satisfaction de ses instincts désordonnés. Au lieu de faire régner l'ordre dans la ville de Tours, il y sema le trouble par ses emportements et ses débauches ; son mariage avec la fille d'un des riches habitants du pays ne le rendit ni plus modéré ni plus retenu dans sa conduite. Il se montrait violent et hautain envers les hommes, d'un libertinage qui ne respectait aucune femme, d'une rapacité qui passait de bien loin ce qu'on avait vu de lui jusque-là[1]. Il mettait en œuvre tout ce qu'il avait de ruse dans l'esprit pour susciter aux personnes opulentes des procès injustes dont il devenait l'arbitre, ou leur intenter de fausses accusations et se faire un profit des amendes qu'il partageait avec le fisc. A force d'exactions et de pillage, il accrut rapidement ses richesses, et accumula dans sa maison beaucoup d'or et d'objets précieux[2]. Son bonheur et son impunité durèrent jusqu'à la mort du roi Haribert, qui eut lieu en 567. Sighebert, dans le partage duquel fut alors comprise la ville de Tours, n'avait point pour le ci-devant esclave la même affection que son frère aîné. Loin de là, sa malveillance était telle que Leudaste, pour s'y soustraire, quitta la ville en grande hâte, abandonnant ses propriétés et la plus grande partie de ses trésors, qui furent saisis ou pillés par les gens du roi d'Austrasie. Il chercha un asile dans le royaume de Hilperik, et jura fidélité à ce roi qui le reçut au nombre de ses leudes[3]. Durant

---

[1] Ubique se amplius honoris gloriosi supercilio jactat; ibi se exhibet rapacem prædis, turgidum rixis, adulteriis lutulentum. (Greg. Turon. Hist. Franc., lib. v, apud script. rer. gallic. et francic., t. II, p. 261.)

[2] Ubi seminando discordias, et inferendo calumnias, non modicos thesauros adgregavit. (Ibid.)

[3] Post obitum vero Chariberti, cùm in Sigiberti sortem civitas illa

ses années de mauvaise fortune, l'ex-comte de Tours vécut en Neustrie de l'hospitalité du palais, suivant la cour de domaine en domaine, et prenant place à l'immense table où s'asseyaient, par rang d'âge ou de dignité, les vassaux et les convives du roi.

Cinq ans après cette fuite du comte Leudaste, Georgius Florentius, qui prit le nom de Grégoire à son avénement, fut nommé évêque de Tours par le roi Sighebert sur la demande des citoyens dont il avait gagné l'affection et l'estime dans un voyage de dévotion qu'il avait fait, de l'Auvergne sa patrie, au tombeau de saint Martin. Cet homme, dont les récits précédents ont déjà fait connaître le caractère, était, par sa ferveur religieuse, son goût pour les lettres sacrées et la gravité de ses mœurs, l'un des types les plus complets de la haute aristocratie chrétienne des Gaules, parmi laquelle avaient brillé ses ancêtres. Dès son installation dans le siége métropolitain de Tours, Grégoire, en vertu des prérogatives politiques attachées alors à la dignité épiscopale, et à cause de la considération personnelle qui l'entourait, se vit investi d'une

---

venisset, transeunte eo ad Chilpericum, omnia quæ inique adgregaverat, a fidelibus nominati regis direpta sunt. (Greg. Turon. Hist. Franc., lib. v, apud script. rer. gallic. et francic., t. II, p. 261.)

suprême influence sur les affaires de la ville et sur les délibérations du sénat qui la gouvernait. L'éclat de cette haute position devait être largement compensé par des fatigues, des soucis et des périls sans nombre; Grégoire ne tarda pas à en faire l'expérience. Dans la première année de son épiscopat, la ville de Tours fut envahie par les troupes du roi Hilperik, et reprise coup sur coup par celles de Sighebert. L'année suivante, Theodebert, fils aîné de Hilperik, fit sur les bords de la Loire une campagne de dévastation, qui, frappant de terreur les citoyens de Tours, les contraignit pour la seconde fois à se soumettre au roi de Neustrie[1]. Il paraît que Leudaste, pour essayer de refaire sa fortune, s'était engagé dans cette expédition, soit comme chef de bande, soit parmi les vassaux d'élite qui entouraient le jeune fils du roi.

A son entrée dans la ville qu'il venait de réduire sous l'obéissance de son père, Theodebert présenta le ci-devant comte à l'évêque et au sénat municipal, en disant qu'il serait bien que la cité de Tours rentrât sous le gouvernement de

---

[1] Pervadente igitur Chilperico rege per Theodobertum filium urbem Turonicam, cùm jam ego Turonis advenissem. (Greg. Turon. Hist. Franc., lib. v, apud script. rer. gallic. et francic., t. II, p. 261.) — Voyez plus haut, IIe Récit, p. 22.

celui qui l'avait régie avec sagesse et fermeté au temps de l'ancien partage[1]. Indépendamment des souvenirs que Leudaste avait laissés à Tours, et qui étaient bien faits pour révolter l'âme honnête et pieuse de Grégoire, ce descendant des plus illustres familles sénatoriales du Berry et de l'Auvergne ne pouvait voir, sans répugnance, s'élever à un poste aussi rapproché du sien, un homme de néant, qui portait sur son corps la marque ineffaçable de son extraction servile. Mais les recommandations du jeune chef de l'armée neustrienne, de quelque déférence qu'elles parussent entourées, étaient des ordres; il fallait, dans l'intérêt présent de la ville menacée de pillage et d'incendie, répondre de bonne grâce aux fantaisies du vainqueur, et c'est ce que fit l'évêque de Tours avec cette prudence dont toute sa vie offre le continuel exemple. Le vœu des principaux citoyens sembla ainsi d'accord avec les projets de Theodebert pour le rétablissement de Leudaste dans ses fonctions et ses honneurs. Ce rétablissement ne se fit pas attendre, et, peu de jours après, le fils de Leocadius reçut du palais de Neustrie sa lettre d'institution, diplôme dont la teneur, telle que nous la montrent les

---

[1] Mihi a Theodoberto strenue commendatur, ut scilicet comitatu quem prius habuerat, potiretur. (Greg. Turon. Hist. Franc., lib. v, apud script rer. gallic. et francic., t. II, p. 261.)

574. formules officielles de l'époque, jurait d'une manière assez étrange avec son caractère et sa conduite :

« S'il est des occasions où la clémence royale
« fasse éclater plus particulièrement sa perfec-
« tion, c'est surtout dans le choix qu'elle sait
« faire, entre tout le peuple, de personnes
« probes et vigilantes. Il ne conviendrait pas en
« effet que la dignité de juge fût confiée à quel-
« qu'un dont l'intégrité et la fermeté n'auraient
« pas été éprouvées d'avance. Or, nous trouvant
« bien informés de ta fidélité et de ton mérite,
« nous t'avons commis l'office de comte dans le
« canton de Tours, pour le posséder et en exer-
« cer toutes les prérogatives[1]; de telle sorte que
« tu gardes envers notre gouvernement une foi
« entière et inviolable; que les hommes habi-
« tant dans les limites de ta juridiction, soit
« Franks, soit Romains, soit de toute autre na-
« tion quelconque, vivent dans la paix et le bon
« ordre sous ton autorité et ton pouvoir; que
« tu les diriges dans le droit chemin selon leur
« loi et leur coutume; que tu te montres le dé-
« fenseur spécial des veuves et des orphelins;

---

[1] Ergo dum et fidem et utilitatem tuam videmur habere compertam, ideo tibi actionem comitatus in pago illo... tibi ad agendum regendumque commisimus. (Charta de ducatu vel comitatu; Marculfi Formul., lib. 1, apud script. rer. gallic. et francic., t. IV, p. 472.)

« que les crimes des larrons et des autres malfai- 574.
« teurs soient sévèrement réprimés par toi ; enfin,
« que le peuple, trouvant la vie bonne sous ton
« gouvernement, s'en réjouisse et se tienne en
« repos, et que ce qui revient au fisc des pro-
« duits de ta charge soit, chaque année, par tes
« soins, exactement versé dans notre trésor [1]. »

Le nouveau comte de Tours, qui ne sentait pas encore le terrain bien sûr sous ses pieds, et qui craignait que la fortune des armes ne fît rentrer la ville sous le pouvoir du roi d'Austrasie, s'étudia à vivre en parfaite intelligence avec les sénateurs municipaux et surtout avec l'évêque, dont la puissante protection pouvait lui devenir nécessaire [2]. En présence de Grégoire, il se montrait modeste et même humble de manières et de propos, observant la distance qui le séparait d'un homme de si haute noblesse, et caressant avec soin la vanité aristocratique dont un léger levain se mêlait aux qualités solides de cet esprit

---

[1] Viduis et pupillis maximus defensor appareas; latronum et malefactorum scelera a te severissime reprimantur; ut populi bene viventes sub tuo regimine gaudentes debeant consistere quieti : et quidquid de ipsa actione in fisci ditionibus speratur, per vosmetipsos annis singulis nostris ærariis inferatur. (Marculfi Formul., lib. 1, apud script. rer. gallic. et francic., t. IV, p. 472.)

[2] Timebat enim, quod postea evenit, ne urbem illam iterum rex Sigibertus in suum dominium revocaret. (Greg. Turon. Hist. Franc., lib. v, apud script. rer. gallic. et francic., t. II, p. 261.)

574. ferme et sérieux. Il assurait à l'évêque que son plus grand désir était de lui complaire et de suivre en tout ses avis. Il promettait de se garder de tout excès de pouvoir et de prendre pour règles de conduite la justice et la raison. Enfin, pour rendre ses promesses et ses protestations plus dignes de foi, il les accompagnait de nombreux serments par le tombeau de saint Martin. Souvent il jurait à Grégoire, comme un client à son patron, de lui demeurer fidèle en toute circonstance, de ne jamais lui manquer en rien, soit dans les affaires qui l'intéresseraient personnellement, soit dans celles où il s'agirait des intérêts de l'église [1].

Les choses en étaient là, et la ville de Tours jouissait d'un calme que personne n'eût espéré d'abord, lorsque l'armée de Theodebert fut détruite près d'Angoulême, et que Hilperik, croyant sa cause désespérée, se réfugia dans les murs de Tournai, événements racontés en détail dans un des précédents récits [2]. Les citoyens de Tours, qui n'obéissaient que par force au roi de Neustrie, reconnurent l'autorité de Sighebert, et Leu-

---

[1] Multum se nobis humilem subditumque reddebat, jurans sæpius super sepulcrum sancti Antistitis, nunquam se contra rationis ordinem esse venturum, seque mihi, tam in causis propriis, quam in ecclesiæ necessitatibus, in omnibus esse fidelem. (Greg. Turon. Hist. Franc., lib. v, apud script. rer. gallic. et francic., t. II, p. 261.)

[2] Voyez plus haut deuxième Récit, p. 43 et suiv.

daste prit de nouveau la fuite, comme il avait 574. fait sept ans auparavant; mais, grâce peut-être à l'intervention de l'évêque Grégoire, ses biens furent respectés cette fois, et il sortit de la ville sans essuyer aucun dommage. Il se retira en Basse-Bretagne, pays qui jouissait alors d'une complète indépendance à l'égard des royaumes franks, et qui souvent servait d'asile aux proscrits et aux mécontents de ces royaumes [1].

Le meurtre qui, en l'année 575, mit fin d'une 575. manière si subite à la vie de Sighebert, amena une double restauration, celle de Hilperik comme roi de Neustrie, et celle de Leudaste comme comte de Tours. Il revint après un an d'exil, et se réinstalla de lui-même dans son office [2]. Désormais sûr de l'avenir, il ne prit plus la peine de se contraindre; il jeta le masque, et se remit à suivre les errements de sa première administration. S'abandonnant à la fois à toutes les mauvaises passions qui peuvent tenter un homme en pouvoir, il donna le spectacle des fraudes les plus insignes et des plus révoltantes brutalités. Lorsqu'il tenait ses audiences publiques, ayant pour

---

[1] Sed dum Sigibertus duos annos Turonis tenuit, hic in Britanniis latuit. (Greg. Turon. Hist. Franc., lib. v, apud script. rer. gallic. et francic., t. II, p. 261.)

[2] Quo defuncto, succedente iterum Chilperico in regnum, iste in comitatum accedit. (Ibid.)

575. assesseurs les principaux de la ville, seigneurs d'origine franke, Romains de naissance sénatoriale et dignitaires de l'église métropolitaine, si quelque plaideur qu'il voulait ruiner, ou quelque accusé qu'il voulait perdre, se présentait devant lui avec assurance, soutenant son droit et demandant justice, le comte lui coupait la parole et s'agitait comme un furieux sur son banc de juge [1]. Si, alors, la foule qui faisait cercle autour du tribunal venait à témoigner, par ses gestes ou ses murmures, de la sympathie pour l'opprimé, c'était contre elle que se tournait la colère de Leudaste, et il apostrophait les citoyens d'injures et de paroles grossières [2]. Impartial dans ses violences comme il aurait dû l'être dans sa justice, il ne tenait compte ni des droits, ni du rang, ni de l'état de personne; il faisait amener devant lui des prêtres avec les menottes aux mains, et frapper de coups de bâton des guerriers d'origine franke. On eût dit que cet esclave parvenu trouvait du plaisir à confondre toutes les distinctions, à braver toutes les convenances de l'ordre social de son époque, en dehors duquel le ha-

---

[1] Jam si in judicio cum senioribus, vel laicis, vel clericis resedisset, et vidisset hominem justitiam prosequentem, protinus agebatur in furias. (Greg. Turon. Hist. Franc., lib. v, apud script. rer. gallic. et francic., t. II, p. 261.)

[2] Ructabat convicia in cives. (Ibid.)

sard de la naissance l'avait placé d'abord, et où 575.
d'autres hasards l'avaient ensuite élevé si haut[1].

Quelles que fussent les manies despotiques du comte Leudaste, et sa volonté de tout niveler devant son intérêt et son caprice, il y avait dans la ville une puissance rivale de la sienne, et un homme contre lequel il lui était interdit de tout oser, sous peine de se perdre lui-même. Il le sentait, et ce fut l'astuce et non la violence ouverte qu'il mit en œuvre pour contraindre l'évêque à plier, ou du moins à se taire, devant lui. La réputation de Grégoire, répandue dans toute la Gaule, était grande à la cour du roi de Neustrie; mais son affection bien connue pour la famille de Sighebert alarmait quelquefois Hilperik, toujours inquiet sur la possession de la ville de Tours, sa conquête et la clef du pays qu'il voulait conquérir au sud de la Loire. Ce fut sur ces dispositions ombrageuses du roi que Leudaste fonda ses espérances d'anéantir le crédit de l'évêque, en le rendant de plus en plus suspect, et en se faisant regarder lui-même comme l'homme nécessaire à la conservation de la ville, comme une sentinelle avancée toujours sur le qui-vive, et en butte, à cause de sa vigilance, à des préventions

---

[1] Presbyteros manicis jubebat extrahi, milites fustibus verberari; tantaque utebatur crudelitate, ut vix referri possit. (Greg. Turon. Hist. Franc., lib. v, apud script. rer. gallic. et francic., t. II, p. 261.)

575. haineuses, et à des inimitiés sourdes ou déclarées. C'était pour lui le plus sûr moyen de s'assurer une impunité absolue, et de trouver des occasions de molester à plaisir, sans paraître sortir de son droit, l'évêque, son plus redoutable antagoniste.

Dans cette guerre d'intrigues et de petites machinations, il avait parfois recours aux expédients les plus fantasques. Quand une affaire exigeait sa présence à la maison épiscopale, il s'y rendait armé de toutes pièces, le casque en tête, la cuirasse au dos, le carquois en bandoulière, et une longue pique à la main, soit pour se donner des airs terribles, soit pour faire croire qu'il y avait péril d'embûches et de guet-apens dans cette
576. maison de paix et de prière[1]. En l'année 576, lorsque Merowig, passant par Tours, lui enleva tout ce qu'il possédait en argent et en meubles précieux, il prétendit que le jeune prince ne s'était livré à ce pillage que d'après le conseil et à l'instigation de Grégoire[2]. Puis, tout à coup,

---

[1] In tali levitate elatus est, ut in domo ecclesiæ cum thoracibus atque loricis, præcinctus pharetra, et contum manu gerens, capite galeato ingrederetur. (Greg. Turon. Hist. Franc., lib. v, apud script. rer. gallic. et francic., t. II, p. 261.)

[2] Discedente autem Merovecho, qui res ejus diripuerat, nobis calumniator exsistit, adserens fallaciter Merovechum nostro usum consilio, ut res ejus auferret. (Ibid.) — Voyez plus haut, troisième Récit, p. 74.

par inconséquence de caractère ou à cause du mauvais succès de cette imputation sans preuves, il essaya de se réconcilier avec l'évêque, et lui jura, par le serment le plus sacré, en tenant à poignée le tapis de soie qui couvrait le tombeau de saint Martin, que, de sa vie, il ne ferait plus aucun acte d'inimitié contre lui[1]. Mais l'envie démesurée qu'avait Leudaste de réparer le plus promptement possible les pertes énormes qu'il venait de faire, l'excitait à multiplier ses exactions et ses rapines. Parmi les citoyens riches auxquels il s'attaquait de préférence, plusieurs étaient amis intimes de Grégoire, et ceux-là ne furent pas plus ménagés que les autres. Ainsi, malgré ses dernières promesses et ses résolutions de prudence, le comte de Tours se trouva de nouveau en hostilité indirecte avec son rival de pouvoir. Bientôt entraîné de plus en plus par le désir d'accumuler des richesses, il se mit à envahir le bien des églises, et le différend devint personnel entre les deux adversaires[2]. Grégoire, avec une longanimité qui tenait à la fois de la

---

[1] Sed post inlata damna, iterat iterum sacramenta, pallamque sepulcri beati Martini fidejussorem donat, se nobis nunquam adversaturum. (Greg. Turon. Hist. Franc., lib. v, apud script. rer. gallic. et francic., t. II, p. 262.)

[2] Igitur post multa mala quæ in me meosque intulit, post multas direptiones rerum ecclesiasticarum..... (Ibid.)

patience sacerdotale et de la politique circonspecte des hommes de l'aristocratie, n'opposa d'abord, dans cette lutte, qu'une résistance morale à des actes de violence matérielle. Il reçut les coups sans en porter lui-même, jusqu'au moment précis où il lui sembla que l'occasion d'agir était venue, et, alors, après deux ans d'une attente calme et qu'on aurait crue résignée, il prit énergiquement l'offensive.

Vers la fin de l'année 579, une députation envoyée secrètement au roi Hilperik lui dénonça, sur des preuves irrécusables, les prévarications du comte Leudaste et les maux sans nombre qu'il faisait souffrir aux églises et à tout le peuple de Tours[1]. On ne sait dans quelles circonstances cette députation se rendit au palais de Neustrie, ni quelles causes diverses contribuèrent à la réussite de ses démarches; mais elles eurent un plein succès, et, malgré la faveur dont Leudaste jouissait depuis si longtemps auprès du roi, malgré les nombreux amis qu'il comptait parmi les vassaux et les affidés du palais, sa destitution fut résolue. En congédiant les envoyés, Hilperik fit partir avec eux Ansowald, son conseiller le plus

---

[1] Audiens autem Chilpericus omnia mala quæ faciebat Leudastes ecclesiis Turonicis et omni populo.... (Greg. Turon. Hist. Franc., lib. v, apud script. rer. gallic. et francic., t. II, p. 260.) — Adriani Valesii Rer. francic., lib. x, p. 118.

intime, pour prendre les mesures et opérer le changement de personne que sollicitait leur requête. Ansowald arriva à Tours au mois de novembre, et, non content de déclarer Leudaste déchu de son office, il remit au choix de l'évêque et de tout le corps des citoyens la nomination d'un nouveau comte. Les suffrages se réunirent sur un homme de race gauloise, appelé Eunomius, qui fut installé dans sa charge au milieu des acclamations et des espérances populaires[1].

Frappé de ce coup inattendu, Leudaste qui, dans sa présomption imperturbable, n'avait jamais songé un seul instant à la possibilité d'un tel revers, s'irrita jusqu'à la fureur, et s'en prit à ses amis du palais qui, selon lui, auraient dû le soutenir. Il accusait surtout avec amertume la reine Fredegonde, au service de laquelle il s'était dévoué pour le mal comme pour le bien, et qui, toute puissante à ce qu'il croyait pour le sauver de ce péril, le payait d'ingratitude en lui retirant son patronage[2]. Ces griefs, qu'ils fussent fondés ou non, s'emparèrent si fortement de l'esprit du comte destitué, qu'il voua dès-lors à son ancienne

---

[1] Ansovaldum illuc dirigit : qui veniens ad festivitatem sancti Martini, data nobis et populo optione, Eunomius in comitatum erigitur. (Greg. Turon. Hist. Franc., lib. v, apud script. rer. gallic. et francic., t II, p. 261.)

[2] Voyez plus haut, troisième Récit, p. 110.

patronne une haine égale à celle qu'il portait au provocateur de sa destitution, l'évêque de Tours. Il ne les sépara plus l'un de l'autre dans ses désirs de vengeance, et, la tête échauffée par le dépit, il se mit à former les projets les plus aventureux, à combiner des plans de nouvelle fortune et d'élévation à venir dans lesquels il faisait entrer, comme l'un de ses vœux les plus ardents, la ruine de l'évêque, et, chose plus étonnante, la ruine même de Fredegonde, sa répudiation par son mari et sa déchéance de l'état de reine.

Il y avait alors à Tours un prêtre appelé Rikulf, peut-être Gaulois d'origine malgré son nom germanique, comme Leudaste dont il tenait d'ailleurs beaucoup pour le caractère[1]. Né dans la ville, de parents pauvres, il s'était avancé dans les ordres sous le patronage de l'évêque Euphronius, prédécesseur de Grégoire. Sa suffisance et son ambition étaient démesurées; il se croyait hors de sa vraie place tant qu'il n'aurait pas obtenu la dignité épiscopale[2]. Pour y parvenir plus sûrement quelque jour, il s'était mis depuis

---

[1] Adjuncto sibi Riculfo presbytero, simili malitia perverso. (Greg. Turon. Hist. Franc., lib. v, apud script. rer. gallic. et francic., t. II, p. 262.)

[2] Nam hic sub Eufronio episcopo de pauperibus provocatus, archidiaconus ordinatus est. Exinde ad presbyterium admotus... Semper elatus, inflatus, præsumptuosus. (Ibid., p. 264.)

plusieurs années dans la clientelle de Chlodowig, 579. le dernier fils du roi Hilperik et de la reine Audowere[1]. Quoique répudiée et bannie, cette reine, femme d'origine libre et probablement distinguée, avait conservé dans son malheur de nombreux partisans, qui espéraient pour elle un retour de faveur et croyaient à la fortune de ses fils, déjà hommes faits, plus qu'à celle des jeunes enfants de sa rivale. Fredegonde, malgré l'éclat de ses succès et de sa puissance, n'avait pu réussir entièrement à faire oublier autour d'elle la bassesse de sa première condition, et à inspirer une pleine confiance dans la solidité du bonheur dont elle jouissait. Il y avait des doutes sur la durée de l'espèce de fascination qu'elle exerçait sur l'esprit du roi; beaucoup de gens ne lui rendaient qu'à regret les honneurs de reine; sa propre fille Righonte, l'aînée de ses quatre enfants, rougissait d'elle, et, par un instinct précoce de vanité féminine, ressentait vivement la honte d'avoir pour mère une ancienne servante du palais[2]. Ainsi les tourments d'esprit ne manquaient pas à

[1] Riculfus vero presbyter, qui jam a tempore beati Euphronii episcopi, amicus erat Chlodovechi.... (Greg. Turon. Hist. Franc., lib. v, apud script. rer. gallic. et francic., t. II, p. 264.)

[2] Rigunthis autem filia Chilperici, cùm sæpius matri calumnias inferret, diceretque se esse dominam, genitricemque suam servitio redhiberi, et multis eam et crebro conviciis lacessiret... (Ibid., lib ix, p. 352.)

l'épouse bien-aimée du roi Hilperik, et le plus grand de tous était pour elle, avec cette tache de sa naissance que rien ne pouvait effacer, l'appréhension que lui causait la concurrence, pour la royauté de leur père, entre ses enfants et ceux du premier lit.

Délivrée par une mort violente des deux fils aînés d'Audowere, elle voyait encore le troisième, Chlodowig, tenir en échec la fortune de ses deux fils, Chlodobert et Dagobert, dont le plus âgé n'avait pas quinze ans[1]. Les opinions, les désirs, les espérances ambitieuses se partageaient dans le palais de Neustrie entre l'avenir de l'un et celui des autres; il y avait deux factions opposées qui se ramifiaient au dehors, et se retrouvaient dans toutes les parties du royaume. Toutes les deux comptaient parmi elles des hommes anciennement et solidement dévoués, et des recrues de passage qui s'attachaient ou se détachaient au gré de l'impulsion du moment. C'est ainsi que Rikulf et Leudaste, l'un vieux partisan de la fortune de Chlodowig, l'autre récemment ennemi de ce jeune prince, comme il l'avait été de son frère Merowig, se rencontrèrent tout d'un coup dans une parfaite conformité de sentiments poli-

---

[1] Samson, né à Tournai durant le siége de cette ville, était mort en 577.

tiques. Ils devinrent bientôt amis intimes, se con- 579.
fièrent tous leurs secrets, et mirent en commun
leurs projets et leurs espérances. Durant les derniers mois de l'année 579 et les premiers de 579
l'année suivante, ces deux hommes également à
rompus aux intrigues eurent ensemble de fréquentes conférences auxquelles fut admis en tiers
un sous-diacre, nommé Rikulf ainsi que le prêtre,
le même qu'on a vu figurer comme émissaire du
plus habile intrigant de l'époque, l'Austrasien
Gonthramn-Bose[1].

Le premier point convenu entre les trois associés fut de mettre en œuvre, en les faisant parvenir jusqu'aux oreilles du roi Hilperik, les bruits
généralement répandus sur l'infidélité conjugale
et les désordres de Fredegonde. Ils pensèrent que
plus l'amour du roi était confiant et aveugle en
présence d'indices clairs pour tout le monde,
plus sa colère, au moment où il serait désabusé,
devait être terrible. Fredegonde expulsée du
royaume, ses enfants pris en haine par le roi,
bannis avec elle et déshérités, Chlodowig succédant à la royauté de son père sans contestation
et sans partage, tels étaient les résultats, certains
selon eux, qu'ils se promettaient de leurs informations officieuses. Par un tour d'adresse assez

---

[1] Voyez plus haut, troisième Récit, p. 95.

subtil, pour se décharger de la responsabilité d'une dénonciation formelle contre la reine, et compromettre en même temps leur second ennemi, l'évêque de Tours, ils résolurent de l'accuser d'avoir tenu devant témoins les propos scandaleux qui alors couraient de bouche en bouche, et qu'eux-mêmes n'osaient répéter pour leur propre compte[1].

Dans cette intrigue il y avait double chance pour la déposition de l'évêque, soit immédiatement, par un coup de fureur du roi Hilperik, soit un peu plus tard, lorsque Chlodowig prendrait possession de la royauté; et le prêtre Rikulf se portait d'avance comme son remplaçant sur le siége épiscopal. Leudaste, qui garantissait à son nouvel ami l'infaillibilité de cette promotion, marquait sa place auprès du roi Chlodowig, comme la seconde personne du royaume dont il aurait, avec le titre de duc, la suprême administration. Pour que Rikulf le sous-diacre trouvât de même un poste à sa convenance, il fut décidé que Platon, archidiacre de l'église de Tours et ami intime de l'évêque Grégoire, serait compromis avec lui et enveloppé dans la même ruine[2].

---

[1] Ad hoc erupit ut diceret me crimen in Fredegundem reginam dixisse. (Greg. Turon. Hist. Franc., lib. v, apud script. rer. gallic. et francic., t. II, p. 262.)

[2] Hoc reginæ crimen objectum, ut, ejecta de regno, interfectis fra-

Il paraît qu'après avoir, dans leurs conciliabules, réglé les choses de cette manière, les trois conspirateurs envoyèrent des messages à Chlodowig pour lui annoncer l'entreprise formée dans son intérêt, lui communiquer leurs plans, et faire leurs conditions avec lui. Le jeune prince, léger de caractère et ambitieux sans prudence, promit, en cas de réussite, tout ce qu'on demandait et bien au-delà. Le moment d'agir étant venu, on se distribua les rôles. Celui du prêtre Rikulf fut de préparer les voies à la déposition future de Grégoire en ameutant contre lui, dans la ville, les fauteurs de troubles, et ceux qui, par esprit de patriotisme provincial, ne l'aimaient pas comme étranger, et souhaitaient à sa place un évêque indigène. Rikulf le sous-diacre, naguère l'un des plus humbles commensaux de la maison épiscopale, et qui s'était à dessein brouillé avec son patron, pour être plus libre de voir assidûment Leudaste, revint faire auprès de l'évêque des soumissions et des semblants de repentir; il tâcha, en regagnant sa confiance, de l'entraîner à quelque acte suspect qui pût servir de preuve contre

580.

---

tribus, a patre Chlodovechus regnum acciperet; Leudastes ducatum, Riculfus vero presbyter... episcopatum Turonicum ambiret, huic Riculfo clerico archidiaconatu promisso. (Greg. Turon. Hist. Franc., lib. v, apud script. rer. gallic. et francic., t. II, p. 262.)

586. lui[1]. Enfin l'ex-comte de Tours prit pour lui, sans balancer, la mission vraiment périlleuse, celle de se rendre au palais de Soissons et de parler au roi Hilperik.

Il partit de Tours vers le mois d'avril 580, et dès son arrivée, admis par le roi à un entretien seul à seul, il lui dit d'un ton qu'il tâchait de rendre à la fois grave et persuasif : « Jusqu'à pré-
« sent, très-pieux roi, j'avais gardé ta ville de
« Tours, mais maintenant que me voilà écarté
« de mon office, songe à voir comment on te la
« gardera; car il faut que tu saches que l'évêque
« Grégoire a dessein de la livrer au fils de Sighe-
« bert[2]. » Comme un homme qui se révolte contre une information désagréable et fait l'incrédule pour ne pas paraître effrayé, Hilperik répondit brusquement : « Cela n'est pas vrai. » Puis, épiant dans les traits de Leudaste la moindre apparence de trouble et d'hésitation, il ajouta :

[1] Hic vero Riculfus subdiaconus, simili levitate perfacilis, ante hunc annum consilio cum Leudaste de hac causa habito, causas offensionis requirit, quibus scilicet me offenso, ad Leudastem transiret : nactusque tandem ipsum adivit, ac per menses quatuor dolis omnibus ac muscipulis præparatis, ad me..... revertitur, depræcans ut eum debeam recipere excusatum (Greg. Turon. Hist. Franc., lib. v, apud script. rer. gallic. et francic., t. II, p. 262.)

[2] Usque nunc, o piisime rex, custodivi civitatem Turonicam : nunc autem, me ab actione remoto, vide qualiter custodiatur.... (Ibid., p. 261.)

« C'est parce qu'on t'a destitué que tu viens faire 580.
« de pareils rapports[1]. » Mais l'ex-comte de
Tours, sans rien perdre de son assurance, reprit :
« L'évêque fait bien autre chose, il tient des pro-
« pos injurieux pour toi; il dit que ta reine est
« en liaison d'adultère avec l'évêque Bertramn[2]. »
Frappé dans ce qu'il y avait en lui de plus sen-
sible et de plus irritable, Hilperik fut saisi d'un
tel accès de fureur, que, perdant le sentiment de
sa dignité royale, il tomba de toutes ses forces,
à coups de poings et à coups de pieds, sur le
malencontreux auteur de cette révélation inattendue[3].

Quand il eut ainsi déchargé sa colère, sans
proférer un seul mot, revenu quelque peu à lui-
même, il retrouva la parole et dit à Leudaste :
« Quoi! tu affirmes que l'évêque a dit de pareilles
« choses de la reine Fredegonde? » — « Je l'af-
« firme, répondit celui-ci, nullement déconcerté
« par le brutal accueil que venait de recevoir sa
« confidence, et si tu voulais qu'on mît à la tor-
« ture Gallienus, ami de l'évêque, et Platon, son

---

[1] Quod audiens rex ait : « Nequaquam, sed quia remotus es, ideo
« hæc adponis. » (Greg. Turon. Hist. Franc., lib. v, apud script. rer.
gallic. et francic., t. II, p. 261.)

[2] Et ille : « Majora, inquit, de te ait episcopus : dicit enim reginam
« tuam in adulterio cum episcopo Bertchramno misceri. » (Ibid.)

[3] Tunc iratus rex, cæsum pugnis et calcibus... (Ibid.)

« archidiacre, ils le convaincraient devant toi
« d'avoir dit cela ¹. » — « Mais, demanda le roi
« avec une vive anxiété, toi-même te présentes-tu
« comme témoin ? » Leudaste répondit qu'il avait
à produire un témoin auriculaire, clerc de l'église
de Tours, sur la foi duquel il se fondait pour
faire sa dénonciation, et il nomma le sous-diacre
Rikulf, sans parler de torture pour lui, comme
il avait fait un moment auparavant pour les deux
amis de l'évêque Grégoire ². Mais la distinction
qu'il tâchait d'établir en faveur de son complice
n'entra point dans l'esprit du roi qui, furieux à
la fois contre tous ceux qui avaient eu part au
scandale dont son honneur était blessé, fit mettre
aux fers Leudaste lui-même, et envoya sur-le-
champ à Tours l'ordre d'arrêter Rikulf ³.

Cet homme d'une fourberie consommée avait,
depuis un mois, complétement réussi à rentrer
en grâce auprès de l'évêque Grégoire, et il était
de nouveau reçu, comme un fidèle client, dans
sa maison et à sa table ⁴. Après le départ de Leu-

---

¹ Adserens si archidiaconus meus Plato, aut Gallienus amicus noster subderentur pœnæ, convincerent me utique hæc locutum. (Greg.
Turon. Hist. Franc., lib. v, apud script. rer. gallic. et francic., t. II,
p. 262.)

² Nam Riculfum clericum se habere dicebat, per quem hæc locutus
fuisset. (Ibid.)

³ ..... Oneratum ferro recludi præcepit in carcere. (Ibid.)

⁴ Feci, fateor et occultum hostem publice in domum suscepi. (Ibid.)

daste, lorsqu'il jugea, sur le nombre de jours 580. écoulés, que la dénonciation devait avoir été faite et son nom prononcé devant le roi, il se mit en devoir d'attirer l'évêque à une démarche suspecte, en le prenant par sa bonté d'âme et sa pitié pour le malheur. Il se présenta chez lui avec un air d'abattement et de profonde inquiétude, et aux premiers mots que dit Grégoire pour lui demander ce qu'il avait, il se jeta à ses pieds, en s'écriant : « Je suis un homme perdu si « tu ne viens promptement à mon aide. Excité « par Leudaste, j'ai dit des choses que je n'aurais « pas dû dire. Accorde-moi, sans tarder, l'auto- « risation de partir pour me rendre dans un autre « royaume ; car si je reste ici, les officiers royaux « vont se saisir de moi, et je serai envoyé au « supplice [1]. » Un clerc ne pouvait en effet s'éloigner de l'église à laquelle il était attaché, qu'avec la permission de son évêque, ni être reçu dans le diocèse d'un autre évêque, sans une lettre du sien, qui lui servait comme de passe-port. En sollicitant ce congé de voyage au nom du prétendu péril de mort dont il se disait menacé, le sous-

---

[1] Discedente vero Leudaste, ipse se pedibus meis sternit, dicens : « Nisi succurras velociter, periturus sum. Ecce, instigante Leudaste, locutus sum quod loqui non debui. Nunc vero aliis me regnis emitte. Quod nisi feceris, a regalibus comprehensus, mortales pœnas sum luiturus. » (Greg. Turon. Hist. Franc., lib. v, apud script. rer. gallic. et francic., t. II, p. 262.)

580. diacre Rikulf jouait un jeu double ; il tâchait de faire naître une circonstance matérielle capable de servir de preuve aux paroles de Leudaste, et de plus il se procurait à lui-même le moyen de disparaître de la scène et d'attendre en parfaite sûreté l'issue de cette grande intrigue.

Grégoire ne se doutait nullement des motifs du départ de Leudaste ni de ce qui se passait alors à Soissons ; mais la requête du sous-diacre, enveloppée de paroles obscures et accompagnée d'une sorte de pantomime tragique, au lieu de l'attendrir, le surprit et l'effaroucha. La violence des temps, les catastrophes soudaines qui, chaque jour, venaient sous ses yeux mettre fin aux plus hautes fortunes, le sentiment de ce qu'il y avait alors de précaire dans la position et dans la vie de chacun, l'avaient porté à se faire une habitude de la circonspection la plus attentive. Il se tint donc sur ses gardes, et, au grand désappointement de Rikulf qui, par son désespoir simulé, espérait le faire tomber dans le piége, il répondit : « Si tu as tenu des propos contraires à « la raison et au devoir, que tes paroles demeu- « rent sur ta tête ; je ne te laisserai pas partir « pour un autre royaume, de crainte de me « rendre suspect au roi [1]. »

---

[1] Cui ego aio : « Si quid incongruum rationi effatus es, sermo tuus

Le sous-diacre se leva confus du peu de succès de cette première tentative, et peut-être se préparait-il à essayer quelque nouvelle ruse, lorsqu'il fut arrêté sans bruit par l'ordre du roi, et emmené à Soissons. Dès qu'il y fut arrivé, on lui fit subir seul un interrogatoire, où, malgré sa situation critique, il remplit de point en point les engagements qu'il avait pris avec ses deux complices. Se donnant pour témoin du fait, il déposa que le jour où l'évêque Grégoire avait mal parlé de la reine, l'archidiacre Platon et Gallienus étaient présents, et que tous deux avaient parlé comme lui. Ce témoignage formel fit mettre en liberté Leudaste, dont la véracité ne paraissait plus douteuse, et qui d'ailleurs ne promettait aucun renseignement nouveau [1]. Relâché pendant que son compagnon de mensonge prenait sa place en prison, il eut le droit de se croire dès-lors l'objet d'une espèce de faveur ; car ce fut lui que, par un choix bizarre, le roi Hilperik chargea d'aller à Tours se saisir de Gallienus et de l'archidiacre Platon. Probablement cette

580.

« in caput tuum erit ; nam ego alteri te regno non mittam, ne suspectus
« habear coram rege. » (Greg. Turon. Hist. Franc., lib. v, apud script.
rer. gallic. et francic., t. II, p. 262.)

[1] At ille iterum vinctus, relaxato Leudaste, custodiæ deputatur, dicens Gallienum eadem die et Platonem archidiaconum fuisse præsentes, cùm hæc est episcopus elocutus. (Ibid.)

commission lui fut donnée parce que, avec sa jactance habituelle, il se vantait d'être le seul homme capable d'y réussir, et que, pour se rendre nécessaire, il faisait, de l'état de la ville et des dispositions des citoyens, les récits les plus capables d'alarmer l'esprit ombrageux du roi.

Leudaste, fier de son nouveau rôle d'homme de confiance et de la fortune qu'il croyait déjà tenir, se mit en route dans la semaine de Pâques. Le vendredi de cette semaine, il y eut dans les salles qui servaient de dépendances à l'église cathédrale de Tours un grand tumulte occasionné par la turbulence du prêtre Rikulf. Ce personnage imperturbable dans ses espérances, loin de concevoir la moindre crainte de l'arrestation du sous-diacre, son homonyme et son complice, n'y avait vu autre chose qu'un acheminement vers la conclusion de l'intrigue qui devait le porter à l'épiscopat[1]. Dans l'attente d'un succès dont il ne doutait plus, sa tête s'échauffa tellement qu'il devint comme un homme ivre, incapable de régler ses actions et ses paroles. A l'un de ces intervalles de repos que prenait le clergé entre les offices, il passa et repassa plusieurs fois

---

[1] Sed Riculfus presbyter, qui jam promissionem de episcopatu a Leudaste habebat, in tantum elatus fuerat, ut magi Simonis superbiæ æquaretur. (Greg. Turon. Hist. Franc., lib. v, apud script. rer. gallic. et francic., t. II, p. 262.)

devant l'évêque avec un air de bravade, et finit 580.
par dire tout haut qu'il faudrait que la ville de
Tours fût nettoyée d'Auvergnats[1]. Grégoire ne
fut que médiocrement affecté de cette sortie in-
convenante dont le motif lui échappait. Habitué,
surtout de la part des plébéiens de son église, à
la rudesse de ton et de propos qui se propageait
de plus en plus en Gaule, par l'imitation des
mœurs barbares, il répondit sans colère et avec
une dignité tant soit peu aristocratique : « Il n'est
« pas vrai que les natifs de l'Auvergne soient des
« étrangers ici ; car, à l'exception de cinq, tous
« les évêques de Tours sont sortis de familles
« alliées de parenté à la nôtre ; tu devrais ne pas
« ignorer cela[2]. » Rien n'était plus propre qu'une
pareille réplique à irriter au dernier point la
jalousie du prêtre ambitieux. Il en eut un tel
redoublement, que, ne se possédant plus, il se
mit à adresser à l'évêque des injures directes et
des gestes menaçants. Des menaces il aurait passé
aux coups, si les autres clercs, en s'interposant,

---

[1] In die sexta Paschæ, in tantum me conviciis et sputis egit.....
(Greg. Turon. Hist. Franc., lib. v, apud script. rer. gallic. et francic., t. II,
p. 262.) — Turonicam urbem ab Arvernis populis emundavit. (Ibid.,
p. 264.)

[2] Ignorans miser, quod præter quinque episcopos, reliqui omnes qui
sacerdotium Turonicum susceperunt, parentum nostrorum prosapiæ
sunt conjuncti. (Ibid.)

n'eussent prévenu les derniers effets de sa frénésie [1].

Le lendemain de cette scène de désordre, Leudaste arriva à Tours; il y entra sans étalage et sans suite armée, comme s'il était venu simplement pour ses affaires personnelles [2]. Cette discrétion, qui n'était pas dans son caractère, lui fut probablement prescrite par les ordres formels du roi, comme un moyen d'opérer plus sûrement les deux arrestations qu'il devait faire. Durant une partie du jour, il fit semblant d'être occupé d'autre chose, puis tout à coup, fondant sur sa proie, il envahit avec une troupe de soldats les domiciles de Gallienus et de l'archidiacre Platon. Ces deux malheureux furent saisis de la manière la plus brutale, dépouillés de leurs vêtements et liés ensemble avec des chaînes de fer [3]. En les conduisant ainsi à travers la ville, Leudaste annonçait avec mystère que justice allait être faite de tous les ennemis de la reine,

[1] Ut vix a manibus temperaret, fidus scilicet doli quem præparaverat. (Greg. Turon. Hist. Franc., lib. v, apud script. rer. gallic. et francic., t. II, p. 262.)

[2] In crastina autem die, id est sabbati in ipso Pascha, venit Leudastes in urbem Turonicam, adsimilansque aliud negotium agere..... (Ibid.)

[3] Adprehensos Patonem archidiaconum et Gallienum in vincula connectit: catenatosque ac exutos veste jubet eos ad reginam deduci. (Ibid.)

et qu'on ne tarderait pas à s'emparer d'un plus grand coupable. Soit qu'il voulût donner une haute idée de sa mission confidentielle et de l'importance de sa capture, soit qu'il craignît réellement quelque embûche ou quelque émeute, il prit pour le départ, à la sortie de la ville, des précautions extraordinaires. Au lieu de passer la Loire sur le pont de Tours, il s'avisa de la traverser, avec les deux prisonniers et leurs gardes, sur une espèce de pont mobile formé de deux barques jointes ensemble par un plancher, et que d'autres barques menaient à la remorque [1].

Lorsque la nouvelle de ces événements parvint aux oreilles de Grégoire, il était dans la maison épiscopale, occupé de nombreuses affaires dont le soin remplissait toutes les heures que lui laissait l'exercice de son ministère sacré. Le malheur trop certain de ses deux amis, et ce qu'il y avait de menaçant pour lui-même dans les bruits, vagues mais sinistres, qui commen-

---

[1] Interea ingressi in fluvium super pontem qui duabus lintribus tenebatur.. (Greg. Turon. Hist. Franc., lib. v, apud script. rer. gallic. et francic., t. II, p. 262.) — Cette interprétation m'a paru la seule capable de donner un sens à ce passage obscur. Il serait de toute impossibilité d'établir sur la Loire au mois d'avril, un pont de planches soutenu par deux barques seulement, *duabus lintribus*. D'ailleurs, la suite du passage indique de la manière la plus positive que les deux bateaux qui supportaient le plancher n'étaient pas amarrés, mais qu'ils marchaient : *navis illa quæ Leudastem vehebat...*

580. çaient à se répandre, tout cela joint à l'impression encore vive des scènes fâcheuses de la veille, lui causa une profonde émotion. Saisi d'une tristesse de cœur mêlée de trouble et d'abattement, il interrompit ses occupations et entra seul dans son oratoire[1]. Il se mit à prier à genoux; mais sa prière, quelque fervente qu'elle fût, ne le calmait pas. Que va-t-il arriver? se demandait-il avec angoisse ; et cette question pleine de doutes insolubles, il la tournait et retournait dans son esprit, sans pouvoir trouver une réponse. Pour échapper au tourment de l'incertitude, il se laissa aller à faire une chose qu'il avait plus d'une fois censurée d'accord avec les conciles et les pères de l'église, il prit le livre des Psaumes de David, et l'ouvrit au hasard pour voir s'il ne rencontrerait pas, comme il le dit lui-même, quelque verset de consolation[2]. Le passage sur lequel ses yeux tombèrent fut celui-ci : « Il les fit sortir pleins d'espérance, et ils ne « craignirent point, et leurs ennemis furent en- « gloutis au fond de la mer. » La relation fortuite de ces paroles avec les idées qui l'obsédaient,

---

[1] Hæc ego audiens, dum in domo ecclesiæ residerem mœstus, turbatusque ingressus oratorium... (Greg. Turon. Hist. Franc., lib. v, apud script. rer. gallic. et francic., t. II, p. 262.)

[2] Davidici carminis sumo librum, ut scilicet apertus aliquem consolationis versiculum daret. (Ibid.)

fit sur lui ce que ni la raison ni la foi toute seule 580. n'avaient pu faire. Il crut y voir une réponse d'en haut, une promesse de protection divine pour ses deux amis et pour quiconque serait enveloppé avec eux dans l'espèce de proscription que la rumeur publique annonçait, et dont ils étaient les premières victimes[1].

Cependant l'ex-comte de Tours, se donnant l'air d'un chef prudent, habitué aux surprises et aux stratagèmes, effectuait son passage de la Loire dans une sorte d'ordonnance militaire. Pour mieux diriger la manœuvre et regarder à la découverte, il avait pris place en tête sur l'avant du radeau ; les prisonniers se trouvaient à l'arrière, la troupe des gardes occupait le reste du plancher, et cette lourde embarcation était fort chargée de monde. Déjà on avait passé le milieu du fleuve, l'endroit que la force du courant pouvait rendre périlleux, lorsqu'un ordre, donné par Leudaste d'une manière brusque et inconsidérée, amena tout à coup un plus grand nombre de gens sur la partie antérieure du pont. La barque qui lui servait de support, enfonçant par le poids, se remplit d'eau ; le plancher in-

---

[1] In quo ita repertum est : « Eduxit eos in spe, et non timuerunt ; et « inimicos eorum operuit mare. » (Greg. Turon. Hist. Franc., lib. v, apud script. rer. gallic. et francic., t. II, p. 262.)

clina fortement, et la plupart de ceux qui se trouvaient de ce côté, perdirent l'équilibre et furent jetés dans le fleuve. Leudaste y tomba des premiers, et il gagna le bord à la nage, pendant que le radeau, en partie plongeant, en partie soutenu par la seconde barque au-dessus de laquelle se trouvaient les prisonniers enchaînés, faisait route à grand'peine, vers le lieu du débarquement [1]. Hormis cet accident, qui manqua de donner force de prédiction littérale au texte du verset de David, le trajet de Tours à Soissons eut lieu sans encombre et avec toute la promptitude possible.

Dès que les deux captifs eurent été amenés devant le roi, leur conducteur fit les plus grands efforts pour exciter contre eux sa colère, et lui arracher, avant toute réflexion, une sentence capitale et un ordre d'exécution à mort [2]. Il sentait qu'un pareil coup frappé d'abord rendrait extrêmement critique la position de l'évêque de Tours, et qu'une fois engagé dans cette voie

---

[1] Navis illa quæ Leudastem vehebat, demergitur; et nisi natandi fuisset adminiculo liberatus, cum sociis forsitan interisset. Navis vero alia, quæ huic innexa erat, quæ et vinctos vehebat, super aquas, Dei auxilio, elevatur. (Greg. Turon. Hist. Franc., lib. v, apud script. rer. gallic. et francic., t. II, p. 262.)

[2] Igitur deducti ad regem qui vincti fuerant, incusantur instanter, ut capitali sententia finirentur. (Ibid.)

d'atroces violences, le roi ne pourrait plus reculer ; mais ses calculs et son espoir furent déçus. Aveuglé de nouveau par les séductions sous l'empire desquelles il passait sa vie, Hilperik était revenu de ses premiers doutes sur la fidélité de Fredegonde, et l'on ne retrouvait plus en lui la même fougue d'irritabilité. Il regardait cette affaire d'un œil plus calme. Il voulait désormais la suivre avec lenteur, et même porter dans l'examen des faits et dans la procédure toute la régularité d'un légiste, genre de prétention qu'il joignait à celles d'être versificateur habile, connaisseur en beaux-arts et profond théologien.

580.

Fredegonde elle-même mettait alors à se contenir tout ce qu'elle avait de force et de prudence. Elle jugeait avec finesse que le meilleur moyen pour elle de dissiper toute ombre de soupçon dans l'esprit de son mari, était de se montrer digne et sereine, de prendre une attitude matronale et de ne paraître nullement pressée de voir finir l'enquête juridique. Cette double disposition, que Leudaste n'avait prévue ni d'une part ni de l'autre, sauva la vie aux prisonniers. Non-seulement on ne leur fit aucun mal, mais, par un caprice de courtoisie difficile à expliquer, le roi, les traitant beaucoup mieux que le sous-diacre leur accusateur, les laissa dans

580. une demi-liberté, sous la garde de ses officiers de justice [1].

Il s'agissait de mettre la main sur le principal accusé; mais là commencèrent pour le roi Hilperik l'embarras et les perplexités. Naguère il s'était montré plein de décision et même d'acharnement dans ses poursuites contre l'évêque Prætextatus [2]. Mais Grégoire n'était pas un évêque ordinaire; sa réputation et son influence s'étendaient par toute la Gaule; en lui se résumait et se personnifiait, pour ainsi dire, la puissance morale de l'épiscopat. Contre un pareil adversaire la violence eût été périlleuse, elle aurait produit un scandale universel dont Hilperik, au fort de sa colère, n'eût peut-être pas tenu compte, mais qu'il n'osait affronter de sang-froid. Renonçant donc à l'emploi de la force, il ne songea plus qu'à mettre en œuvre une de ces combinaisons d'astuce, un peu grossières, dans lesquelles il se complaisait. En raisonnant avec lui-même, il lui vint à l'esprit que l'évêque, dont la popularité lui faisait peur, pourrait bien, de son côté, avoir peur de la puissance royale, et essayer de se soustraire par la fuite aux chances redou-

---

[1] Sed rex recogitans, absolutos a vinculo in libera custodia reservat inlæsos. (Greg. Turon. Hist. Franc., lib. v, apud script. rer. gallic. et francic., t. II, p. 262.)

[2] Voyez plus haut, quatrième Récit.

tables d'une accusation de lèse-majesté. Cette idée, qui lui parut lumineuse, devint la base de son plan d'attaque et le texte des ordres confidentiels qu'il fit partir en diligence. Il les adressa au duc Bérulf qui, investi, en vertu de son titre, d'un gouvernement provincial, commandait en chef à Tours, à Poitiers, et dans plusieurs autres villes récemment conquises, au sud de la Loire, par les généraux neustriens [1]. Bérulf, selon ces instructions, devait se rendre à Tours sans autre but apparent que celui d'inspecter les moyens de défense de la ville. Il lui était enjoint d'attendre, sur ses gardes et dans une dissimulation complète, l'instant où Grégoire, par quelque tentative d'évasion, se compromettrait ouvertement et donnerait prise contre lui.

La nouvelle du grand procès qui allait s'ouvrir venait d'arriver à Tours, officiellement confirmée et grossie, comme cela ne manque jamais, d'une foule d'exagérations populaires. Ce fut sur l'effet probable de ces bruits menaçants que le confident du roi Hilperik compta principalement pour la réussite de sa mission. Il se flattait que cette sorte d'épouvantail allait servir, comme dans une chasse, à traquer l'évêque, et à le pousser à une fausse démarche qui le mè-

580.

---

[1] Adriani Valesii Rer. francic., lib. x, p. 119.

580. nerait droit au piége. Bérulf entra dans la ville de Tours et en visita les remparts comme il avait coutume de le faire dans ses tournées périodiques. Le nouveau comte, Eunomius, l'accompagnait pour recevoir ses observations et ses ordres. Soit que le duc frank laissât deviner son secret à ce Romain, soit qu'il voulût aussi le tromper lui-même, il lui annonça que le roi Gonthramn avait dessein de s'emparer de la ville par surprise ou à force ouverte, et il ajouta : « Voici le moment de veiller sans relâche; pour « qu'aucune négligence ne soit plus à craindre, « il faut que la place reçoive garnison[1]. » A la faveur de cette fable et de la terreur, aussitôt répandue, d'un péril imaginaire, des troupes de soldats furent introduites sans éveiller la moindre défiance; des corps-de-garde furent établis, et des sentinelles placées à toutes les portes de la ville. Leur consigne était, non d'avoir les yeux tournés vers la campagne, pour voir si l'ennemi n'arrivait pas, mais d'épier l'évêque à la sortie, et de l'arrêter s'il passait sous un déguisement quelconque ou en équipage de voyage[2].

---

[1] Berulfus dux cum Eunomio comite fabulam fingit quod Guntchramnus rex rapere vellet Turonicam civitatem ; et idcirco ne aliqua negligentia accederet, oportet, ait, urbem custodia consignari. (Greg. Turon. Hist. Franc., lib. v, apud script. gallic. et francic., t. II, p. 262.)

[2] Ponunt portis dolose custodes, qui civitatem tueri adsimulantes,

Ces dispositions stratégiques furent inutiles, 580.
et les jours se passèrent à en attendre l'effet.
L'évêque de Tours ne paraissait nullement songer à prendre la fuite, et Bérulf se vit réduit à
manœuvrer sous main pour l'y déterminer ou
lui en suggérer l'idée. A force d'argent, il gagna
quelques personnes de la connaissance intime
de Grégoire, qui allèrent l'une après l'autre,
avec un air de vive sympathie, lui parler du
danger où il était et des craintes de tous ses
amis. Probablement, dans ces insinuations perfides, le caractère du roi Hilperik ne fut pas
ménagé ; et les noms d'Hérode et de Néron du
siècle, que bien des gens lui appliquaient tout
bas, furent prononcés, impunément cette fois,
par les agents de trahison [1]. Rappelant à l'évêque
les paroles de l'Ecriture Sainte : *Fuyez de ville
en ville devant vos persécuteurs*, ils lui conseillèrent d'emporter secrètement les objets les
plus précieux que possédait son église et de se
retirer dans l'une des cités de l'Auvergne, pour
y attendre de meilleurs jours. Mais, soit qu'il
soupçonnât les vrais motifs de cette étrange proposition, soit qu'un tel avis, même sincère, lui

---

me utique custodirent. (Greg. Turon. Hist. Franc., lib. v, apud script. rer. gallic. et francic., t. II, p. 262.)

[1] Chilpericus, Nero nostri temporis et Herodes. (Ibid., lib. vi, p. 290.)

580. parût indigne d'être écouté, il resta impassible et déclara qu'il ne partirait point[1].

Ainsi, il n'y eut plus aucun moyen de s'assurer corporellement de cet homme auquel on n'osait toucher à moins qu'il ne se livrât lui-même; et il fallut que le roi prît son parti d'attendre de l'accusé qu'il voulait poursuivre judiciairement, une comparution volontaire. Pour l'instruction de ce grand procès, des lettres de convocation furent adressées, comme dans la cause de Prætextatus, à tous les évêques de Neustrie; il leur était enjoint de se trouver à Soissons au commencement du mois d'août de l'année 580. Selon toute apparence, ce synode devait être encore plus nombreux que celui de Paris en 577; car les évêques de plusieurs cités méridionales, nouvellement conquises sur le royaume d'Austrasie, et entre autres celui d'Albi, furent invités à s'y rendre[2]. L'évêque de Tours reçut cette invitation dans la même forme que tous ses collègues; par une sorte de point d'honneur, il s'empressa d'y obéir aussitôt, et arriva des premiers à Soissons.

---

[1] Mittunt etiam qui mihi consilium ministrarent, ut occulte adsumtis melioribus rebus ecclesiæ, Arvernum fuga secederem; sed non adquievi. (Greg. Turon. Hist. Franc., lib. v, apud script. rer. gallic. et francic., t. II, p. 263.)

[2] Igitur rex, arcessitis regni sui episcopis, causam diligenter jussit exquiri. (Ibid.) — Ibid., p. 264.

L'attente publique était alors fortement éveillée 580.
dans la ville, et cet accusé, d'un si haut rang, de
tant de vertu et de renommée, excitait un intérêt
universel. Ses manières dignes et calmes sans
affectation, sa sérénité aussi parfaite que s'il fût
venu siéger comme juge dans la cause d'un autre,
ses veilles assidues dans les églises de Soissons,
près des tombeaux des martyrs et des confesseurs, changèrent en un véritable enthousiasme
les respects et la curiosité populaires. Tout ce
qu'il y avait d'hommes de naissance gallo-romaine, c'est-à-dire la masse des habitants, se
rangeait, avant toute épreuve juridique, du parti
de l'évêque de Tours contre ses accusateurs,
quels qu'ils fussent. Les gens du peuple surtout,
moins réservés et moins timides en présence du
pouvoir, donnaient libre carrière à leurs sentiments, et les exprimaient en public avec une
hardiesse passionnée. En attendant l'arrivée des
membres du synode et l'ouverture des débats,
l'instruction du procès se poursuivait toujours
sans autre fondement que le témoignage d'un
seul homme. Le sous-diacre Rikulf, qui ne se
lassait pas de faire de nouvelles dépositions à
l'appui des premières, et de multiplier les mensonges contre Grégoire et contre ses amis, était
souvent conduit de la prison au palais du roi, où
ses interrogatoires avaient lieu avec tout le secret

observé dans les affaires les plus importantes[1]. Durant le trajet et au retour, une foule d'artisans, quittant leurs ateliers, s'assemblaient sur son passage et le poursuivaient de leurs murmures à peine contenus par l'aspect farouche des vassaux franks qui l'escortaient.

Une fois qu'il revenait la tête haute, d'un air de satisfaction et de triomphe, un ouvrier en bois, appelé Modestus, lui dit : « Misérable qui « complotes avec tant d'acharnement contre ton « évêque, ne ferais-tu pas mieux de lui demander « pardon et de tâcher d'obtenir ta grâce[2] ? » A ces mots, Rikulf, désignant de la main l'homme qui les lui adressait, cria en langue tudesque à ses gardes qui n'avaient pas bien compris l'apostrophe du Romain ou qui s'en étaient peu souciés : « En voilà un qui me conseille le silence « pour que je n'aide pas à découvrir la vérité; « voilà un ennemi de la reine qui veut empê- « cher qu'on informe contre ceux qui l'ont accu- « sée[3]. » L'artisan romain fut saisi dans la foule

[1] Cùmque Riculfus clericus sæpius discuteretur occulte, et contra me vel meos multas fallacias promulgaret... (Greg. Turon, Hist. Franc., lib. v, apud script rer. gallic. et francic., t. II, p. 264.)

[2] Modestus quidam faber lignarius ait ad eum : « O infelix qui con- « tra episcopum tuum tam contumaciter ista meditaris ! satius tibi erat « silere... » (Ibid.)

[3] Ad hæc ille clamare cæpit voce magna, ac dicere : « En ipsum, qui « mihi silentium indicit, ne prosequar veritatem : en reginæ inimicum, « qui causam criminis ejus non sinit inquiri. » (Ibid.)

et emmené par les soldats, qui allèrent aussitôt rendre compte à la reine Fredegonde de la scène qui venait d'avoir lieu, et lui demander ce qu'il fallait faire de cet homme.

580.

Fredegonde, importunée peut-être par les nouvelles qu'on lui apportait chaque jour de ce qui se disait par la ville, eut un mouvement d'impatience qui la fit rentrer dans son caractère et se départir de la mansuétude qu'elle avait observée jusque-là. Par ses ordres, le malheureux ouvrier fut soumis à la peine du fouet, puis on lui infligea d'autres tortures, et enfin on le mit en prison avec les fers aux pieds et aux mains[1]. Modestus était un de ces hommes, peu rares alors, qui joignaient à une foi sans bornes une imagination extatique; persuadé qu'il souffrait pour la cause de la justice, il ne douta pas un instant que la toute-puissance divine n'intervînt pour le délivrer. Vers minuit, deux soldats qui le gardaient s'endormirent, et aussitôt il se mit à prier de toute la ferveur de son âme, demandant à Dieu de le visiter dans son malheur par la présence auprès de lui des saints évêques Martin et Mé-

---

[1] Nuntiantur protinus hæc reginæ. Adprehenditur Modestus, torquetur, flagellatur, et in vincula compactus custodiæ deputatur. (Greg. Turon. Hist. Franc., lib. v, apud script. rer. gallic. et francic., t. II, p. 263).

580. dard[1]. Sa prière fut suivie d'un de ces faits, étranges mais attestés, où la croyance du vieux temps voyait des miracles, et que la science de nos jours a essayé de ressaisir en les attribuant au phénomène de l'état d'extase. Peut-être l'intime conviction d'avoir été exaucé procura-t-elle tout à coup au prisonnier un surcroît extraordinaire de force et d'adresse, et comme un nouveau sens plus subtil et plus puissant que les autres; peut-être n'y eut-il dans sa délivrance qu'une suite de hasards heureux; mais, au dire d'un témoin, il réussit à rompre ses fers, à ouvrir la porte et à s'évader. L'évêque Grégoire, qui veillait cette nuit-là dans la basilique de Saint-Médard, le vit entrer, à sa grande surprise, et lui demander, en pleurant, sa bénédiction[2].

Le bruit de cette aventure, courant de bouche en bouche, était bien fait pour augmenter, à Soissons, l'effervescence des esprits. Quelque subalterne que fût dans l'état social de l'époque la condition des hommes de race romaine, il y

[1] Cùmque inter duos custodes catenis et in cippo teneretur vinctus, media nocte dormientibus custodibus, orationem fudit ad Dominum, ut dignaretur ejus potentia miserum visitare, et qui innocens conligatus fuerat, visitatione Martini præsulis ac Medardi absolveretur. (Greg. Turon. Hist. Franc., lib. v, apud script. rer. gallic. et francic., t. II, p. 263.)

[2] Mox disruptis vinculis, confracto cippo, reserato ostio, sancti Medardi basilicam nocte, nobis vigilantibus, introivit. (Ibid.)

avait, dans la voix de toute une ville s'élevant contre les poursuites intentées à l'évêque de Tours, quelque chose qui devait contrarier au dernier point les adversaires de cet évêque, et agir même en sa faveur sur l'esprit de ses juges. Soit pour soustraire les membres du synode à cette influence, soit pour s'éloigner lui-même du théâtre d'une popularité qui lui déplaisait, Hilperik décida que l'assemblée des évêques et le jugement de la cause auraient lieu au domaine royal de Braine. Il s'y rendit avec sa famille, suivi de tous les évêques déjà réunis à Soissons. Comme il n'y avait point là d'église, mais seulement des oratoires domestiques, les membres du concile reçurent l'ordre de tenir leurs audiences dans l'une des maisons du domaine, peut-être dans la grande halle de bois qui, deux fois chaque année, lorsque le roi résidait à Braine, servait aux assemblées nationales des chefs et des hommes libres de race franke[1].

580.

Le premier événement qui signala l'ouverture du synode fut un événement littéraire; ce fut l'arrivée d'une longue pièce de vers composée par Venantius Fortunatus, et adressée en même temps au roi Hilperik et à tous les évêques réu-

---

[1] Congregati igitur apud Brennacum villam episcopi, in unam domum residere jussi sunt. (Greg. Turon. Hist. Franc. lib. v, apud script. rer. gallic. et francic., t. II, p. 263.)

580. nis à Braine[1]. La singulière existence que s'était faite, par son esprit et son savoir-vivre, cet Italien, le dernier poëte de la haute société gallo-romaine, exige ici une digression épisodique[2]. Né aux environs de Trévise et élevé à Ravennes, Fortunatus était venu en Gaule pour acquitter un vœu de dévotion au tombeau de saint Martin; mais comme ce voyage fut pour lui plein d'agréments de toute sorte, il ne se hâta point de le terminer[3]. Après avoir fait son pèlerinage à Tours, il continua de se promener de ville en ville, accueilli, fêté, désiré par les hommes riches et de haut rang qui se piquaient encore de politesse et d'élégance[4]. De Mayence à Bordeaux, et de Toulouse à Cologne, il parcourait la Gaule, visitant sur son passage les évêques, les comtes, les ducs, soit gaulois soit franks d'origine, et trouvant, dans la plupart d'entre

---

[1] *Ad Chilpericum regem quando synodus Brinnaco habita est.* Fortunati Pictav. episc. lib. IX, carmen 1; apud ejus opera. Romæ, 1786. In-4°.

[2] Voy. tome I, premier Récit.

[3] *Vita Fortunati*, præfixa ejus operibus, auctore Michaele Angelo Luchi.

[4] *Quemdam virum religiosum, nomine Fortunatum, metricis versibus insignem, qui a multis potentibus honorabilibus viris, in his Gallicis et Belgicis regionibus per diversa loca, tunc vitæ ac scientiæ suæ merito invitabatur...* (Hincmarus de Egidio Rem. episc., in vita S. Remigii, apud Fortunati vitam, p. 61.)

eux, des hôtes empressés, et bientôt de véritables amis.

Ceux qu'il venait de quitter après un séjour plus ou moins long dans leur palais épiscopal, leur maison de campagne ou leur château-fort, entretenaient dès lors avec lui une correspondance réglée, et il répondait à leurs lettres par des pièces de vers élégiaques, où il retraçait les souvenirs et les incidents de son voyage. Il parlait à chacun des beautés naturelles ou des monuments de son pays; il décrivait les sites pittoresques, les fleuves, les forêts, la culture des campagnes, la richesse des églises, l'agrément des maisons de plaisance[1]. Ces peintures, quelquefois assez vraies et quelquefois vaguement emphatiques, étaient mêlées de compliments et de flatteries. Le poëte bel esprit vantait chez les seigneurs de race franke l'air de bonhomie, l'hospitalité, l'aisance à converser en langue latine; et chez les nobles gallo-romains l'habileté politique, la finesse, la science des affaires et du droit[2]. A l'éloge de la piété des évêques et de leur zèle à bâtir et à consacrer de nouvelles églises, il

---

[1] V. Fortunati lib. I, carm. 19, 20, 21; lib. III, carm. 6, 8, et passim.

[2] Fortunati opera, lib. VII, carm. 1, 2, 3, 4, 5, 15, 16; lib IX, carm. 16 et passim.; lib. VII, carm. 7, 8, 9, 10, 11, 12, 13, 14; lib. X, carm. 23 et passim.

580. joignait celui de leurs travaux administratifs pour la prospérité, l'ornement ou la sûreté des villes. Il louait l'un d'avoir restauré d'anciens édifices, un prétoire, un portique, des bains; l'autre d'avoir détourné le cours d'une rivière et creusé des canaux d'irrigation; un troisième d'avoir élevé une citadelle garnie de tours et de machines de guerre [1]. Tout cela, il faut l'avouer, était marqué des signes de l'extrême décadence littéraire, écrit d'un style à la fois prétentieux et négligé, plein d'incorrections, de maladresses et de jeux de mots puérils; mais, ces réserves faites, il est intéressant de voir l'apparition de Fortunatus en Gaule y réveiller une dernière lueur de vie intellectuelle, et cet étranger devenir le lien commun de ceux qui, au milieu d'un monde inclinant vers la barbarie, conservaient isolément le goût des lettres et des jouissances de l'esprit [2]. De toutes ses amitiés, la plus vive et la plus durable fut celle dont il se lia avec une femme, avec Radegonde, l'une des épouses du roi Chlother Ier, retirée alors à Poitiers dans un monastère qu'elle-

---

[1] Fortunati lib. I, carm. 18, ad Leontium Burdegalensem episcopum de Bissono, *villa Burdegalensi*. — Ibid., lib. III, carm. 10, ad Felicem Nannetensem episc. *cùm albi detorqueret fluvium*. — Ibid., carm. 12, ad Nicetium Trevirensem *de castello super Mosellam*.

[2] Vita Fortunati, p. 47, 48, 49. — Fortunatus Italicus apud Gallias in metricis insignis habebatur. (Flodoard, Hist. Rem. eccl. Ibid., p. 61.)

même avait fondé, et où elle avait pris le voile comme simple religieuse.

580.

Dans l'année 529, Chlother, roi de Neustrie, s'était joint comme auxiliaire à son frère Theoderik, qui marchait contre les Thorings ou Thuringiens, peuple de la confédération saxonne, voisin et ennemi des Franks d'Austrasie [1]. Les Thuringiens perdirent plusieurs batailles; les plus braves de leurs guerriers furent taillés en pièces sur les rives de l'Unstrudt; leur pays, ravagé par le fer et le feu, devint tributaire des Franks, et les rois vainqueurs firent entre eux un partage égal du butin et des prisonniers [2]. Dans le lot du roi de Neustrie tombèrent deux enfants de race royale, le fils et la fille de Berther, l'avant-dernier roi des Thuringiens. La jeune fille (c'était Radegonde) avait à peine huit ans; mais sa grâce et sa beauté précoce produisirent une telle impression sur l'âme sensuelle du prince frank, qu'il résolut de la faire élever à sa guise, pour qu'elle devînt un jour l'une de ses femmes [3].

529.

---

[1] Greg. Turon. Hist. Franc., lib. III, apud script. rer. gallic. et francic., t. II, p. 190.

[2] Patrata ergo victoria regionem illam capessunt, in suam redigunt potestatem. (Ibid.)

[3] Chlotharius vero rediens, Radegundem filiam Bertharii regis secum captivam abduxit, sibique eam in matrimonium sociavit. (Ibid.)

529 à 538.
Radegonde fut gardée avec soin dans l'une des maisons royales de Neustrie, au domaine d'Aties, sur la Somme. Là, par une louable fantaisie de son maître et de son époux futur, elle reçut, non la simple éducation des filles de race germanique, qui n'apprenaient guère qu'à filer et à suivre la chasse au galop, mais l'éducation raffinée des riches Gauloises. A tous les travaux élégants d'une femme civilisée, on lui fit joindre l'étude des lettres romaines, la lecture des poëtes profanes et des écrivains ecclésiastiques [1]. Soit que son intelligence fût naturellement ouverte à toutes les impressions délicates, soit que la ruine de son pays et de sa famille, et les scènes de la vie barbare dont elle avait été le témoin, l'eussent frappée de tristesse et de dégoût, elle se prit à aimer les livres comme s'ils lui eussent ouvert un monde idéal meilleur que celui qui l'entourait [2]. En lisant l'Écriture et les Vies des Saints, elle pleurait et souhaitait le martyre; et probablement aussi des rêves moins sombres,

— Quæ veniens in sortem præcelsi regis Chlotharii... (Vita sanctæ Radegundis, auctore Fortunato, apud script. rer. gallic. et francic. t. III, p. 456.)

[1] In Veromandensem ducta Atteias in villa regia nutriendi causa custodibus est deputata. Quæ puella, inter alia opera quæ sexui ejus congruebant, litteris est erudita. (Ibid.)

[2] Tempestate barbarica, Francorum victoria regione vastata... (Vita S. Radegundis, apud script. rer. gallic. et francic., t. III, p. 486.)

des rêves de paix et de liberté, accompagnaient ses autres lectures. Mais l'enthousiasme religieux, qui absorbait alors tout ce qu'il y avait de noble et d'élevé dans les facultés humaines, domina bientôt en elle; et cette jeune barbare, en s'attachant aux idées et aux mœurs de la civilisation, les embrassa dans leur type le plus pur, la vie chrétienne[1].

529 à 538.

Détournant de plus en plus sa pensée des hommes et des choses de ce siècle de violence et de brutalité, elle vit approcher avec terreur l'âge nubile et le moment d'appartenir comme femme au roi dont elle était la captive. Quand l'ordre fut donné de la faire venir à la résidence royale pour la célébration du mariage, entraînée par un instinct de répugnance invincible, elle prit la fuite; mais on l'atteignit, on la ramena, et, malgré elle épousée à Soissons, elle devint reine, ou plutôt l'une des reines des Franks neustriens; car Chlother, fidèle aux mœurs de la vieille Germanie, ne se contentait pas d'une seule épouse, quoiqu'il eût aussi des concu-

538.

---

[1] Nec fuit arduum rudimentis illam liberalibus informari, cujus annos et sexum non minus acumen ingenii quam castitatis insignia superabant. (Vita S. Radegundis, auctore Hildeberto, Cenoman. episc., apud Bolland., Acta sanctorum Augusti, t. III, p. 84.) — Frequenter loquens cum parvulis, si conferret sors temporis, martyr fieri cupiens... (Vita S. Radegundis, auctore Fortunato, ibid., p. 68.)

538. bines[1]. D'inexprimables dégoûts, que ne pouvait atténuer, pour une âme comme celle de Radegonde, l'attrait de la puissance et des richesses, suivirent cette union forcée du roi barbare avec la femme qu'éloignaient de lui, sans retour possible, toutes les perfections morales que lui-même s'était réjoui de trouver en elle, et qu'il lui avait fait donner.

538 à 544. Pour se dérober, en partie du moins, aux devoirs de sa condition, qui lui pesaient comme une chaîne, Radegonde s'en imposait d'autres plus rigoureux en apparence; elle consacrait tous ses loisirs à des œuvres de charité ou d'austérité chrétienne; elle se dévouait personnellement au service des pauvres et des malades. La maison royale d'Aties où elle avait été élevée et qu'elle avait reçue en présent de noces, devint un hospice pour les femmes indigentes. L'un des passe-temps de la reine était de s'y rendre, non pour de simples visites, mais pour remplir l'office

---

[1] Quam cùm præparatis expensis Victuriaci voluisset rex prædictus accipere, per Betarcham ab Atteias nocte cum paucis elapsa est. Deinde Suessionis cùm eam direxisset, ut reginam erigeret... (Script. rer. gallic. et francic., t. III, p. 456.) — Les probabilités de cette union polygame sont une grande cause de tourment pour les écrivains modernes qui se sont occupés des actes de sainte Radegonde. Le père Mabillon remarque la difficulté en désespérant de la résoudre : *locus sane lubricus ac difficilis.* (Annales Benedictini, t. I, p. 124.)

d'infirmière dans ses détails les plus rebutants[1]. Les fêtes de la cour de Neustrie, les banquets bruyants, les chasses périlleuses, les revues et les joûtes guerrières, la société des vassaux à l'esprit inculte et à la voix rude, la fatiguaient et la rendaient triste. Mais s'il survenait quelque évêque ou quelque clerc poli et lettré, un homme de paix et de conversation douce, sur-le-champ elle abandonnait toute autre compagnie pour la sienne; elle s'attachait à lui durant de longues heures, et quand venait l'instant de son départ, elle le chargeait de cadeaux en signe de souvenir, lui disait mille fois adieu, et retombait dans sa tristesse[2].

538 à 544.

L'heure des repas qu'elle devait prendre en commun avec son mari la trouvait toujours en retard, soit par oubli soit à dessein, et absorbée dans ses lectures instructives ou ses exercices de piété. Il fallait qu'on l'avertît plusieurs fois, et le roi, ennuyé d'attendre, lui faisait de

---

[1] Sic devota femina, nata et nupta regina, palatii domina, pauperibus serviebat ancilla. (Vita S. Radegundis, auctore Fortunato, apud Bolland. Acta sanctorum Augusti, t. III, p. 68.) — Atteias domum instruit, quo lectis culte compositis, congregatis egenis feminis, ipsa eas lavans in thermis, morborum curabat putredines. (Ibid.)

[2] Ad ejus opinionem si quis servorum Dei visus fuisset, vel per se, vel vocatus occurrere, videres illam cœlestem habere lætitiam... Ipsa se totam occupabat juxta viri justi verba.. retentabatur per dies... Et si venisset pontifex, in aspectu ejus lætificabatur et remuneratum relaxabat, ipsa tristis, ad propria. (Ibid., p. 69.)

538 à 544. violentes querelles, sans réussir à la rendre plus empressée ni plus exacte [1]. La nuit, sous un prétexte quelconque, elle se levait d'auprès de lui et s'en allait se coucher à terre sur une simple natte ou un cilice, ne revenant au lit conjugal que transie de froid, et associant d'une manière bizarre les mortifications chrétiennes au sentiment d'aversion insurmontable qu'elle éprouvait pour son mari [2]. Tant de signes de dégoût ne lassaient pourtant pas l'amour du roi de Neustrie. Chlother n'était pas homme à se faire sur ce point des scrupules de délicatesse ; pourvu que la femme dont la beauté lui plaisait demeurât en sa possession, il n'avait nul souci des violences morales qu'il exerçait sur elle. Les répugnances de Radegonde l'impatientaient sans lui causer une véritable souffrance, et, dans ses contrariétés conjugales, il se bornait à dire avec humeur : « C'est une nonne que j'ai là, ce n'est pas une reine [3]. »

---

[1] Unde hora serotina, dum si nuntiaretur tarde quod eam rex quæreret ad mensam circa res Dei dum satagebat, rixas habebat a conjuge. (Bolland. Acta sanctorum Augusti, t. III, p. 69.)

[2] Nocturno tempore, cùm reclinaret cum principe, rogans se pro humana necessitate consurgere, et levans, egressa cubiculo, tamdiu ante secretum orationi incumbebat jactato cilicio, ut solo calens spiritu, jaceret gelu penetrata, tota carne præmortua. (Ibid., p. 68.)

[3] De qua regi dicebatur habere se magis jugalem monacham quam reginam. (Ibid., p. 69.)

Et en effet, pour cette âme froissée par tous les liens qui l'attachaient au monde, il n'y avait qu'un seul refuge, la vie du cloître. Radegonde y aspirait de tous ses vœux; mais les obstacles étaient grands, et six années se passèrent avant qu'elle osât les braver. Un dernier malheur de famille lui donna ce courage. Son frère, qui avait grandi à la cour de Neustrie, comme otage de la nation thuringienne, fut mis à mort par l'ordre du roi, peut-être pour quelques regrets patriotiques ou quelques menaces inconsidérées [1]. Dès que la reine apprit cette horrible nouvelle, sa résolution fut arrêtée; mais elle la dissimula. Feignant de n'aller chercher que des consolations religieuses, et cherchant un homme capable de devenir son libérateur, elle se rendit à Noyon, auprès de l'évêque Médard, fils d'un Frank et d'une Romaine, personnage célèbre alors dans toute la Gaule par sa réputation de sainteté [2]. Chloter ne conçut pas le moindre soup-

---

[1] Cujus fratrem, postea injuste per homines iniquos occidit. Illa quoque ad Deum conversa.... (Greg. Turon. Hist. Franc., lib. III, apud script. rer. gallic. et francic., t. II, p. 190.) — Ut hæc religiosius viveret, frater interficitur innocenter. (Vita S. Radegundis, auctore Fortunato. Ibid., t. III, p. 456.)

[2] Pater igitur hujus nomine Nectardus de forti Francorum genere, non fuit infimus libertate : mater vero romana, nomine Protagia, absolutis claruit servitute natalibus. (Vita S. Medardi. Ibid., p. 451.) — Ibid., p. 452.

çon de cette pieuse démarche, et non-seulement il ne s'y opposa point, mais il ordonna lui-même le départ de la reine; car ses larmes l'importunaient, et il avait hâte de la voir plus calme et moins sombre d'humeur [1].

Radegonde trouva l'évêque de Noyon dans son église, officiant à l'autel. Lorsqu'elle se vit en sa présence, les sentiments qui l'agitaient, et qu'elle avait contenus jusque-là, s'exhalèrent, et ses premiers mots furent un cri de détresse : « Très-saint prêtre, je veux quitter le siècle et « changer d'habit! Je t'en supplie, très-saint « prêtre, consacre-moi au Seigneur [2]! » Malgré l'intrépidité de sa foi et la ferveur de son prosélytisme, l'évêque, surpris de cette brusque requête, hésita et demanda le temps de réfléchir. Il s'agissait, en effet, de prendre une décision périlleuse, de rompre un mariage royal contracté selon la loi salique et d'après les mœurs germaines, mœurs que l'église, tout en les abhorrant, tolérait encore par crainte de s'aliéner l'esprit des Barbares [3].

---

[1] Directa a rege veniens ad B. Medardum Noviomago..... (Vita S. Medardi, apud script. rer. gallic. et francic., t. III, p. 456.)

[2] Supplicat instanter ut ipsam, mutata veste, Domino consecraret. (Ibid.)

[3] Sed memor dicentis apostoli : Si qua ligata sit conjugi, non quærat dissolvi; differebat reginam ne veste tegeret monachica. (Ibid.)

Bien plus, à cette lutte intérieure entre la prudence et le zèle, se joignit aussitôt, pour saint Médard, un combat d'un tout autre genre. Les seigneurs et les guerriers franks qui avaient suivi la reine l'entourèrent en lui criant avec des gestes de menace : « Ne t'avise pas de donner le voile à « une femme qui s'est unie au roi ! prêtre, « garde-toi d'enlever au prince une reine épou-« sée solennellement ! » Les plus furieux, mettant la main sur lui, l'entraînèrent avec violence des degrés de l'autel jusque dans la nef de l'église, pendant que la reine, effrayée du tumulte, cherchait avec ses femmes un refuge dans la sacristie[1]. Mais là, recueillant ses esprits, au lieu de s'abandonner au désespoir, elle conçut un expédient où l'adresse féminine avait autant de part que la force de volonté. Pour tenter de la manière la plus forte et mettre à la plus rude épreuve le zèle religieux de l'évêque, elle jeta sur ses vêtements royaux un costume de recluse, et marcha ainsi travestie vers le sanctuaire, où saint Médard était assis, triste, pensif et irrésolu[2]. « Si tu tardes à me consacrer, lui dit-elle

544.

---

[1] Adhoc beatum virum pertubabant proceres, et per basilicam graviter ab altari retrahebant, ne velaret regi conjunctam, ne videretur sacerdoti ut præsumeret principi subducere reginam, non publicanam sed publicam. (Vita S. Radegundis, apud script. rer. gallic. et francic., t. III, p. 456.)

[2] Intrans in sacrarium, monachica veste induitur, procedit ad altare,

544. « d'une voix ferme, et que tu craignes plus les « hommes que Dieu, tu auras à rendre compte, « et le pasteur te redemandera l'âme de sa bre- « bis[1]. » Ce spectacle imprévu et ces paroles mystiques frappèrent l'imagination du vieil évêque, et ranimèrent tout à coup en lui la volonté défaillante. Élevant sa conscience de prêtre au-dessus des craintes humaines et des ménagements politiques, il ne balança plus, et de son autorité propre, il rompit le mariage de Radegonde, en la consacrant diaconesse par l'imposition des mains[2]. Les seigneurs et les vassaux franks eurent aussi leur part d'entraînement; ils n'osèrent ramener de force à la résidence royale celle qui avait désormais pour eux le double caractère de reine et de femme consacrée à Dieu.

La première pensée de la nouvelle convertie (c'était le nom qu'on employait alors pour exprimer le renoncement au monde) fut de se dépouiller de tout ce qu'elle portait sur elle de joyaux et d'objets précieux. Elle couvrit l'autel

---

beatissimum Medardum his verbis alloquitur dicens... (Vita S. Radegundis, apud script. rer. gallic. et francic., t. III, p. 456.)

[1] Si me consecrare distuleris, et plus hominem quam Deum timueris, de manu tua a pastore ovis anima requiratur. (Ibid.)

[2] Quo ille contestationis concussus tonitruo, manu superposita, consecravit diaconam. (Ibid.)

de ses ornements de tête, de ses bracelets, de ses agrafes de pierreries, de ses franges de robes tissues de fils d'or et de pourpre ; elle brisa de sa propre main sa riche ceinture d'or massif en disant : « Je la donne aux pauvres [1] ; » puis elle songea à se mettre à l'abri de tout danger par une prompte fuite. Libre de choisir sa route, elle se dirigea vers le midi, s'éloignant du centre de la domination franke par l'instinct de sa sûreté, et peut-être aussi par un instinct plus délicat qui l'attirait vers les régions de la Gaule où la barbarie avait fait le moins de ravage ; elle gagna la ville d'Orléans, et s'y embarqua sur la Loire, qu'elle descendit jusqu'à Tours. Là, elle fit halte pour attendre, sous la sauvegarde des nombreux asiles ouverts près du tombeau de saint Martin, ce que déciderait à son égard l'époux qu'elle avait abandonné [2]. Elle mena ainsi quelque temps la vie inquiète et agitée des proscrits réfugiés à l'ombre des basiliques, tremblant d'être surprise si elle faisait un pas

544.

---

[1] Mox indumentum nobile... exuta ponit in altare, blattas gemmataque ornamenta... Cingulum auri ponderatum fractum dat in opus pauperum. (Vita S. Radegundis, apud script. rer. gallic. et francic., t. III, p. 456.) — Stapionem, camisas, manicas, cofeas, fibulas, cuncta auro, quædam gemmis exornata... (Ibid., p. 457.)

[2] Hinc felici navigio Turonis appulsa... quid egerit circa S. Martini atria, templa, basilicam, flens lachrymis insatiata, singula jacens per limina. (Acta sanctorum Augusti, t. III, p. 70.)

hors de l'enceinte protectrice, envoyant au roi des requêtes, tantôt fières, tantôt suppliantes; négociant avec lui par l'entremise des évêques pour qu'il se résignât à ne plus la revoir, et à lui permettre d'accomplir ses vœux monastiques.

Chlother se montra d'abord sourd aux prières et aux sommations; il revendiquait ses droits d'époux en attestant la loi de ses ancêtres, et menaçait d'aller lui-même saisir de force et ramener la fugitive. Frappée de terreur quand le bruit public ou les lettres de ses amis lui apportaient de pareilles nouvelles, Radegonde se livrait alors à un redoublement d'austérités, au jeûne, aux veilles, aux macérations par le cilice, dans l'espoir, tout à la fois, d'obtenir l'assistance d'en haut, et de perdre ce qu'elle avait de charme pour l'homme qui la poursuivait de son amour [1]. Afin d'augmenter la distance qui la séparait de lui, elle passa de Tours à Poitiers, et, de l'asile de saint Martin, dans l'asile non moins révéré de saint Hilaire. Le roi pourtant ne se découragea pas, et, une fois, il vint jusqu'à Tours sous un faux prétexte de dévotion; mais les remontrances

---

[1] Cùm in villa ipsa adhuc esset, fit sonus quasi eam rex iterum vellet accipere... hæc audiens beatissima nimio terrore perterrita, se amplius cruciandam tradidit cilicio asperrimo, ac tenero corpori aptavit. (Acta sanctorum Augusti, t. III, p. 76.)

énergiques de saint Germain, l'illustre évêque de Paris, l'empêchèrent d'aller plus loin [1]. Enlacé, pour ainsi dire, par cette puissance morale contre laquelle venait se briser la volonté fougueuse des rois barbares, il consentit, de guerre lasse, à ce que la fille des rois thuringiens fondât à Poitiers un monastère de femmes, d'après l'exemple donné dans la ville d'Arles par une matrone gallo-romaine, Cæsaria, sœur de l'évêque Cæsarius ou saint Césaire [2].

Tout ce que Radegonde avait reçu de son mari, selon la coutume germanique, en dot et en présent du matin, fut consacré par elle à l'établissement de la congrégation qui devait lui rendre une famille de choix, à la place de celle qu'elle avait perdue par les désastres de la conquête et la tyrannie soupçonneuse des vainqueurs de son pays. Sur un terrain qu'elle possédait aux portes de la ville de Poitiers, elle fit creuser les fondements du nouveau monastère,

---

[1] Sicut enim jam per internuntios cognoverat quod timebat, præcelsus rex Chlotharius cum filio suo præcellentissimo Sigiberto Turones advenit, quasi devotionis causa, quo facilius Pictavis accederet, ut suam reginam acciperet. (Acta Sanctorum Augusti, t. III, p. 76. Vita S. Radegundis, auctore Baudonivia, moniali æquali).

[2] Tunc rex timens Dei judicium, quia regina magis Dei voluntatem fecerat quam suam... (Ibid.) — Pictavis, inspirante et cooperante Deo, monasterium sibi per ordinationem præcelsi regis Chlotharii construxit. (Ibid.) — Script. rer. gallic et francic., t. II, p. 356, 357 et 359.

asile ouvert à celles qui voulaient se dérober par la retraite aux séductions mondaines ou aux envahissements de la barbarie. Malgré l'empressement de la reine et l'assistance que lui prêta l'évêque de Poitiers, Pientius, plusieurs années s'écoulèrent avant que le bâtiment fût achevé[1]; c'était une villa romaine avec toutes ses dépendances, des jardins, des portiques, des salles de bains et une église. Soit par quelque idée de symbolisme, soit par une précaution de sûreté matérielle contre la violence des temps, l'architecte avait donné un aspect militaire à l'enceinte extérieure de ce paisible couvent de femmes. Les murailles en étaient hautes et fortes en guise de rempart, et plusieurs tours s'élevaient à la façade principale[2]. Ces préparatifs tant soit peu étranges frappaient vivement les imaginations, et l'annonce de leurs progrès courait au loin comme une grande nouvelle: « Voyez, disait-on dans le « langage mystique de l'époque, voyez l'arche

---

[1] Quam fabricam vir apostolicus Pientius, episcopus, et Austrasius dux per ordinationem dominicam celeriter fecerunt. (Vita S. Radegundis, apud script. rer. gallic. et francic., t. III, p. 457.)

[2] Transeuntibus autem nobis sub muro, iterum caterva virginum per fenestras turrium, et ipsa quoque muri propugnacula, voces proferre ac lamentari desuper cœpit. (Greg. Turon., lib. de Gloria confessorum, cap. cvi.) — Tota congregatio supra murum lamentans... Rogaverunt desursum ut subtus turrim repausaretur feretrum. (Acta sanctorum Augusti, t. III, p. 82.)

« qui se bâtit près de nous contre le déluge des
« passions et contre les orages du monde ¹ ! »

Le jour où tout fut prêt, et où la reine entra dans ce refuge, d'où ses vœux lui prescrivaient de ne plus sortir que morte, fut un jour de joie populaire. Les places et les rues de la ville qu'elle devait parcourir étaient remplies d'une foule immense; les toits des maisons se couvraient de spectateurs avides de la voir passer, ou de voir se refermer sur elle les portes du monastère ². Elle fit le trajet à pied, escortée d'un grand nombre de jeunes filles qui allaient partager sa réclusion, attirées auprès d'elle par le renom de ses vertus chrétiennes et peut-être aussi par l'éclat de son rang. La plupart étaient de race gauloise et filles de sénateurs ³ ; c'étaient celles qui, par leurs habitudes de retenue et de tranquillité domestique, devaient le mieux répondre aux

---

¹ Quasi recentior temporis nostri Noe, propter turbines et procellas, sodalibus vel sororibus in latere ecclesiæ monasterii fabricat arcam. (Vita S. Cæsarii, Arelat. episc., apud Annal. franc. ecclesiast., t. I, p. 471.)

² Quanta vero congressio popularis extitit die qua se sancta deliberavit recludere, ut quos plateæ non caperent, ascendentes tecta complerent. (Acta sanctorum Augusti, t. III, p. 72.)

³ Multitudo immensa sanctimonialium, ad numerum circiter ducentarum, quæ per illius prædicationem conversæ vitam sanctam agebant, quæ secundum sæculi dignitatem, non modo de senatoribus, verum etiam nonnullæ de ipsa regali stirpe hac religionis forma florebant. (Greg. Turon., lib. de Gloria confessorum, cap. cvi.)

soins maternels et aux pieuses intentions de leur directrice ; car les femmes de race franke portaient jusque dans le cloître quelque chose des vices originels de la barbarie. Leur zèle était fougueux, mais de peu de durée ; et, incapables de garder ni règle ni mesure, elles passaient brusquement d'une rigidité intraitable à l'oubli le plus complet de tout devoir et de toute subordination [1].

Ce fut vers l'année 550 que commença pour Radegonde la vie de retraite et de paix qu'elle avait si longtemps désirée. Cette vie selon ses rêves était une sorte de compromis entre l'austérité monastique et les habitudes mollement élégantes de la société civilisée. L'étude des lettres figurait au premier rang des occupations imposées à toute la communauté ; on devait y consacrer deux heures chaque jour, et le reste du temps était donné aux exercices religieux, à la lecture des livres saints et à des ouvrages de femmes. Une des sœurs lisait à haute voix durant le travail fait en commun, et les plus intelligentes, au lieu de filer, de coudre ou de broder, s'occupaient dans une autre salle à transcrire des livres

---

[1] Greg. Turon, Hist. Franc. (de Chrodielde, moniali filia Chariberti regis, et de Basina filia Chilperici), lib. ix, p. 354 et seq. — (De Ingeltrude religiosa et Berthegunde ejus filia), p. 351 et 359. — (De Theodechilde regina), lib. iv, p. 216.

pour en multiplier les copies [1]. Quoique sévère sur certains points, comme l'abstinence de viande et de vin, la règle tolérait quelques-unes des commodités et même certains plaisirs de la vie mondaine ; l'usage fréquent du bain dans de vastes piscines d'eau chaude, des amusements de toute sorte, et entre autres le jeu de dés, étaient permis [2]. La fondatrice et les dignitaires du couvent recevaient dans leur compagnie, non-seulement les évêques et les membres du clergé, mais des laïques de distinction. Un table somptueuse était souvent dressée pour les visiteurs et pour les amis ; on leur servait des collations délicates, et quelquefois de véritables festins, dont la reine faisait les honneurs par courtoisie, tout en s'abstenant d'y prendre part [3]. Ce besoin de sociabi-

---

[1] Omnes litteras discant. Omni tempore duabus horis, hoc est a mane usque ad horam secundam, lectioni vacent. Reliquo vero diei spatio faciant opera sua.... Reliquis vero in unum operantibus, una de sororibus usque ad tertiam legat. (Regula S. Cæsariæ, apud Annal. Franc. ecclesiast. t. I, p. 477.) — Acta sanctorum Augusti, t. III, p. 61.

[2] De balneo vero... pro calcis amaritudine, ne lavantibus noceret novitas ipsius fabricæ jussisse domnam·Radegundem, ut servientes monasterii publice hoc visitarent, donec omnis odor nocendi discederet.... De tabula vero respondit, et si lusisset vivente domna Radegunde, se minus culpa respiceret : tamen nec in regula per scripturam prohiberi, nec in canonibus retulit. (Greg. Turon. Hist. Franc, lib. IX, apud script. rer. gallic. et francic., t. II, p. 374.)

[3] Atque sæculares cum abbatissa reficerent... De conviviis etiam ait

lité amenait encore au couvent des réunions d'un autre genre ; à certaines époques, on y jouait des scènes dramatiques, où figuraient, sous des costumes brillants, de jeunes filles du dehors, et probablement aussi les novices de la maison [1].

Tel fut l'ordre qu'établit Radegonde dans son monastère de Poitiers, mêlant ses penchants personnels aux traditions conservées depuis un demi-siècle dans le célèbre monastère d'Arles. Après avoir ainsi tracé la voie et donné l'impulsion, elle abdiqua, soit par humilité chrétienne soit par un coup d'adresse politique, toute suprématie officielle, fit élire par la congrégation une abbesse qu'elle eut soin de désigner, et se mit, avec les autres sœurs, sous son autorité absolue. Elle choisit, pour l'élever à cette dignité, une femme beaucoup plus jeune qu'elle et qui lui était dévouée, Agnès, fille de race gauloise, qu'elle avait prise en affection depuis son enfance [2]. Volontairement descendue au rang de

---

se nullam novam fecisse consuetudinem, nisi sicut actum est sub domna Radegunde. (Greg. Turon. Hist. Franc., lib. ix, apud script. rer. gallic. et francic., t. II, p. 374, 375.)

[1] De palla holoserica vestimenta nepti suæ temerarie fecerit : foliola aurea, quæ fuerant in gyro pallæ, inconsulte sustulerit, et ad collum neptis suæ facinorose suspenderit : vittam de auro exornatam eidem nepti suæ superflue fecerit : barbatorias intus eo quod celebraverit. (Ibid.) — Mabillon, Annales Benedictini, t. I, p. 199.

[2] Electione etiam nostræ congregationis domnam et sororem meam

simple religieuse, Radegonde faisait sa semaine de cuisine, balayait à son tour la maison, portait de l'eau et du bois comme les autres ; mais, malgré cette apparence d'égalité, elle était reine dans le couvent par le prestige de sa naissance royale, par son titre de fondatrice, par l'ascendant de l'esprit, du savoir et de la bonté [1]. C'était elle qui maintenait la règle ou la modifiait à son gré, elle qui raffermissait les âmes chancelantes par des exhortations de tous les jours, elle qui expliquait et commentait, pour ses jeunes compagnes, le texte de l'Écriture sainte, entremêlant ses graves homélies de petits mots empreints d'une tendresse de cœur et d'une grâce toute féminine : « Vous, que j'ai choisies, mes filles ; « vous, jeunes plantes, objet de tous mes soins ; « vous, mes yeux, vous, ma vie, vous, mon « repos et tout mon bonheur [2]... »

Agnetem, quam ab ineunte ætate loco filiæ colui et educavi, abbatissam institui, ac me post Deum ejus ordinationi regulariter obedituram commisi. (Greg. Turon. Hist. Franc., ed. Ruinart, p. 472.)

[1] Nos vero humiles desideramus in ea doctrinam, formam, vultum, personam, scientiam, pietatem, bonitatem, dulcedinem, quam specialem a Domino inter ceteros homines habuit. (Vita S. Radegundis, auctore Baudonivia, apud Acta sanctorum Augusti, t. III, p. 81.) — Sur la science et les lectures de sainte Radegonde, voyez les poésies de Fortunat. Elle lisait assidûment saint Grégoire de Nasianze, saint Bazile, saint Athanase, saint Hilaire, saint Ambroise, saint Jérôme, saint Augustin, Sedulius et Paul Orose. (Lib. v, carm. 1.)

[2] Nobis dum prædicabat dicebat : Vos elegi filias, vos mea lumina,

567. Il y avait déjà plus de quinze ans que le monastère de Poitiers attirait sur lui l'attention du monde chrétien, lorsque Venantius Fortunatus, dans sa course de dévotion et de plaisir à travers la Gaule, le visita comme une des choses les plus remarquables que pût lui offrir son voyage. Il y fut accueilli avec une distinction flatteuse; cet empressement que la reine avait coutume de témoigner aux hommes d'esprit et de politesse, lui fut prodigué comme à l'hôte le plus illustre et le plus aimable. Il se vit comblé par elle et par l'abbesse de soins, d'égards, et surtout de louanges. Cette admiration, reproduite chaque jour sous toutes les formes, et distillée, pour ainsi dire, à l'oreille du poëte, par deux femmes, l'une plus âgée et l'autre plus jeune que lui, le retint, par un charme nouveau, plus long-temps qu'il ne l'avait prévu [1]. Les semaines, les mois se passèrent, tous les délais furent épuisés; et quand le voyageur parla de se remettre en route, Radegonde lui dit: « Pourquoi partir? pourquoi « ne pas rester près de nous? » Ce vœu d'amitié

vos mea vita, vos mea requies totaque felicitas, vos novella plantatio... (Vita S. Radegundis, apud Acta sanctorum Augusti, t. III, p. 77.)

[1] Hoc quoque quod delectabiliter adjecistis : me domnæ meæ Radigundæ muro charitatis inclusum, scio quidem, quia non ex meis meritis, sed ex illius consuetudine quam circa cunctos novit impendere, colligatis. (Fortunati epist. ad Felicem, episc. Namnet., inter ejus opera, lib. III, p. 78.)

fut pour Fortunatus comme un arrêt de la destinée ; il ne songea plus à repasser les Alpes, s'établit à Poitiers, y prit les ordres, et devint prêtre de l'église métropolitaine [1].

Facilitées par ce changement d'état, ses relations avec ses deux amies, qu'il appelait du nom de mère et de sœur, devinrent plus assidues et plus intimes [2]. Au besoin qu'ont d'ordinaire les femmes d'être gouvernées par un homme, se joignaient, pour la fondatrice et pour l'abbesse du couvent de Poitiers, des circonstances impérieuses qui exigeaient le concours d'une attention et d'une fermeté toutes viriles. Le monastère avait des biens considérables, qu'il fallait non-seulement gérer, mais garder avec une vigilance de tous les jours contre les rapines sourdes ou violentes, et les invasions à main armée. On ne pouvait y parvenir qu'à force de diplômes royaux, de menaces d'excommunications lancées par les évêques, et de négociations perpétuelles avec les ducs, les comtes et les juges, peu empressés d'agir par devoir, mais qui faisaient beaucoup par intérêt ou par affection privée. Une pareille

---

[1] Mabillon, Annales Benedictini, t. I, p. 155.
— Martinum cupiens, voto Radegundis adhæsi,
    Quam genuit cœlo terra Toringa sacro.
                    (Fortunati, lib. viii, carm. 1.)
[2] V. Fortunati opera, lib. viii, carm. 2 et passim.

tâche demandait à la fois de l'adresse et de l'activité, de fréquents voyages, des visites à la cour des rois, le talent de plaire aux hommes puissants, et de traiter avec toutes sortes de personnes. Fortunatus y employa, avec autant de succès que de zèle, ce qu'il avait de connaissance du monde et de ressources dans l'esprit; il devint le conseiller, l'agent de confiance, l'ambassadeur, l'intendant, le secrétaire de la reine et de l'abbesse [1]. Son influence, absolue sur les affaires extérieures, ne l'était guère moins sur l'ordre intérieur et la police de la maison; il était l'arbitre des petites querelles, le modérateur des passions rivales et des emportements féminins. Les adoucissements à la règle, les grâces, les congés, les repas d'exception s'obtenaient par son entremise et à sa demande [2]. Il avait même, jusqu'à un certain point, la direction des consciences, et ses avis, donnés quelquefois en vers, inclinaient toujours du côté le moins rigide [3].

---

[1] Vita Fortunati, præfixa ejus operibus, p. xliii, xlix.

[2] Accessit votis sors jucundissima nostris,
Dum meruere meæ sumere dona preces :
Profecit mihimet potius cibus ille sororum ;
Has satias epulis, me pietate foves.
(Fortunati, lib. xi, carm. 8, ad Abbatissam.)

[3] Fortunatus agens, Agnes quoque versibus orant,
Ut lassata nimis vina benigna bibas.
(Ibid., carm. 4, ad domnam Radegundem.)

Du reste, Fortunatus alliait à une grande souplesse d'esprit une assez grande facilité de mœurs. Chrétien surtout par l'imagination, comme on l'a souvent dit des Italiens, son orthodoxie était irréprochable, mais dans la pratique de la vie, ses habitudes étaient molles et sensuelles. Il s'abandonnait sans mesure aux plaisirs de la table, et, non-seulement on le trouvait toujours joyeux convive, grand buveur et chanteur inspiré, dans les festins donnés par ses riches patrons soit romains, soit barbares, mais encore, à l'imitation des mœurs de Rome impériale, il lui arrivait parfois de dîner seul à plusieurs services [1]. Habiles comme le sont toutes les femmes à retenir et à s'attacher un ami par les faibles de son caractère, Radegonde et Agnès rivalisèrent de complaisances pour ce grossier penchant du poëte, de même qu'elles caressaient en lui un défaut plus noble, celui de la vanité littéraire. Chaque jour elles envoyaient au logis de Fortunatus les prémices des repas de la maison [2]; et

---

[1] V. Fortunati opera, lib. III, carm. 15, 16, 17, 18, 19; lib. VII, carm. 25, 26, 29, 30; lib. IX, carm. 22; lib. X, carm. 12; lib. XI, carm. 16, 22, 23, 24 et passim.

[2] Fortunati lib. XI, carm. 12 de eulogiis, 13 pro castaneis, 14 pro lacte, 15 aliud pro lacte, 18 pro prunellis, 19 pro aliis deliciis et lacte, 20 pro ovis et prunis.

— Deliciis variis tumido me ventre tetendi,
 Omnia sumendo lac, holus, ova, butyr.
 (Ibid., carm. 23.)

non contentes de cela, elles faisaient apprêter pour lui, avec toute la recherche possible, les mets dont la règle leur défendait l'usage. C'étaient des viandes de toute espèce, assaisonnées de mille manières, et des légumes arrosés de jus ou de miel, servis dans des plats d'argent, de jaspe et de cristal [1]. D'autres fois, on l'invitait à venir prendre son repas au monastère, et alors, non-seulement la chère était délicate, mais les ornements de la salle à manger respiraient une sensualité coquette. Des guirlandes de fleurs odorantes en tapissaient les murailles, et un lit de feuilles de roses couvrait la table en guise de nappe [2]. Le vin coulait dans de belles coupes pour le

---

[1]   Hæc quoque prima fuit hodiernæ copia cœnæ
        Quod mihi perfuso melle dedistis holus...
    Præterea venit missus cum collibus altis,
        Undique carnali monte superbus apex.
    Deliciis cunctis quas terra vel unda ministrant,
        Compositis epulis hortulus intus erat.
                            (Fortunati, lib. xi, carm. 9.)

Carnea dona tumens, gavata argentea perfert.
    Quo nimium pingui jure natabat olus.
Marmoreus defert discus quod gignitur hortis.
    Quo mihi mellitus fluxit in ore sapor.
Intumuit pullis vitreo scutella rotatu.
    Subductis pennis, quam grave pondus habent!
                            (Ibid., carm. 10.)

[2]   Molliter arridet rutilantum copia florum,
        Vix tot campus habet quot modo mensa rosas.
    Insultant epulæ stillanti germine fultæ,
        Quod mantile solet, cur rosa pulchra tegit?

convive à qui nul vœu ne l'interdisait; il y avait comme une ombre des soupers d'Horace ou de Tibulle dans l'élégance de ce repas offert à un poëte chrétien par deux recluses mortes pour le monde.

567 à 580.

Les trois acteurs de cette scène bizarre s'adressaient l'un à l'autre des propos tendres, sur le sens desquels un païen se serait certainement mépris. Les noms de mère et de sœur, dans la bouche de l'Italien, accompagnaient des mots tels que ceux-ci : *ma vie, ma lumière, délices de mon âme;* et tout cela n'était, au fond, qu'une amitié exaltée, mais chaste, une sorte d'amour intellectuel [1]. A l'égard de l'abbesse, qui n'avait guère plus de trente ans lorsque cette liaison commença, l'intimité parut suspecte, et devint le sujet d'insinuations malignes. La réputation du prêtre Fortunatus en souffrit ; il fut obligé de se défendre et de protester qu'il n'avait pour Agnès que les sentiments d'un frère, qu'un amour de pur esprit, qu'une affection toute céleste. Il le fit avec dignité, dans des vers où il

---

    Enituit paries viridi pendente chorymbo
      Quæ loca calces habet huc rosa pressa rubet.
                            (Fortunati, carm 11.)

[1] V. Fortunati opera, lib. xi passim.

567 à 580. prend le Christ et la Vierge à témoin de son innocence de cœur[1].

Cet homme d'humeur gaie et légère, qui avait pour maxime de jouir du présent et de prendre toujours la vie du côté agréable, était, dans ses entretiens avec la fille des rois de Thuringe, le confident d'une souffrance intime, d'une mélancolie de souvenir dont lui-même devait se sentir incapable[2]. Radegonde avait atteint l'âge où les cheveux blanchissent, sans oublier aucune des impressions de sa première enfance, et, à cinquante ans, la mémoire des jours passés dans son pays et parmi les siens lui revenait aussi fraîche et aussi douloureuse qu'au moment de sa captivité. Il lui arrivait souvent de dire : « Je suis « une pauvre femme enlevée; » elle se plaisait à retracer dans leurs moindres détails les scènes de désolation, de meurtre et de violence dont elle

---

[1] Mater honore mihi, soror autem dulcis amore,
Quam pietate, fide, pectore, corde, colo.
Cœlesti affectu, non crimine corporis ullo,
Non caro, sed hoc quod spiritus optat, amo.
Testis adest Christus.....
(Fortunati, lib. xi, carm. 6.)

[2] Quamvis doctiloquax te seria cura fatiget,
Huc veniens festos misce poeta jocos....
Pelle palatinas post multa negotia rixas,
Vivere jucunde mensa benigna monet.
(Ibid., lib. vii, carm. 26 et 28.)

avait été le témoin et en partie la victime [1]. Après tant d'années d'exil, et malgré un changement total de goûts et d'habitudes, le souvenir du foyer paternel et les vieilles affections de famille demeuraient pour elle un objet de culte et de passion ; c'était un reste, le seul qu'elle eût conservé, des mœurs et du caractère germaniques. L'image de ses parents morts ou bannis ne cessait point de lui être présente, en dépit de ses nouveaux attachements et de la paix qu'elle s'était faite. Il y avait même quelque chose d'emporté, une ardeur presque sauvage dans ses élans d'âme vers les derniers débris de sa race, vers le fils de son oncle réfugié à Constantinople, vers des cousins nés dans l'exil et qu'elle ne connaissait que de nom [2]. Cette femme qui, sur la terre étrangère, n'avait rien pu aimer que ce qui était à la fois empreint de christianisme et de civilisation, colorait ses regrets patriotiques d'une teinte de poésie inculte, d'une réminiscence des chants nationaux qu'elle avait jadis écoutés dans le palais de bois de ses ancêtres ou sur les

---

[1]   Post patriæ cineres, et culmina lapsa parentum,
       Quæ hostili acie terra Thoringa tulit,
   Si loquar infausto certamine bella peracta,
      Quas prius ad lacrymas femina rapta trahar.
         (Fortunati libellus ad Artarchin ex persona Radegundis, inter ejus opera, t. I, p. 482.)

[2] Ibid., et libel. de Excidio Thuringiæ, p. 474.

567 à 580 bruyères de son pays. La trace s'en retrouve çà et là, visible encore, bien que certainement affaiblie, dans quelques pièces de vers où le poëte italien, parlant au nom de la reine barbare, cherche à rendre telles qu'il les a reçues ses confidences mélancoliques :

« J'ai vu les femmes traînées en esclavage, les
« mains liées et les cheveux épars ; l'une mar-
« chait nu-pieds dans le sang de son mari, l'autre
« passait sur le cadavre de son frère [1]. — Chacun
« a eu son sujet de larmes, et moi j'ai pleuré
« pour tous. — J'ai pleuré mes parents morts,
« et il faut aussi que je pleure ceux qui sont
« restés en vie. — Quand mes larmes cessent de
« couler, quand mes soupirs se taisent, mon
« chagrin ne se tait pas. — Lorsque le vent mur-
« mure, j'écoute s'il m'apporte quelque nou-
« velle ; mais l'ombre d'aucun de mes proches ne
« se présente à moi [2]. — Tout un monde me
« sépare de ceux que j'aime le plus. — En quels
« lieux sont-ils ? Je le demande au vent qui siffle ;

[1] Nuda maritalem calcavit planta cruorem,
Blandaque transibat, fratre jacente, soror.
(Fortunati opera, t. I, p. 475.)

[2] Sœpe sub humecto conlidens lumina vultu,
Murmura clausa latent, nec mea cura tacet.
Specto libens aliquam si nunciet aura salutem,
Nullaque de cunctis umbra parentis adest.
(Ibid.)

« je le demande aux nuages qui passent ; je vou-
« drais que quelque oiseau vînt me donner de
« leurs nouvelles [1]. — Ah ! si je n'étais retenue
« par la clôture sacrée de ce monastère, ils me
« verraient arriver près d'eux au moment où ils
« m'attendraient le moins. Je m'embarquerais
« par le gros temps ; je voguerais avec joie dans
« la tempête. Les matelots trembleraient, et moi
« je n'aurais aucune peur. Si le vaisseau se bri-
« sait, je m'attacherais à une planche, et je
« continuerais ma route ; et si je ne pouvais
« saisir aucun débris, j'irais jusqu'à eux en
« nageant [2]. »

Telle était la vie que menait Fortunatus depuis
l'année 567, vie mêlée de religion sans tristesse,
et d'affection sans aucun trouble, de soins graves
et de loisirs remplis par d'agréables futilités. Ce
dernier et curieux exemple d'une tentative d'al-

---

[1] Quæ loca te teneant, si sibilat aura, requiro,
    Nubila si volitant pendula, posco locum...
  Quod si signa mihi nec terra nec æquora mittunt,
    Prospera vel veniens nuntia ferret avis.
              (Fortunati opera, t. I, p. 477.)

[2] Imbribus infestis si solveret unda carinam,
    Te peterem tabula remige vecta mari.
  Sorte sub infausta si prendere ligna vetarer,
    Ad te venissem lassa natante manu.
              (Ibid.)

liance entre la perfection chrétienne et les raffinements sociaux de la vieille civilisation, aurait passé sans laisser de souvenir, si l'ami d'Agnès et de Radegonde n'eût marqué lui-même, dans ses œuvres poétiques, jusqu'aux moindres phases de la destinée qu'il s'était choisie avec un si parfait instinct du bien-être. Là se trouve inscrite, presque jour par jour, l'histoire de cette société de trois personnes liées ensemble par une amitié vive, le goût des choses élégantes, et le besoin de conversations spirituelles et enjouées. Il y a des vers pour tous les petits événements dont se formait le cours de cette vie à la fois douce et monotone, sur les peines de la séparation, les ennuis de l'absence et la joie du retour, sur les petits présents reçus ou donnés, sur des fleurs, sur des fruits, sur toutes sortes de friandises, sur des corbeilles d'osier que le poëte s'amusait à tresser de ses propres mains, pour les offrir à ses deux amies [1]. Il y en a pour les soupers faits à trois dans le monastère et animés par de *déli-*

---

[1] Fortunati, lib. VIII, carm. 2, de itinere suo, cum ad domnum Germanum ire deberet, et a domna Radegunde teneretur. — Lib. VIII, carm. 10, ad domnam Radegundem de violis et Rosis; 12 ad eamdem, pro floribus transmissis. — Lib. XI, carm. 7, ad Abbatissam et Radegundem, absens; 17, de munere suo; 21, de absentia sua; 26, de munere suo; 27, de itinere suo; 28, aliud de itinere suo. — Voyez le Cours d'histoire moderne de M. Guizot, année 1829, 18e livraison.

cieuses causeries [1], et pour les repas solitaires où Fortunatus, mangeant de son mieux, regrettait de n'avoir qu'un seul plaisir, et de ne pas retrouver également le charme de ses yeux et de son oreille [2]. Enfin il y en a pour les jours heureux ou tristes que ramenait régulièrement chaque année, tels que l'anniversaire de la naissance d'Agnès et le premier jour du carême, où Radegonde, obéissant à un vœu perpétuel, se renfermait dans sa cellule, pour y passer le temps du grand jeûne [3]. « Où se cache ma lumière ? pour« quoi se dérobe-t-elle à mes yeux ? » s'écriait alors le poëte, avec un accent passionné, qu'on aurait pu croire profane ; et, quand venaient le jour de Pâques et la fin de cette longue absence, mêlant des semblants de madrigal aux graves pensées de la foi chrétienne, il disait à Radegonde : « Tu avais emporté ma joie;

---

[1]   Blanda magistra suum verbis recreavit et escis,
      Et satiat vario deliciante joco
                (Fortunati, lib. xi, carm. 25.)

[2]   Quis mihi det reliquas epulas, ubi voce fideli,
      Delicias animæ te loquor esse meæ?
    A vobis absens colui jejunia prandens,
      Nec sine te poterat me saturare cibus.
                (Ibid., carm. 16)

[3] Fortunati, lib. xi, carm. 3, de natalitio Abbatissæ; 5, ad Abbatissam de natali suo.—Lib. viii, carm. 13, ad domnam Radegundem, cùm se recluderet ; 14 ad eamdem cùm rediit.— Lib. xi, carm. 2, ad domnam Radegundem quando se reclusit.

567 à 580. « voici qu'elle me revient avec toi; tu me fais doublement célébrer ce jour solennel [1]. »

Au bonheur d'une tranquillité unique dans ce siècle, l'émigré italien joignait celui d'une gloire qui ne l'était pas moins, et même il pouvait se faire illusion sur la durée de cette littérature expirante dont il fut le dernier et le plus frivole représentant. Les Barbares l'admiraient et faisaient de leur mieux pour se plaire à ses jeux d'esprit [2]; ses plus minces opuscules, des billets écrits debout pendant que le porteur attendait, de simples dystiques improvisés à table, couraient de main en main, lus, copiés, appris par cœur; ses poëmes religieux et ses pièces de vers adressées aux rois étaient un objet d'attente publique [3]. A son arrivée en Gaule, il

---

[1]   Quo sine me mea lux oculis errantibus abdit,
          Nec patitur visu se reserare meo?....
                              (Fortunati, lib. xi, carm. 2.)
    Abstuleras tecum, revocas mea gaudia tecum,
       Paschalemque facis bis celebrare diem.
                              (Ibid., lib. viii, carm. 14.)

[2] Ubi mihi tantumdem valebat raucum gemere quod cantare, apud quos nihil dispar erat aut stridor anseris aut canor oloris; sola sæpe bombicans, barbaros leudos harpa relidebat... quo residentes auditores inter acernea pocula, laute bibentes, insana, Baccho judice, debaccharent. (Fortunati, lib. i, Prœmium ad Gregorium episc. Turon., p. 2.)

[3] Hic B. Martini vitam, quatuor in libris heroico in versu contexuit, et multa alia, maximeque hymnos singularum festivitatum, et præcipue ad singulos amicos versiculos, nulli poetarum secundus, suavi

avait célébré en style païen les noces de Sighebert et de Brunehilde, et en style chrétien la conversion de Brunehilde arienne à la foi catholique¹. Le caractère guerrier de Sighebert, vainqueur des nations d'outre-Rhin, fut le premier thème de ses flatteries poétiques ; plus tard, établi à Poitiers dans le royaume de Haribert, il fit en l'honneur de ce prince, nullement belliqueux, l'éloge du roi pacifique². Haribert étant mort en l'année 567, la situation précaire de la ville de Poitiers, tour à tour prise et reprise par les rois de Neustrie et d'Austrasie, fit longtemps garder au poëte un silence prudent ; et sa langue ne se délia qu'au jour où la cité qu'il habitait lui parut définitivement tombée sous le pouvoir du roi Hilperik. Alors il composa pour ce roi, en vers élégiaques, son premier panégyrique ; c'est la pièce mentionnée plus haut et dont l'envoi au concile de Braine a donné lieu à ce long épisode.

L'occasion de la tenue du concile fut assez adroitement saisie par Fortunatus dans l'intérêt de son succès littéraire, car les évêques réunis à Braine étaient l'élite des hommes de science et des beaux esprits de la Gaule, une véritable aca-

---

et diserto sermone composuit. (Paulus diaconus, apud Fortunati vitam, p. LXI.)

¹ Fortunati, lib. VI, carm. 2 et 3. — Voyez t. I, premier Récit.
² Fortunati, lib. VI, carm. 4.

580. démie. Du reste, en plaçant son œuvre sous leur patronage, il se garda soigneusement de faire la moindre allusion au procès épineux qu'ils étaient appelés à juger. Pas un mot sur la pénible épreuve qu'allait subir Grégoire de Tours, le premier de ses confidents littéraires, son ami et son bienfaiteur [1]. Rien, dans cette pièce de cent cinquante vers, qui touche à la circonstance, qui présente un reflet de couleur locale ou un trait de physionomie individuelle. On n'y voit que de belles généralités de tous les temps et de tous les lieux, une réunion de prélats vénérables, un roi modèle de justice, de lumières et de courage, une reine admirable par ses vertus, sa grâce et sa bonté; figures de fantaisie, pures abstractions aussi en dehors de la réalité présente, que l'était de l'état politique de la Gaule la paisible retraite du monastère de Poitiers [2].

Après que les évêques eurent admiré, avec le sens faux et le goût complaisant des époques de

---

[1] V. Fortunati opera, lib. v, carm. 3, 4, 5, 9, 10, 11, 12, 14, 15, 16, 19, 20. — Lib. viii, carm. 19, 20, 21, 22, 23, 24, 25, 26.

[2]   Quid de justitiæ referam moderamine, princeps,
            Quo male nemo redit, si bene justa petit...
        Te arma ferunt generi similem, sed littera præfert,
            Sic veterum regum par simul atque prior...
        Omnibus excellens meritis, Fredegundis opima
            Atque serena suo fulget ab ore dies.

(Fortunati, lib ix, carm. 1.)

décadence littéraire, les tours de force poétiques, les exagérations et les subtilités du panégyriste, il leur fallut revenir des chimères de cet idéal factice aux impressions de la vie réelle. L'ouverture du synode eut lieu, et tous les juges prirent place sur des bancs dressés autour de la salle d'audience. Comme dans le procès de Prætextatus, les vassaux et les guerriers franks se pressaient en foule aux portes de la salle, mais avec de tout autres dispositions à l'égard de l'accusé[1]. Loin de frémir, à sa vue, d'impatience et de colère, ils ne lui témoignaient que du respect, et partageaient même en sa faveur les sympathies exaltées de la population gallo-romaine. Le roi Hilperik montrait dans sa contenance un air de gravité guindée, qui ne lui était pas habituel. Il semblait ou qu'il eût peur de rencontrer en face l'adversaire que lui-même avait provoqué, ou qu'il se sentît gêné par le scandale d'une enquête publique sur les mœurs de la reine.

A son entrée, il salua tous les membres du concile, et, ayant reçu leur bénédiction, il s'assit[2]. Alors Berthramn, l'évêque de Bordeaux, qui passait pour être le complice des adultères

---

[1] Voyez plus haut, quatrième Récit, p. 151.

[2] Dehinc adveniente rege, data omnibus salutatione ac benedictione accepta, resedit. (Greg. Turon. Hist. Franc., lib. v, apud script. rer. gallic. et francic., t. II, p. 263.)

580. de Frédégonde, prit la parole comme partie plaignante; il exposa les faits de la cause, et interpellant Grégoire, il le requit de déclarer s'il était vrai qu'il eût proféré de telles imputations contre lui et contre la reine[1]. « En vérité, je n'ai rien « dit de cela, répondit l'évêque de Tours. — « Mais, reprit aussitôt Berthramn avec une vivacité qui pouvait paraître suspecte, ces mauvais « propos ont couru; tu dois en savoir quelque « chose? » L'accusé répliqua d'un ton calme: « D'autres l'ont dit; j'ai pu l'entendre, mais je ne « l'ai jamais pensé[2]. »

Le léger murmure de satisfaction que ces paroles excitèrent dans l'assemblée se traduisit au dehors en trépignements et en clameurs. Malgré la présence du roi, les vassaux franks, étrangers à l'idée que se faisaient les Romains de la majesté royale et de la sainteté des audiences judiciaires, intervinrent tout à coup dans le débat par des exclamations empreintes d'une rude liberté de langage. « Pourquoi impute-t-on de pareilles « choses à un prêtre de Dieu?—D'où vient que

[1] Tunc Bertchramnus Burdegalensis civitatis episcopus, cui hoc cum regina crimen impactum fuerat, causam proponit, meque interpellat, dicens a me sibi ac reginæ crimen objectum. (Greg. Turon. Hist. Franc., lib. v, apud script. rer. gallic. et francic., t. II, p. 263.)

[2] Negavi ego in veritate me hæc locutum; et audisse quidem alios, me non excogitasse. (Ibid.) — Voyez, sur le sens de ce passage, l'opinion du savant éditeur dom Ruinart, præfat., p. 114.

« le roi poursuit une semblable affaire? — Est-ce
« que l'évêque est capable de tenir des propos
« de cette espèce, même sur le compte d'un
« esclave? — Ah! Seigneur Dieu, prête secours
« à ton serviteur[1]. » A ces cris d'opposition, le
roi se leva, mais sans colère, et comme habitué
de longue main à la brutale franchise de ses
leudes. Élevant la voix pour que la foule du dehors entendît son apologie, il dit à l'assemblée :
« L'imputation dirigée contre ma femme est un
« outrage pour moi; j'ai dû le ressentir. Si vous
« trouvez bon qu'on produise des témoins à la
« charge de l'évêque, les voilà ici présents; mais
« s'il vous semble que cela ne doive pas se faire,
« et qu'il faille s'en remettre à la bonne foi de
« l'évêque, dites-le, j'écouterai volontiers ce que
« vous aurez ordonné[2]. »

Les évêques, ravis et un peu étonnés de cette
modération et de cette docilité du roi Hilperik,
lui permirent aussitôt de faire comparaître les

---

[1] Nam extra domum rumor in populo magna erat dicentium : « Cur
« hæc super sacerdotem Dei objiciuntur? cur talia rex prosequitur?
« Numquid potuit episcopus talia dicere vel de servo? Heu, heu, Domine
« Deus, largire auxilium servo tuo. » (Greg. Turon. Hist. Franc., lib. v,
apud script. rer. gallic. et francic., t. II, p. 263.)

[2] Rex autem dicebat : « Crimen uxoris meæ meum habetur oppro-
« brium. Si ergo censetis ut super episcopum testes adhibeantur, ecce
« adsunt. Certe si videtur ut hæc non fiant, et in fidem episcopi com-
« mittantur, dicite, libenter audiam quæ jubetis. » (Ibid.)

témoins à charge dont il annonçait la présence ; mais il n'en put présenter qu'un seul, le sous-diacre Rikulf[1]. Platon et Gallienus persistaient à dire qu'ils n'avaient rien à déclarer. Quant à Leudaste, profitant de sa liberté et du désordre qui présidait à l'instruction de cette procédure, non-seulement il n'était point venu à l'audience, mais de plus il avait eu la précaution de s'éloigner du théâtre des débats. Rikulf, audacieux jusqu'au bout, se mit en devoir de parler ; mais les membres du synode l'arrêtèrent en s'écriant de toutes parts : « Un clerc de rang inférieur ne « peut être cru en justice contre un évêque[2]. » La preuve testimoniale ainsi écartée, il ne restait plus qu'à s'en tenir à la parole et au serment de l'accusé ; le roi, fidèle à sa promesse, n'objecta rien pour le fond, mais il chicana sur la forme. Soit par un caprice d'imagination, soit que de vagues souvenirs de quelque vieille superstition germanique lui revinssent à l'esprit sous des formes chrétiennes, il voulut que la justification de l'évêque Grégoire fût accompagnée d'actes étranges et capables de la faire res-

---

[1] Mirati sunt omnes regis prudentiam vel patientiam simul...(Greg. Turon. Hist. Franc., lib. v, apud script. rer. gallic. et francic., t. II, p. 263)

[2] Tunc cunctis dicentibus : Non potest persona inferior super sacerdotem credi.... (Ibid.)

sembler à une sorte d'épreuve magique. Il exigea 580. que l'évêque dît la messe trois fois de suite à trois autels différents, et qu'à l'issue de chaque messe, debout sur les degrés de l'autel, il jurât qu'il n'avait point tenu les propos qu'on lui attribuait[1].

La célébration de la messe jointe à un serment, dans la vue de le rendre plus redoutable, avait déjà quelque chose de peu conforme aux idées et aux pratiques orthodoxes; mais l'accumulation de plusieurs serments pour un seul et même fait était formellement contraire aux canons de l'église. Les membres du synode le reconnurent, et ils n'en furent pas moins d'avis de faire cette concession aux bizarres fantaisies du roi. Grégoire lui-même consentit à enfreindre la règle qu'il avait tant de fois proclamée. Peut-être, comme accusé personnellement, se faisait-il un point d'honneur de ne reculer devant aucun genre d'épreuves; peut-être aussi, dans cette maison où tout avait la physionomie germanique, où l'aspect des hommes était barbare, et les mœurs encore à demi païennes, ne retrouvait-il plus la même énergie, la même liberté de

---

[1] Restitit ad hoc causa, ut dictis missis in tribus altaribus, me de his verbis exuerem sacramento. (Greg. Turon. Hist. Franc., lib. v, apud script. rer. gallic. et francic.,t. II, p. 263.)

580 conscience, que dans l'enceinte des villes gauloises ou sous le toit des basiliques [1].

Pendant que ces choses se passaient, Fredegonde, retirée à l'écart, attendait la décision des juges, affectant de paraître calme jusqu'à l'impassibilité, et méditant au fond de son cœur de cruelles représailles contre les condamnés, quels qu'ils fussent. Sa fille Rigonthe, plutôt par antipathie contre elle que par un sentiment bien sincère d'affection pour l'évêque de Tours, semblait profondément émue des tribulations de cet homme qu'elle ne connaissait guère que de nom, et dont elle était d'ailleurs incapable de comprendre le mérite. Renfermée ce jour-là dans son appartement, elle jeûna et fit jeûner avec elle toutes ses femmes, jusqu'à l'heure où un serviteur, aposté à dessein, vint lui annoncer que l'évêque était déclaré innocent [2]. Il paraît que le roi, pour donner une marque de pleine et entière confiance aux membres du concile, s'abstint de suivre en personne les épreuves qu'il

---

[1] Et licet canonibus essent contraria, pro causa tamen regis impleta sunt. (Greg. Turon. Hist. Franc., lib. v, apud script. rer. gallic. et francic., t. II, p. 263.)

[2] Sed nec hoc sileo, quod Riguntis regina condolens doloribus meis jejunium cum omni domo sua celebravit, quousque puer nuntiaret me omnia sic implesse, ut fuerant instituta. (Ibid.)

avait demandées, et qu'il laissa les évêques 580.
accompagner seuls l'accusé à l'oratoire du palais
de Braine, où les trois messes furent dites et les
trois serments prêtés sur trois autels. Aussitôt
après, le concile rentra en séance; Hilperik avait
déjà repris sa place; le président de l'assemblée
resta debout et dit avec une gravité majestueuse:
« O roi, l'évêque a accompli toutes les choses
« qui lui avaient été prescrites; son innocence
« est prouvée; et maintenant qu'avons-nous à
« faire? il nous reste à te priver de la commu-
« nion chrétienne, toi et Berthramn, l'accusateur
« d'un de ses frères[1]. » Frappé de cette sentence
inattendue, le roi changea de visage, et, de
l'air confus d'un écolier qui rejette sa faute sur
des complices, il répondit : « Mais je n'ai raconté
« autre chose que ce que j'avais entendu dire. »
« — Qui est-ce qui l'a dit le premier? » répliqua
le président du concile, d'un ton d'autorité plus
absolu[2]. — « C'est de Leudaste que j'ai tout
« appris, » dit le roi encore ému d'avoir entendu retentir à ses oreilles le terrible mot d'excommunication.

---

[1] Impleta sunt omnia ab episcopo quæ imperata sunt, o rex. Quid nunc ad te nisi ut cum Bertchramno accusatore fratris communione priveris? (Greg. Turon. Hist. Franc., lib. v, apud script. rer. gallic. et francic., t. II, p. 263.)

[2] Et ille : Non, inquit, ego nisi audita narravi. Quærentibus illis,

580. L'ordre fut donné sur-le-champ d'amener Leudaste à la barre de l'assemblée, mais on ne le trouva ni dans le palais ni aux environs; il s'était esquivé prudemment. Les évêques résolurent de procéder contre lui par contumace et de le déclarer excommunié [1]. Quand la délibération fut close, le président du synode se leva, et prononça l'anathème selon les formules consacrées :

« Par le jugement du Père, du Fils et du Saint-
« Esprit, en vertu de la puissance accordée aux
« apôtres et aux successeurs des apôtres, de lier
« et de délier dans le ciel et sur la terre, tous
« ensemble nous décrétons que Leudaste, se-
« meur de scandale, accusateur de la reine,
« faux dénonciateur d'un évêque, attendu qu'il
« s'est soustrait à l'audience pour échapper à
« son jugement, sera désormais séparé du giron
« de la sainte mère église et exclus de toute com-
« munion chrétienne, dans la vie présente et
« dans la vie à venir [2]. Que nul chrétien ne lui

quis hæc dixerit? respondit se hæc a Leudaste audisse. (Greg. Turon. Hist. Franc., lib. v, apud script. rer. gallic. et francic., t. II, p. 263.)

[1] Ille autem, secundum infirmitatem vel consilii vel propositionis suæ, jam fugam inierat. Tunc placuit omnibus sacerdotibus ut... (Ibid.)

[2] Formulæ excommunicationum apud script. rer. gallic. et francic., t. IV, p. 611 et 612. — Ut sator scandali, insitiator reginæ, accusator

« dise salut et ne lui donne le baiser. Que nul 580.
« prêtre ne célèbre pour lui la messe et ne lui
« administre la sainte communion du corps et
« du sang de Jésus-Christ. Que personne ne lui
« fasse compagnie, ne le reçoive dans sa maison,
« ne traite avec lui d'aucune affaire, ne boive,
« ne mange, ne converse avec lui, à moins que
« ce ne soit pour l'engager à se repentir [1]. Qu'il
« soit maudit de Dieu le père qui a créé l'homme ;
« qu'il soit maudit de Dieu le fils qui a souffert
« pour l'homme ; qu'il soit maudit de l'Esprit
« Saint qui se répand sur nous au baptême ; qu'il
« soit maudit de tous les saints qui depuis le
« commencement du monde ont trouvé grâce
« devant Dieu. Qu'il soit maudit partout où il
« se trouvera, à la maison ou aux champs, sur
« la grande route ou dans le sentier. Qu'il soit
« maudit vivant et mourant, dans la veille et
« dans le sommeil, dans le travail et dans le
« repos. Qu'il soit maudit dans toutes les forces
« et tous les organes de son corps. Qu'il soit
« maudit dans toute la charpente de ses mem-

episcopi, ab omnibus arceretur ecclesiis, eo quod se ab audientia subtraxisset. (Greg. Turon. Hist. Franc., lib. v, apud script. rer. gallic. et francic., t. II, p. 263.)

[1] Nullus Christianus ei ave dicat, aut eum osculari præsumat. Nullus presbyter cum eo missam celebrare audeat. Nemo ei jungatur in consortio, neque in aliquo negotio... (Formulæ excommunicationum, apud script. rer. gallic. et francic., t. IV, p. 611 et 612.)

580 « bres, et que du sommet de la tête à la plante
« des pieds il n'y ait pas sur lui la moindre place
« qui reste saine [1]. Qu'il soit livré aux supplices
« éternels avec Dathan et Abiron, et avec ceux
« qui ont dit au Seigneur : Retire-toi de nous.
« Et de même que le feu s'éteint dans l'eau,
« qu'ainsi sa lumière s'éteigne pour jamais, à
« moins qu'il ne se repente et qu'il ne vienne
« donner satisfaction. » A ces derniers mots, tous
les membres de l'assemblée, qui avaient écouté
jusque-là dans un silence de recueillement, éle-
vèrent ensemble la voix, et crièrent à plusieurs
reprises : « Amen, que cela soit, que cela soit,
« qu'il soit anathème ; amen, amen [2]. »

Cet arrêt, dont les menaces religieuses étaient
vraiment effrayantes et dont les effets civils équi-
valaient pour le condamné à la mise hors de la
loi du royaume, fut notifié par une lettre circu-
laire à tous ceux des évêques de Neustrie qui
n'avaient pas assisté au concile[3]. Ensuite on passa

[1] Maledictus sit ubicumque fuerit, sive in domo, sive in agro, sive in via, sive in semita... Maledictus sit in totis viribus corporis... Maledictus sit in totis compaginibus membrorum; a vertice capitis usque ad plantam pedis non sit in eo sanitas. (Formulæ excommunicationum, apud script. rer. gallic. et francic., t. IV, p. 613.)

[2] Et sicut aqua ignis extinguitur, sic extinguatur lucerna ejus in secula seculorum, nisi resipuerit et ad satisfactionem venerit. (Ibid., p. 612.) — Et respondeant omnes tertio : *Amen*, aut *fiat*, *fiat*, au *anathema sit*. (Ibid., p. 611.)

[3] Unde et epistolam subscriptam aliis episcopis qui non adfuerant

au jugement du sous-diacre Rikulf, convaincu de faux témoignage par la justification de l'évêque de Tours. La loi romaine, qui était celle de tous les ecclésiastiques sans distinction de race, punissait de mort l'imputation calomnieuse d'un crime capital, tel que celui de lèse-majesté[1]; cette loi fut appliquée dans toute sa rigueur, et le synode porta contre le clerc Rikulf une sentence qui l'abandonnait au bras séculier. Ce fut le dernier acte de l'assemblée ; elle se sépara aussitôt, et chacun des évêques, ayant pris congé du roi, fit ses dispositions pour retourner à son diocèse[2]. Avant de songer à partir, Grégoire sollicita la grâce de l'homme qui l'avait poursuivi de ses impostures avec tant de perversité et d'effronterie. Hilperik était alors en veine de mansuétude, soit à cause de la joie que lui causait la fin des embarras où l'avait entraîné le soin de son honneur conjugal, soit qu'il eût à cœur d'adoucir, par des complaisances, les griefs de

580.

---

transmiserunt. (Greg. Turon. Hist. Franc., lib. v, apud script. rer. gallic. et francic., t. II, p 263.)

[1] Comprimatur unum maximum humanæ vitæ malum, delatorum exsecranda pernicies..., ita ut judices nec calumniam nec vocem prorsus deferentis admittant. Sed qui delator extiterit capitali sententiæ subjugetur. (Cod. Theod. constit. anni 319.) — Ibid., constit. anni 323, *de calumniatoribus.*

[2] Et sic unusquisque in locum suum regressus est. (Greg. Turon., loc. supr. cit.)

580. l'évêque de Tours. Il fit remise, sur sa prière, de la peine capitale, et ne réserva que la torture qui, selon la législation romaine, s'infligeait, non comme un supplice, mais comme un supplément d'interrogatoire [1].

Fredegonde elle-même jugea qu'il était de sa politique de ratifier cet acte de clémence et de laisser la vie à celui qu'un jugement solennel venait de lui livrer. Mais il semble qu'en l'épargnant elle ait voulu faire sur lui l'expérience de ce qu'un homme pourrait supporter de tourment sans en mourir; et, dans ce jeu féroce, elle ne fut que trop bien secondée par le zèle officieux des vassaux et des serviteurs du palais, qui se firent à l'envi les bourreaux du condamné. « Je « ne crois pas, dit le narrateur contemporain « qui n'est autre ici que l'évêque de Tours, je ne « crois pas qu'aucune chose inanimée, aucun « métal eût pu résister à tous les coups dont fut « meurtri ce pauvre malheureux. Depuis la troi- « sième heure du jour jusqu'à la neuvième, il « resta suspendu à un arbre par les mains liées « derrière le dos. A la neuvième heure on le

---

[1] At Riculfus clericus ad interficiendum deputatur, pro cujus vita vix obtinui; tamen de tormentis excusare non potui. (Greg. Turon. Hist. Franc., lib. v, apud script. rer. gallic. et francic., t. II, p. 263.)— V. Cod. lib. ix, tit. xii *de quæstionibus*, et Digest., lib. xlviii, tit. xviii.

« détacha, et on l'étendit sur un chevalet où il 580.
« fut frappé de bâtons, de verges et de courroies
« mises en double, et cela, non par un ou deux
« hommes, mais, tant qu'il en pouvait approcher
« de ses misérables membres, tous se mettaient
« à l'œuvre et frappaient[1]. »

Ses souffrances, jointes à son ressentiment contre Leudaste dont il avait été le jouet, lui firent révéler le fond encore ignoré de cette ténébreuse intrigue. Il dit qu'en accusant la reine d'adultère, ses deux complices et lui avaient eu pour but de la faire expulser du royaume avec ses deux fils, afin que le fils d'Audowere, Chlodowig, restât seul pour succéder à son père. Il ajouta que, selon leurs espérances en cas de succès, Leudaste devait être fait duc, le prêtre Rikulf évêque, et lui-même archidiacre de Tours[2]. Ces révélations ne chargeaient point directement le jeune Chlodowig de participation au complot; mais son intérêt s'était trouvé lié à celui des trois conjurés; Fredegonde ne l'oublia

---

[1] Nam nulla res, nullum metallum tanta verbera potuit sustinere, sicut hic miserrimus... Cædebatur fustibus, virgis, ac loris duplicibus, et non ab uno vel duobus, sed quot accedere circa miseros potuissent artus, tot cæsores erant. (Greg. Turon. Hist. Franc., lib. v, apud script. rer. gallic. et francic., t. II, p. 263, 264.)

[2] Cùm autem jam in discrimine esset, tunc aperuit veritatem, et arcana doli publice patefecit. Dicebat enim ob hoc reginæ crimen objectum, ut ejecta de regno... (Ibid.) — Voyez plus haut, p. 236.

580 pas, et, de ce moment, il fut marqué dans sa pensée, comme elle marquait ses ennemis mortels, pour la plus prochaine occasion.

Les nouvelles circulaient lentement dans ce siècle, à moins qu'elles ne fussent portées par des exprès; et ainsi plusieurs semaines s'écoulèrent avant qu'on pût savoir à Tours quelle issue avait eue le procès instruit à Soissons et jugé à Braine. Durant ces jours d'incertitude, les citoyens, inquiets du sort de leur évêque, souffraient en outre des désordres causés par la turbulence et la forfanterie des ennemis de Grégoire. Leur chef, le prêtre Rikulf, s'était, de son autorité privée, installé dans la maison épiscopale et, là, comme s'il eût déjà possédé le titre d'évêque, objet de sa folle ambition, il s'essayait à l'exercice de la puissance absolue alors attachée à ce titre [1]. Disposant en maître des propriétés de l'église métropolitaine, il dressa un inventaire de toute l'argenterie; et, pour se faire des créatures, il se mit à distribuer de riches présents aux principaux membres du clergé, donnant à l'un des meubles précieux, à d'autres des prés ou des vignes. Quant aux clercs de rang inférieur, dont

---

[1] Nam me adhuc commorante cum rege, hic, quasi jam esset episcopus, in domum ecclesiæ ingreditur impudenter. (Greg. Turon. Hist. Franc., lib. v, apud script. rer. gallic. et francic., t. II, p. 264.)

il croyait n'avoir nul besoin, il les traita d'une tout autre manière, et ne leur fit connaître que par des actes de rigueur et de violence le pouvoir qu'il s'était arrogé. A la moindre faute, il les faisait battre à coups de bâton, ou les frappait de sa propre main, en leur disant : « Reconnaissez « votre maître[1]. » Il répétait à tout propos, d'un ton de vanité emphatique : « C'est moi qui, par « mon esprit, ai purgé la ville de Tours de cette « engeance venue d'Auvergne[2]. » Si parfois ses amis familiers lui témoignaient quelque doute sur le succès de cette usurpation, et sur la sincérité de ceux qu'attiraient autour de lui ses largesses extravagantes, il disait avec un sourire de supériorité : « Laissez-moi faire; l'homme avisé « n'est jamais pris en défaut; on ne peut le trom- « per que par le parjure[3]. »

580.

Ce fanfaron, si plein de lui-même, fut tout à coup tiré de ses rêves d'ambition par l'arrivée de Grégoire, qui fit sa rentrée à Tours au milieu de

---

[1] Argentum describit ecclesiæ, reliquasque res sub suam redigit potestatem. Majores clericos muneribus ditat, largitur vineas, prata distribuit : minores vero fustibus plagisque multis, etiam manu propria adfecit, dicens : « Recognoscite dominum vestrum... » (Greg. Turon. Hist. Franc. lib. v, apud script. rer. gallic. et francic., t. II, p. 264.)

[2] Cujus ingenium Turonicam urbem ab Arvernis populis emundavit. (Ibid.)

[3] Illud sæpe suis familiaribus dicere erat solitus, quod hominem prudentem non aliter, nisi in perjuriis, quis decipere possit. (Ibid.)

580. la joie universelle. Contraint de rendre le palais épiscopal à son légitime possesseur, Rikulf ne vint pas saluer l'évêque, comme le firent dans cette journée non-seulement les membres du clergé, mais tous les autres citoyens. D'abord il affecta des airs de mépris et une sorte de bravade silencieuse; puis sa rancune impuissante se tourna en frénésie, il tint des propos furibonds, et n'eut plus à la bouche que des menaces de mort[1]. Grégoire, toujours attentif à suivre les voies légales, ne se hâta point d'user de la force contre cet ennemi dangereux; mais, procédant avec calme et sans arbitraire, il réunit en synode provincial les suffragants de la métropole de Tours.

Ses lettres de convocation furent adressées individuellement aux évêques de toutes les cités de la troisième province lyonnaise, à l'exception de celles que possédaient les Bretons, peuple aussi jaloux de son indépendance en religion qu'en politique, et dont l'église nationale n'avait point avec l'église des Gaules de relations fixes et régulières[2]. Les évêques d'Angers, du Mans et de

---

[1] Sed cùm me reversum adhuc despiceret, nec ad salutationem meam, sicut reliqui cives fecerant, adveniret, sed magis me interficere minitaretur... (Greg. Turon. Hist. Franc., lib. v, apud script. rer. gallic. et francic., t. II, p. 264.)

[2] V. Adriani Valesii Rer. francic., lib. vi, p. 281, et cæteros libros passim.

Rennes prirent vivement à cœur la paix de 580. l'église de Tours et la cause de leur métropolitain. Mais Félix, évêque de Nantes, soit par son absence du synode, soit par son attitude dans les délibérations, donna des signes non équivoques de malveillance contre Grégoire et de partialité pour ses ennemis. C'était un homme de race gauloise et de haute naissance, qui se disait issu des anciens chefs souverains du territoire d'Aquitaine, et comptait parmi ses aïeux des préfets du prétoire, des patrices et des consuls[1]. A cette noblesse, dont il était très-vain, il joignait des qualités rares de son temps, un esprit vif et entreprenant, le talent de parler avec éloquence et d'écrire avec facilité, et une étincelle de ce génie administratif qui avait brillé dans la Gaule sous le gouvernement romain[2].

Évêque d'une frontière incessamment menacée par les courses hostiles des Bretons, et que les

---

[1] Maxima progenies titulis ornata vetustis,
Cujus et a proavis gloria celsa tonat,
Nam quicumque potens Aquitanica rura subegit,
Extitit ille tuo sanguine, luce, parens.
(Fortunati opera, lib. III, carm. 8.)

[2] Flos generis, tutor patriæ, correctio plebis....
Cujus in ingenium huc nova Roma venit.
(Ibid.)

rois mérovingiens étaient incapables de protéger d'une manière constante, Félix avait pris sur lui de pourvoir à tout, de veiller en même temps à la sûreté et à la prospérité de son diocèse[1]. A défaut d'armée, il opposait aux empiétements des Bretons une politique vigilante et d'adroites négociations ; et, quand la sécurité était revenue autour de lui, il exécutait, avec ses seules ressources, de grands ouvrages d'utilité publique[2]. Au milieu de cette vie d'action et de ce mouvement d'intérêts matériels, son caractère avait contracté quelque chose d'âpre et d'impérieux, fort éloigné du type moral du prêtre selon les traditions apostoliques. Il lui arriva une fois de jeter son dévolu sur un domaine que l'église de Tours possédait près de Nantes, et qui peut-être lui était nécessaire pour l'accomplissement d'une grande entreprise, celle de détourner le cours

---

[1] Restituis terris quod publica jura petebant.
Temporibus nostris gaudia prisca ferens....
(Fortunati opera, lib. III, carm. 5.)

[2] Britanni eo anno valde infesti circa urbem fuere Namneticam atque Rhedonicam..... Ad quos cùm Felix episcopus legationem misisset.... (Greg. Turon. Hist. Franc., lib. v, apud script. rer. gallic. et francic., t. II, p. 251.) — Fortunati opera, lib. III, carm. 12.

— Auctor apostolicus, qui jura Britannica vincens,
Tutus in adversis, spe crucis, arma fugas.
(Ibid., carm. 5.)

de la Loire, et de creuser au fleuve un nouveau lit, dans le double intérêt de l'agriculture et du commerce[1]. Avec sa régularité scrupuleuse et un peu raide, Grégoire refusa de céder la moindre parcelle des propriétés de son église; et cette contestation, s'envenimant par degrés, souleva entre les deux évêques une guerre de plume qui dut causer de grands scandales. Ils s'adressaient mutuellement, sous forme de lettres, des diatribes qu'ils avaient soin de communiquer à leurs amis, et qui circulaient publiquement, comme de véritables pamphlets.

Dans ce conflit de paroles piquantes et d'allégations injurieuses, l'évêque de Tours, plus candide, moins âcre d'humeur, et moins spirituel que son adversaire, était loin d'avoir l'avantage. Aux reproches mordants et pleins de colère dont l'accablait Félix, à cause de son refus de lui abandonner le domaine en litige, il répondait avec une bonhomie doctorale : « Souviens-toi
« de la parole du prophète : Malheur à ceux qui
« joignent maison à maison, et accouplent champ
« à champ, jusqu'à ce que la terre leur manque;

---

[1] Quæ prius in præceps, veluti sine fruge, rigabant,
    Ad victum plebis nunc famulantur aquæ;
Altera de fluvio metitur seges orta virorum,
    Cum per te populo parturit unda cibum.
        (Fortunati opera, lib. III, carm. 5.).

« seront-ils seuls pour l'habiter [1]?. » Et quand l'irascible évêque de Nantes, laissant de côté l'objet de la controverse, essayait de jeter du ridicule et de l'odieux sur la personne et sur la famille de son antagoniste, Grégoire ne trouvait, pour riposter, que des saillies du genre de celle-ci : « Oh! si Marseille t'avait pour évêque, les « navires n'y apporteraient plus d'huile ni « d'autres denrées de ce genre, et seulement des « cargaisons de papyrus, afin que tu eusses de « quoi écrire à ton aise, pour diffamer les gens « de bien. Mais la disette de papier met fin à « ton verbiage [2]... »

Peut-être la mésintelligence qui divisait les évêques de Tours et de Nantes avait-elle des causes plus profondes que cette dispute accidentelle. L'imputation d'orgueil démesuré que Grégoire adressait à Félix donne lieu de croire qu'il existait entre eux quelque rivalité d'aris-

---

[1] Felix, Namneticæ urbis episcopus, litteras mihi scripsit plenas obprobriis, scribens etiam fratrem meum ob hoc interfectum, eo quod ipse cupidus episcopatus episcopum interfecisset... Villam ecclesiæ concupivit. Quam cùm dare nollem, evomuit in me, ut dixi, plenus furore, obprobria mille. Cui aliquando ego respondi : Memento dicti prophetici... (Greg. Turon. Hist. Franc., lib. v, apud script. rer. gallic. et francic., t. II, p. 235.) — Isaïe, 5, 8.

[2] O si te habuisset Massilia sacerdotem! nunquam naves oleum aut reliquas species detulissent, nisi tantum chartam, quo majorem opportunitatem scribendi ad bonos infamandos haberes. Sed paupertas chartæ finem imponit verbositati. (Greg. Turon., loc. supr. cit.)

tocratie¹. Il semble que le descendant des anciens princes d'Aquitaine souffrait de se voir hiérarchiquement soumis à un homme de noblesse inférieure à la sienne, ou que, par un sentiment exagéré de patriotisme local, il aurait voulu que les dignités ecclésiastiques, dans les provinces de l'ouest, fussent le patrimoine exclusif des grandes familles du pays. De là vinrent probablement ses sympathies et ses intelligences avec la faction qui, à Tours, haïssait Grégoire comme étranger; car il connaissait de longue main et il avait même favorisé les intrigues du prêtre Rikulf².

Ces mauvaises dispositions du plus puissant et du plus habile des suffragants de l'évêché de Tours n'empêchèrent point le synode provincial de s'assembler régulièrement et de faire justice. Rikulf, condamné comme fauteur de troubles et rebelle à son évêque, fut envoyé en réclusion dans un monastère dont le lieu n'est pas désigné³. Il y avait à peine un mois qu'il était renfermé sous bonne garde, lorsque des affidés de l'évêque

---

¹ Immensæ enim erat cupiditatis atquæ jactantiæ. (Greg. Turon. Hist. Franc. lib. v, apud script. rer. gallic. et francic., t. II, p. 235.)

² Felicis episcopi... qui memoratæ causæ fautor extiterat. (Ibid., p. 264.)

³ Cum consilio comprovincialium eum in monasterium removeri præcipio. (Ibid.)

580. de Nantes s'introduisirent avec adresse auprès de l'abbé qui gouvernait le couvent. Ils employèrent toutes sortes de ruses pour le circonvenir; et, à l'aide de faux serments, ils obtinrent de lui, sur promesse de retour, la sortie du prisonnier. Mais Rikulf, dès qu'il se vit dehors, prit la fuite, et se rendit en hâte auprès de Félix, qui l'accueillit avec empressement, bravant ainsi d'une manière outrageante l'autorité de son métropolitain [1]. Ce fut le dernier chagrin suscité à l'évêque de Tours par cette misérable affaire, et peut-être le chagrin le plus vif; car il lui venait d'un homme de même origine, de même rang et de même éducation que lui, d'un homme dont il ne pouvait pas dire comme de ses autres ennemis, soit de race barbare, soit bornés de sens et esclaves de leurs passions à l'égal des Barbares : « Mon Dieu, ils ne savent ce qu'ils font. »

Cependant Leudaste, mis hors de la loi par une sentence d'excommunication, et par un édit royal qui défendait de lui procurer ni gîte, ni pain, ni abri, menait une vie errante, pleine de

---

[1] Cùmque ibidem actius distringeretur, intercedentibus Felicis episcopi missis... circumvento perjuriis ablate, fuga elabitur, et usque ad Felicem accedit episcopum : eumque ille ambienter colligit quem exsecrari debuerat. (Greg. Turon. Hist. Franc., lib. v, apud script. rer. gallic. et francic., t. II, p. 264.)

périls et de traverse. Il était venu de Braine à 580. Paris avec l'intention de se réfugier dans la basilique de Saint-Pierre; mais l'anathème, qui le déclarait exclus de l'asile ouvert à tous les proscrits, l'obligea de renoncer à ce dessein, et d'aller se confier à la fidélité et au courage de quelque ami[1]. Pendant qu'il hésitait sur la direction qu'il devait prendre, il apprit que son fils unique venait de mourir; cette nouvelle, à ce qu'il semble, réveilla en lui toutes les affections de famille et lui inspira une envie irrésistible de revoir ses foyers. Cachant son nom, et marchant seul dans le plus pauvre équipage, il prit le chemin de Tours; et, à son arrivée, il se glissa d'une manière furtive dans la maison que sa femme habitait[2]. Quand il eut donné aux émotions paternelles des instants que la mobilité de son caractère et ses inquiétudes présentes durent rendre fort courts, il s'empressa de mettre en sûreté l'argent et les objets précieux qu'il avait accumulés par ses pillages administratifs.

Il entretenait dans le pays de Bourges avec

---

[1] Leudastes vero... basilicam sancti Petri Parisius expetiit. Sed cùm audisset edictum regis, ut in suo regno a nullo colligeretur... (Greg. Turon. Hist. Franc., lib. v, apud script. rer. gallic. et francic., t. II, p. 263.)

[2] Et præsertim quod filius ejus, quem domi reliquerat, obiisset; Turonis occulte veniens... (Ibid.)

580. quelques personnes d'origine germanique, des relations d'hospitalité mutuelle, relations qui, selon les mœurs babares, imposaient des devoirs tellement sacrés que ni les défenses de la loi, ni même les menaces de la religion, ne pouvaient prévaloir contre eux. Ce fut à la garde de ses hôtes qu'il résolut de remettre, jusqu'à des jours meilleurs, tout ce qu'il possédait de richesses; et il eut le temps d'en expédier la plus grande partie, avant que l'édit de proscription lancé contre lui fût promulgué à Tours[1]. Mais ces moments de répit ne furent pas de longue durée; les messagers royaux apportèrent le décret fatal, escortés d'une troupes de gens armés qui, sur des indices recueillis d'étape en étape, suivaient la trace du proscrit. La maison de Leudaste fut envahie par eux; il eut le bonheur de s'échapper; mais sa femme, moins heureuse que lui, fut prise et conduite à Soissons, puis, sur un ordre du roi, exilée dans le pays voisin de Tournai[2].

Le fugitif, prenant le même chemin qu'avaient suivi les chariots qui voituraient son trésor, se dirigea vers la ville de Bourges et entra sur les

---

[1] Quæ optima habuit in Biturico transposuit. (Greg. Turon. Hist. Franc., lib. v, apud script. rer. gallic. et francic., t. II, p. 263.)

[2] Prosequentibus vero regalibus pueris, ipse per fugam labitur. Capta quoque uxor ejus in pagum Tornacensem exsilio retruditur. (Ibid.)

terres du roi Gonthramn, où les gens de Hilperik n'osèrent le poursuivre. Il arriva chez ses hôtes en même temps que ses bagages, dont l'aspect et le volume tentèrent, malheureusement pour lui, la cupidité des habitants du lieu¹. Trouvant que le bien d'un homme étranger au pays était de bonne prise, ils s'ameutèrent pour s'en emparer; et le juge du canton se mit à leur tête, afin d'avoir part au butin. Leudaste n'avait avec lui aucune force capable de repousser une pareille attaque; et, si ses hôtes essayèrent de l'y aider, leur résistance fut inutile. Tout fut pillé par les agresseurs, qui enlevèrent les sacs de monnaie, la vaisselle d'or et d'argent, les meubles et les habits, ne laissant au dépouillé que ce qu'il avait sur le corps, et menaçant de le tuer s'il ne s'éloignait au plus vite². Obligé de fuir de nouveau, Leudaste retourna sur ses pas, et prit audacieusement la route de Tours; le dénuement où il se voyait réduit venait de lui inspirer une résolution désespérée.

Dès qu'il eut gagné la frontière du royaume

---

¹ Leudastes vero in Bituricum pergens, omnes thesauros quos de spoliis pauperum detraxerat secum tulit. (Greg. Turon. Hist. Franc., lib. v, apud script. rer gallic. et francic., t. II, p. 264.)

² Nec multo post inruentibus Bituricis cum judice loci super eum, omne aurum argentumque, vel quod secum detulerat, abstulerunt, nihil ei nisi quod super se habuit relinquentes, ipsamque abstulissent vitam, nisi fuga fuisset elapsus. (Ibid.)

de Hilperik et celle de son ancien gouvernement, il annonça, dans le premier village, qu'il y avait un bon coup à faire, à une journée de marche, sur les terres du roi Gonthramn, et que tout homme d'exécution qui voudrait courir cette aventure, serait généreusement récompensé. De jeunes paysans, et des vagabonds de tout état qui, alors, ne manquaient guère sur les routes, se rassemblèrent à cette nouvelle, et se mirent à suivre l'ex-comte de Tours, sans trop lui demander où il les menait. Leudaste prit ses mesures pour arriver rapidement au lieu qu'habitaient ses spoliateurs, et pour fondre à l'improviste sur la maison où il avait vu emmagasiner le produit du pillage. Cette manœuvre hardie eut un plein succès : les Tourangeaux attaquèrent bravement, tuèrent un homme, en blessèrent plusieurs, et reprirent une portion considérable du butin, que les gens du Berri ne s'étaient pas encore partagé[1].

Fier de son coup de main et des protestations de dévouement qu'il recueillit après avoir fait ses largesses, Leudaste se crut désormais puissant contre quelque ennemi que ce fût, et revenant à

[1] Resumtis dehinc viribus, cum aliquibus Turonicis iterum inruit super prædones suos; interfectoque uno, aliqua de rebus ipsis recepit. (Greg. Turon. Hist. Franc., lib. v, apud script. rer. gallic. et francic., t. II, p. 264.)

ses allures présomptueuses, il demeura dans le voisinage de Tours, sans prendre aucun soin de dissimuler sa présence. Sur les bruits qui s'en répandirent, le duc Bérulf envoya ses officiers avec une troupe de gens bien armés pour s'emparer du proscrit [1]. Peu s'en fallut que Leudaste ne tombât entre leurs mains; au moment d'être arrêté, il parvint encore à s'enfuir, mais ce fut en abandonnant tout ce qui lui restait d'argent et de meubles. Pendant que les débris de sa fortune étaient inventoriés comme dévolus au fisc, et dirigés vers Soissons, lui-même, suivant la route opposée, tâchait d'arriver à Poitiers pour se réfugier, en désespoir de cause, dans la basilique de Saint-Hilaire [2].

Il semble que le voisinage du monastère de Radegonde, et que le caractère même de cette femme si douce et si vénérée, aient répandu alors sur l'église de Poitiers un esprit d'indulgence qui la distinguait entre toutes les autres. C'est du moins la seule explication possible de l'accueil charitable qu'un homme à la fois proscrit et

[1] Et in Turonicum revertitur. Audiens hæc Berulfus dux, misit pueros suos cum armorum adparatu ad comprehendendum eum. (Greg. Turon. Hist. Franc., lib. v, apud script. rer. gallic. et franc., t. II, p. 264.)

[2] Ille vero cernens se jamjamque capi, relictis rebus, basilicam sancti Hilarii Pictavensis expetiit. Berulfus vero dux res captas regi transmisit. (Ibid.)

581. excommunié trouva au sein de cette église, après avoir vu se fermer devant lui l'asile de Saint-Martin de Tours et les basiliques de Paris. La joie d'être à la fin en pleine sûreté fut grande pour Leudaste, mais elle passa vite ; et bientôt il n'éprouva plus qu'un sentiment insupportable pour sa vanité, l'humiliation d'être l'un des plus pauvres parmi ceux qui partageaient avec lui l'asile de Saint-Hilaire. Pour s'y dérober, et pour satisfaire des goûts invétérés de sensualité et de débauche, il organisa en bande de voleurs les plus scélérats et les plus déterminés d'entre ses compagnons de refuge. Lorsque la police de la ville devenait moins forte ou moins vigilante, l'ex-comte de Tours, averti par des espions, sortait de la basilique de Saint-Hilaire, à la tête de sa troupe, et, courant à quelque maison qu'on lui avait signalée comme riche, il y enlevait par effraction l'argent et la vaisselle de prix, ou rançonnait à merci le propriétaire épouvanté [1]. Chargés de butin, les bandits rentraient aussitôt dans l'enceinte de la basilique, où ils faisaient leur partage ; puis, mangeaient et buvaient ensemble, se querellaient ou jouaient aux dés.

Souvent le saint asile devenait le théâtre de

---

[1] Leudastes enim egrediebatur de basilica, et inruens in domos diversorum prædas publicas exercebat. (Greg. Turon. Hist. Franc., lib. v, apud script. rer. gallic. et francic., t. II, p. 264.)

désordres encore plus honteux ; Leudaste y attirait des femmes de mauvaise vie, dont quelques-unes, mariées, furent surprises avec lui en adultère sous les portiques du parvis [1]. Soit qu'au bruit de ces scandales, un ordre parti de la cour de Soissons eût prescrit l'exécution rigoureuse de la sentence portée à Braine, soit que Radegonde elle-même, outrée de tant de profanations, eût demandé l'éloignement de Leudaste, il fut chassé de l'asile de Saint-Hilaire, comme indigne de toute pitié [2]. Ne sachant où reposer sa tête, il s'adressa encore une fois à ses hôtes du Berri. Malgré les obstacles suscités autour d'eux par des événements récents, leur amitié fut ingénieuse à lui assurer une retraite, qu'il abandonna de lui-même après quelque temps, poussé par son humeur pétulante et ses fantaisies désordonnées [3]. Il reprit la vie de courses et d'aven-

581.

---

[1] Sed et in adulteriis sæpe infra ipsam sanctam porticum deprehensus. (Greg. Turon. Hist. Franc., lib. v, apud script. rer. gallic. et francic., t. II, p. 264.)

[2] Commota autem regina, quod scilicet locus Deo sacratus taliter pollueretur, jussit eum a basilica sancti ejici. (Ibid.) — Quem sancta Radegundis, quæ ibi morabatur, jussit citius removeri, ne per eum ecclesia pollueretur. (Chron. Turon., apud Edmundi Martene collect., t. v, col. 940.) — Il est probable que l'auteur de cette chronique, qui vivait à la fin du xiie siècle, avait vu dans quelque manuscrit de Grégoire de Tours une glose où le nom de Radegonde figurait après le mot *Regina*.

[3] Qui ejectus, ad hospites suos iterum in Bituricum expetit, depre

581. tures qui devait le mener à sa perte ; mais, eût-il été doué de prudence et d'esprit de conduite, il n'y avait plus de salut pour lui ; sur sa tête pesait une fatalité inévitable, la vengeance de Frédegonde qui pouvait quelquefois attendre, mais qui n'oubliait jamais.

cans se occuli ab eis. (Greg. Turon. Hist. Franc., lib. v, apud script. rer. gallic. et francic., t. II, p. 264.)

SIXIÈME RÉCIT.

Hilperik théologien. — Le juif Priscus. — Suite et fin de l'histoire de Leudaste.

(580 — 583.)

Après l'heureuse issue de l'accusation intentée contre lui, l'évêque de Tours avait repris le cours, un moment troublé, de ses occupations à la fois religieuses et politiques. Non-seulement les affaires de son diocèse et le soin du gouvernement municipal exigeaient de sa part une vigilance de tous les jours; mais encore des intérêts plus généraux, ceux de l'église gallicane, et ceux de la paix nationale sans cesse rompue entre les rois franks, lui donnaient beaucoup de soucis. Seul, ou en compagnie d'autres évêques, il faisait de fréquents voyages aux diverses résidences qu'habitait successivement la cour de Neustrie; et dans ce palais de Braine, où il avait comparu comme accusé de lèse-majesté, il ne se voyait plus entouré que d'honneurs et de prévenances[1]. Le roi Hilperik, pour fêter dignement un pareil hôte, s'étudiait à prendre tous les dehors de la politesse romaine, et à donner des preuves de savoir et de bon goût. Il faisait même à l'évêque des lectures confidentielles de morceaux de sa composition, lui demandant conseil et étalant devant lui, avec une sorte de vanité naïve, ses moindres exercices littéraires.

Ces grossiers essais, fruits d'un caprice d'imitation louable mais sans portée parce qu'il était sans suite, effleuraient tous les genres d'études, grammaire, poésie, beaux-arts, jurisprudence, théologie; et, dans ses élans d'amour pour la civilisation, le roi barbare passait d'un objet à l'autre avec la pétulance d'esprit d'un écolier inexpérimenté. Le dernier des poëtes latins, Fortunatus, avait célébré cette fantaisie royale, comme un grand sujet d'espérance pour les amis de plus en plus découragés de l'ancienne culture intellectuelle[2], mais l'évêque Grégoire, plus

[1] Greg. Turon. Hist. Franc., lib. v, et seq. passim.
[2]   Quid? quoscumque etiam regni ditione gubernas,
      Doctior ingenio vincis, et ore loquax....
    Cui simul arma favent, et littera constat amore,
      Hinc virtute potens, doctus et inde places.
    Inter utrumque sagax armis et jure probatus
      Belliger hinc radias, legifer inde micas...
    Te arma ferunt generi similem, sed littera præfert,
      Sic veterum regum par simul atque prior.
      (Fortunati, lib. ix, carm. 1, ad Chilpericum regem.)

morose d'humeur, et moins ébloui par les pres- 580.
tiges de la puissance, ne partageait point de telles
illusions. Quelles que fussent sa contenance et
ses paroles en recevant les confidences d'auteur
du petit-fils de Chlodowig, il n'éprouvait au fond
qu'un mépris amer pour l'écrivain qu'il lui fallait
flatter comme roi. Il ne voyait, dans les poëmes
chrétiens composés par Hilperik sur le modèle
de ceux du prêtre Sédulius, qu'un fatras de vers
informes, *perclus de tous leurs pieds*, et où,
faute des premières notions de la prosodie, les
syllabes longues étaient mises pour des brèves,
et les brèves pour des longues. Quant aux opuscules moins ambitieux, tels que des hymnes ou
des parties de messe, Grégoire les tenait pour
inadmissibles, et, parmi les tâtonnements mal-
adroits de cette rude intelligence faisant effort de
tous côtés pour se débrouiller elle-même, il ne
distinguait pas assez ce qu'il pouvait y avoir de
tentatives sérieuses et d'intentions respectables [1].

Guidé par un éclair de vrai bon sens, Hil-

[1] Scripsit alios libros idem rex versibus, quasi Sedulium secutus ; sed versiculi illi nulli penitus metricæ conveniunt rationi. (Greg. Turon. Hist. Franc., lib. v, apud script. rer. gallic. et francic., t. II, p. 260.) — Confecitque duos libros, quasi Sedulium meditatus quorum versiculi debiles nullis pedibus subsistere possunt, in quibus dum non intellige-bat, pro longis syllabas breves posuit, et pro brevibus longas statuebat : et alia opuscula, vel hymnos, sive missas, quæ nulla ratione suscipi possunt. (Ibid., lib. vi, p. 291.)

580. perik avait songé à rendre possible en lettres latines, l'écriture des sons de la langue germanique; dans cette vue, il imagina d'ajouter à l'alphabet quatre caractères de son invention, parmi lesquels il y en avait un affecté à la prononciation qu'on a depuis rendue par le *w*. Les noms propres d'origine tudesque devaient ainsi recevoir, dans les textes écrits en latin, une orthographe exacte et fixe. Mais ni ce résultat, cherché plus tard à grand'peine, ni les mesures prises dès lors pour l'obtenir, ne paraissent avoir trouvé grâce aux yeux de l'évêque trop difficile ou trop prévenu. Il ne fit guère que sourire de pitié en voyant un potentat de race barbare montrer la prétention de rectifier l'alphabet romain et ordonner, par des lettres adressées aux comtes des villes et aux sénats municipaux, que, dans toutes les écoles publiques, les livres employés à l'enseignement fussent grattés à la pierre ponce et récrits selon le nouveau système [1].

Une fois, le roi Hilperik, ayant pris à part l'évêque de Tours comme pour une affaire de la

---

[1] Addidit autem et litteras litteris nostris, id est Ω, sicut Græci habent, æ, THE, vui, quorum characteres subscripsimus: hi sunt Ω, Ψ, Z, Δ. Et misit epistolas in universas civitates regni sui, ut sic pueri docerentur, ac libri antiquitus scripti, planati pumice, rescriberentur. (Greg. Turon. Hist. Franc., lib. v, apud script. rer. gallic. et francic., t. II, p. 260.) — Nullumque se asserebat esse prudentiorem. (Ibid., lib. vi, p. 291.)

plus grande importance, fit lire devant lui, par 580.
l'un de ses secrétaires, un petit traité qu'il venait
d'écrire sur de hautes questions théologiques.
La principale thèse soutenue dans ce livre singulièrement téméraire était : que la sainte Trinité
ne devait point être désignée par la distinction
des personnes, et qu'il fallait ne lui donner qu'un
nom, celui de Dieu ; que c'était une chose indigne que Dieu reçût la qualification de personne comme un homme de chair et d'os ; que
celui qui est le Père est le même que le Fils, et
le même que le Saint-Esprit ; et que celui qui
est l'Esprit-Saint, est le même que le Père, et le
même que le Fils ; que c'est ainsi qu'il apparut
aux patriarches et aux prophètes, et qu'il fut
annoncé par la loi [1]. Aux premiers mots de ce
nouveau symbole de foi, Grégoire fut saisi inté-
rieurement d'une violente agitation, car il recon-
nut avec horreur l'hérésie de Sabellius, la plus
dangereuse de toutes après celle d'Arius, parce
que, comme cette dernière, elle semblait s'ap-
puyer sur une base rationnelle [2]. Soit que le roi

---

[1] Per idem tempus Chilpericus rex scripsit indiculum, ut sancta Trinitas non in personarum distinctione, sed tantum Deus nominaretur : adserens indignum esse, ut Deus persona, sicut homo carneus, nominaretur... Cùmque hæc mihi recitari jussisset, ait... (Greg. Turon. Hist. Franc., lib. v, apud script. rer. gallic. et francic., t. II, p. 259.)

[2] V. Fleury, Hist. ecclésiast., t. II, p. 338.

eût puisé dans ses lectures la doctrine qu'il renouvelait, soit qu'il y fût arrivé de lui-même par abus de raisonnement, il était alors aussi convaincu de tenir la vérité du dogme chrétien, que glorieux de l'avoir savamment exposée. Les signes de répugnance, de plus en plus visibles, qui échappaient à l'évêque le surprirent et l'irritèrent au dernier point. Mêlant à la vanité du logicien qui croit avoir pleinement raison le despotisme du maître qui ne souffre pas qu'on lui résiste, il prit le premier la parole, et dit d'un ton brusque : « Je veux que vous croyiez cela, « toi et les autres docteurs de l'église [1]. »

A cette déclaration impérieuse, Grégoire, rappelant en lui-même son calme et sa gravité habituelle, répondit : « Très-pieux roi, il convient « que tu abandonnes cette erreur, et que tu « suives la doctrine que nous ont laissée les « apôtres, et après eux les pères de l'église, « qu'Hilaire, évêque de Poitiers, et Eusèbe, « évêque de Verceil, ont enseignée, et que toi- « même tu as confessée au baptême[2]. »—«Mais,

---

[1] « Sic, inquit, volo ut tu et reliqui doctores ecclesiarum credatis. » (Greg. Turon. Hist. Franc., lib. v, apud script. rer. gallic. et francic., t. II, p. 259.)

[2] Cui ego respondi : «Hac credulitate relicta, pie rex, hoc te oportet « sequi quod nobis, post apostolos alii doctores ecclesiæ reliquerunt... » (Ibid.)

« répliqua Hilperik avec une mauvaise humeur 580.
« qui allait toujours croissant, il est manifeste
« qu'Hilaire et Eusèbe ont été, sur ce point, for-
« tement opposés l'un à l'autre. » L'objection
était embarrassante, et Grégoire sentit qu'il venait
de se placer lui-même sur un mauvais terrain.
Pour éluder la difficulté d'une réponse directe,
il reprit en ces termes : « Tu dois prendre garde
« de proférer des paroles qui offensent Dieu ou
« ses saints[1] ; » et, passant à une exposition de la
croyance orthodoxe, telle qu'il aurait pu la prononcer du haut de la chaire, il ajouta : « Sache qu'à
« les considérer dans leurs personnes, autre est le
« Père, autre le Fils, autre le Saint-Esprit. Ce n'est
« point le père qui s'est fait chair, non plus que
« le Saint-Esprit; c'est le fils, afin que, pour la
« rédemption des hommes, celui qui était fils de
« Dieu devint aussi fils d'une vierge. Ce n'est
« point le père qui a souffert la passion, ce n'est
« pas l'Esprit-Saint; c'est le fils, afin que celui
« qui s'était fait chair en ce monde fût offert en
« sacrifice pour le monde. Quant aux personnes
« dont tu parles, ce n'est point corporellement,
« mais spirituellement, qu'elles doivent s'en-
« tendre, et ainsi, bien qu'en réalité elles soient

---

[1] Observare te convenit, neque Deum, neque sanctos ejus habere offensos (Greg. Turon. Hist. Franc., lib. v, apud script. rer. gallic. et francic., t. II, p. 259.)

330. « au nombre de trois, il n'y a en elles qu'une « seule gloire, une seule éternité, une seule puis- « sance[1]. »

Cette espèce d'instruction pastorale fut interrompue par le roi qui, ne voulant plus rien écouter, s'écria avec emportement : « Je ferai « lire cela à de plus savants que toi, et ils seront « de mon avis[2]. » Grégoire fut piqué du propos, et, s'animant de son côté jusqu'à l'oubli de la circonspection, il repartit : « Il n'y aura pas « un homme de savoir et de sens, il n'y aura « qu'un fou qui veuille jamais admettre ce que « tu proposes[3]. » L'on ne peut dire ce qui se passa alors dans l'âme de Hilperik ; il quitta l'évêque sans prononcer une parole ; mais un frémissement de colère fit voir que le roi lettré et théologien n'avait rien perdu de la violence d'humeur de ses ancêtres. Quelques jours après, il fit l'essai de son livre sur Salvius, évêque d'Alby, et cette seconde tentative n'ayant pas

---

[1] « Nam scias, quia in persona aliter Pater, aliter Filius, aliter Spiritus sanctus. Non Pater adsumsit carnem, neque Spiritus sanctus, sed « Filius... De personis vero quod ais, non corporaliter, sed spiritaliter « sentiendum est... » (Greg. Turon. Hist. Franc., lib. v, apud script. rer. gallic. et francic., t. II, p. 259.)

[2] At ille commotus ait : « Sapientioribus te hæc pandam, qui mihi « consentiant. » (Ibid.)

[3] Et ego : « Nunquam erit sapiens, sed stultus qui hæc quæ proponis « sequi voluerit. » (Ibid.)

mieux réussi que la première, il se découragea aussitôt, et abandonna ses opinions sur la nature divine avec autant de facilité qu'il avait d'abord mis d'obstination à les soutenir [1].

580.

Il ne restait plus aucun vestige de cette grave dissidence, lorsque, en l'année 581, le roi Hilperik choisit pour habitation d'été le domaine de Nogent, sur les bords de la Marne, près de son confluent avec la Seine. L'évêque de Tours, parfaitement réconcilié, vint saluer le roi à sa nouvelle demeure, et, pendant qu'il y séjournait, un grand événement fit diversion à la monotonie habituelle de la vie intérieure du palais [2]. Ce fut le retour d'une ambassade envoyée à Constantinople pour féliciter l'empereur Tibère, successeur de Justin-le-Jeune, de son avénement au trône. Les ambassadeurs, chargés des présents du nouvel empereur pour le roi Hilperik, étaient revenus en Gaule par mer; mais, au lieu de débarquer à Marseille, ville que se disputaient alors le roi Gonthramn et les tuteurs du jeune

581.

[1] Ad hæc ille frendens siluit. Non post multos vero dies adveniente Salvio Albigensi episcopo, hæc ei præcepit recenseri... Quod ille audiens ita respuit, ut si chartam, in qua hæc scripta tenebantur, potuisset adtingere, in frusta discerperet. Et sic rex ab hac intentione quievit. (Greg. Turon. Hist. Franc., lib. v, apud script. rer. gallic. et francic., t. II, p. 259.)

[2] Tunc ego Novigentum villam ad occursum regis abieram. (Ibid., lib. vi, p. 266.) — Adriani Valesii Rer. francic., lib. xi, p. 125.

roi Hildebert, ils avaient préféré, comme plus sûr pour eux, un port étranger, celui d'Agde qui appartenait au royaume des Goths[1]. Assailli par une tempête en vue de la côte de Septimanie, leur navire échoua sur des brisants, et, tandis qu'eux-mêmes se sauvaient à la nage, toute la cargaison fut pillée par les habitants du pays. Heureusement l'officier qui gouvernait la ville d'Agde au nom du roi des Goths, crut qu'il était de son devoir ou de sa politique d'intervenir, et il fit rendre aux Franks, sinon tout leur bagage, au moins la plus grande partie des riches présents destinés à leur roi[2]. Ils arrivèrent ainsi au palais de Nogent, à la grande joie de Hilperik, qui s'empressa de faire étaler, devant ses leudes et ses hôtes, tout ce qui venait de lui être remis de la part de l'empereur, en étoffes précieuses, en vaisselle d'or et en ornements de toute espèce[3].

---

[1] Legati Chilperici regis, qui ante triennium ad Tiberium imperatorem abierant, regressi sunt non sine gravi damno atque labore. Nam cum Massiliensem portum, propter regum discordias, adire ausi non essent... (Greg. Turon. Hist. Franc., lib. VI, apud script. rer. gallic. et francic., t. II, p. 266.)

[2] Res autem quas undæ littori invexerant incolæ rapuerunt: ex quibus quod melius fuit recipientes, ad Chilpericum regem retulerunt, Multa tamen ex his Agathenses secum retinuerunt. (Ibid.)

[3] Multa autem et alia ornamenta quæ a legatis sunt exhibita, ostendit. (Ibid.)

Parmi un grand nombre d'objets curieux ou magnifiques, ce que l'évêque de Tours considéra avec le plus d'attention, peut-être parce qu'il se plaisait à y voir un symbole de la souveraineté civilisée, ce furent de grands médaillons d'or portant sur une face la tête de l'empereur avec cette légende : TIBÈRE CONSTANTIN TOUJOURS AUGUSTE, et sur l'autre, un char à quatre chevaux monté par une figure ailée avec ces mots : GLOIRE DES ROMAINS. Chaque pièce était du poids d'une livre, et elles avaient été frappées en mémoire des commencements du nouveau règne[1]. En présence de ces splendides produits des arts de l'empire, et de ces signes de la grandeur impériale, le roi de Neustrie, comme s'il eût craint pour lui-même quelque fâcheuse comparaison, se piqua de montrer des preuves de sa propre magnificence. Il fit apporter, et placer à côté des présents que contemplaient ses leudes, les uns avec un étonnement naïf, les autres avec des regards de convoitise, un énorme bassin d'or, décoré de pierreries, qui venait d'être fabriqué

---

[1] Aureos etiam singularum librarum pondere, quos imperator misit, ostendit, habentes ab una parte iconem imperatoris pictam, et scriptum in circulo : TIBERII CONSTANTINI PERPETUI AUGUSTI ; ab alia vero parte habentes quadrigam et ascensorem, contiuentesque scriptum : GLORIA ROMANORUM. (Greg. Turon. Hist. Franc, lib. VI, apud script. rer. gallic. et francic., t. II, p. 266.)

581. par son ordre. Ce bassin, destiné à figurer sur la table royale dans les grandes solennités, ne pesait pas moins de cinquante livres[1]. A sa vue, tous les assistants se récrièrent d'admiration sur le prix de la matière et sur la beauté du travail. Le roi goûta quelque temps en silence le plaisir que lui causaient ces éloges, puis il dit avec une expression de contentement et d'orgueil : « J'ai « fait cela pour donner de l'éclat et du renom à « la nation des Franks, et si Dieu me prête vie, « je ferai encore beaucoup de choses[2]. »

Le conseiller et l'agent de Hilperik dans ses projets de luxe royal et dans ses achats d'objets précieux, était un juif de Paris, nommé Priscus. Cet homme, que le roi aimait beaucoup, qu'il mandait souvent auprès de lui, et avec qui même il descendait jusqu'à une sorte de familiarité, se trouvait alors à Nogent[3]. Après avoir donné quelque temps à la surveillance des travaux et au recensement des produits agricoles dans son grand domaine sur la Marne, Hilperik eut la

---

[1] Ibique nobis rex missorium magnum, quod ex auro gemmisque fabricaverat in quinquaginta librarum pondere ostendit. (Greg. Turon. Hist. Franc.; lib. vi, apud script. rer. gallic. et francic., t. II, p. 266.)

[2] Ego hæc ad exornandam atque nobilitandam Francorum gentem feci. Sed et plurima adhuc, si vita comes fuerit, faciam. (Ibid.)

[3] Judæus quidam, Priscus nomine, qui ei ad species coemendas familiaris erat... (Ibid., p. 267.)

fantaisie d'aller s'établir à Paris, soit dans l'ancien palais impérial, dont les débris subsistent encore, soit dans un autre palais moins vaste, bâti au dedans des murs de la Cité, à la pointe occidentale de l'île. Le jour du départ, au moment où le roi donnait l'ordre d'atteler les chariots de bagage dont il devait suivre la file à cheval avec ses leudes, l'évêque Grégoire vint prendre congé de lui, et, pendant que l'évêque faisait ses adieux, le juif Priscus arriva pour faire aussi les siens[1]. Hilperik qui, ce jour-là, était en veine de bonhomie, prit en badinant le juif par les cheveux, et, le tirant doucement pour lui faire incliner la tête, il dit à Grégoire : « Viens, prêtre de Dieu, et impose-lui les « mains[2]. »

Comme Priscus se défendait et reculait avec effroi devant une bénédiction qui, selon sa croyance, l'eût rendu coupable de sacrilége, le roi lui dit : « Oh! esprit dur, race toujours in-« crédule qui ne comprend pas le fils de Dieu « que lui a promis la voix de ses prophètes, qui

---

[1] Igitur Chilpericus rex... impedimenta moveri præcipiens Parisius venire disponit. Ad quem cùm jam vale dicturus accederem, Judæus advenit. (Greg Turon. Hist. Franc., lib. vi, apud script. rer. gallic. et francic., t. II, p 267.)

[2] Cujus cæsarie rex blande adprehensa manu, ait ad me, dicens : « Veni, sacerdos Dei, et impone manum super eum. » (Ibid.)

« ne comprend pas les mystères de l'église figurés « dans ses sacrifices[1] ! » En proférant cette exclamation, Hilperik lâcha les cheveux du juif et le laissa libre; aussitôt celui-ci, revenu de sa frayeur, et rendant attaque pour attaque, répondit : « Dieu ne se marie pas, il n'en a aucun « besoin, il ne lui naît point de progéniture, et « il ne souffre point de compagnon de sa puis- « sance, lui qui a dit par la bouche de Moïse : « *Voyez, voyez, je suis le Seigneur, et il n'y a* « *pas d'autre Dieu que moi! C'est moi qui fais* « *mourir et qui fais vivre, moi qui frappe et* « *qui guéris*[2]. »

Loin de se sentir indigné d'une telle hardiesse de paroles, le roi Hilperik fut charmé que ce qui d'abord n'avait été qu'un jeu lui fournît l'occasion de faire briller, dans une controverse en règle, sa science théologique, pure, cette fois, de tout reproche d'hérésie. Prenant l'air grave et le ton reposé d'un docteur ecclésiastique instruisant des catéchumènes, il répliqua : « Dieu a « engendré spirituellement de toute éternité un

---

[1] Illo autem renitente, ait rex : O mens dura, et generatio semper incredula, quæ non intelligit Dei Filium sibi prophetarum vocibus repromissum. (Greg. Turon. Hist. Franc., lib. vi, apud script. rer. gallic. et francic., t. II, p. 267.)

[2] Judæus ait : Deus non eget conjugio, neque prole dilatur, neque ullum consortem regni habere patitur... (Ibid.)

« fils qui n'est pas plus jeune d'âge que lui, ni
« moindre en puissance, et dont lui-même a dit :
« *Je vous ai engendré de mon sein avant l'étoile*
« *du jour.* Ce fils né avant tous les siècles, il l'a
« envoyé, dans les siècles derniers, au monde,
« pour le guérir, selon ce que dit ton prophète :
« *Il envoya son verbe et il les guérit.* Et quand
« tu prétends qu'il n'engendre pas, écoute ce
« que dit ton prophète parlant au nom du Sei-
« gneur : *Moi qui fais enfanter les autres, est-ce*
« *que je n'enfanterai pas aussi?* Or, il entend
« cela du peuple qui devait renaître en lui par
« la foi[1]. » Le juif, de plus en plus enhardi par
la discussion, repartit : « Est-il possible que Dieu
« ait été fait homme, qu'il soit né d'une femme,
« qu'il ait subi la peine des verges et qu'il ait été
« condamné à mort[2]? »

Cette objection, qui s'adressait à ce que le
raisonnement humain a de plus élémentaire, et
pour ainsi dire de plus grossier, toucha l'esprit

---

[1] Ad hæc rex ait : Deus ab spiritali utero Filium genuit sempiternum, non ætate juniorem, non potestate minorem de quo ipse ait... Quod autem ais, quia ipse non generet audi prophetam tuum dicentem ex voce dominica... (Greg. Turon. Hist. Franc., lib. vi, apud script. rer. gallic. et francic., t. II, p. 267.)— Psal. cix, 3. — Psal. cvi, 21. — Isaïe, lxvi, 9.

[2] Ad hæc Judæus respondit : Numquid Deus homo fieri potuit, aut de muliere nasci, verberibus subdi, morte damnari? (Greg. Turon. loc. supr. cit.)

581. du roi par l'un de ses côtés faibles; il parut étonné, et, ne trouvant rien à répondre, il demeura silencieux. C'était pour l'évêque de Tours le moment d'intervenir[1] : « Si le fils de Dieu, « dit-il à Priscus, si Dieu lui-même s'est fait « homme, c'est à cause de nous, et nullement « par une nécessité qui lui fût propre ; car il ne « pouvait racheter l'homme des chaînes du péché « et de la servitude du démon, qu'en se revêtant « de l'humanité. Je ne prendrai pas mes témoi- « gnages des évangiles et des apôtres auxquels « tu ne crois pas, mais de tes livres mêmes, afin « de te percer de ta propre épée, comme on dit « qu'autrefois David tua Goliath[2]. Apprends « donc d'un de tes prophètes que Dieu devait se « faire homme : *Dieu est homme,* dit-il, *et qui* « *ne le connaît pas?* et ailleurs : *C'est lui qui est* « *notre Dieu, et il n'y en a pas d'autre que lui;* « *c'est lui qui a trouvé toutes les voies de la* « *science, et qui l'a donnée à Jacob son serviteur* « *et à Israël son bien-aimé; après cela il a été* « *vu sur la terre et il a vécu avec les hommes.*

---

[1] Ad hæc rege tacente, in medium me ingerens dixi... (Greg. Turon. Hist. Franc., lib. vi, apud script. rer. gallic. et francic., t. II, p. 267.)

[2] Ut Deus, Dei filius, homo fieret, non suæ, sed nostræ necessitatis exstitit causa... Ego vero, non de evangeliis et apostolo, quæ non credis, sed de tuis libris testimonia præbens, proprio te mucrone confodiam, sicut quondam David Goliam legitur trucidasse. (Ibid.)

« Sur ce qu'il est né d'une vierge, écoute pareil-
« lement ton prophète lorsqu'il dit : *Voici qu'une
« vierge concevra et qu'elle enfantera un fils à
« qui l'on donnera le nom d'Emmanuel, c'est-à-
« dire Dieu avec nous.* Et sur ce qu'il devait
« être battu de verges, percé de clous et soumis
« à d'autres peines ignominieuses, un autre pro-
« phète a dit : *Ils ont percé mes mains et mes
« pieds, et ils se sont partagé mes vêtements.*
« Et encore : *Ils m'ont donné du fiel pour ma
« nourriture, et dans ma soif ils m'ont abreuvé
« de vinaigre* [1]. »

— « Mais, répliqua le juif, qu'est-ce qui obli-
« geait Dieu à souffrir de pareilles choses? »
L'évêque put voir à cette demande qu'il avait été
peu compris, et peut-être mal écouté ; cependant
il reprit, sans témoigner aucune impatience [2] :
« Je te l'ai déjà dit ; Dieu créa l'homme innocent,
« mais, circonvenu par les ruses du serpent,
« l'homme prévariqua contre l'ordre de Dieu,
« et, pour cette faute, expulsé du séjour du pa-
« radis, il fut assujetti aux labeurs de ce monde.

---

[1] Igitur quod homo futurus esset, audi prophetam tuum... Quod autem de Virgine nascitur, audi similiter prophetam tuum dicentem.... (Greg. Turon. Hist. Franc., lib. vi, apud script. rer. gallic. et francic., t. II, p. 267.) — Baruch, iii, 36, 37, 38. — Isaïe, vii, 14. — Psal., xxi, 17. — Psal., lxviii, 22.

[2] Judæus respondit : Quæ Deo fuit necessitas. ut ista pateretur? Cui ego... (Greg. Turon., lib. vi, p. 268.)

581. « C'est par la mort du Christ, fils unique de Dieu,
« qu'il a été réconcilié avec le père [1]. »

— « Mais, répliqua encore le juif, est-ce que
« Dieu ne pouvait pas envoyer des prophètes ou
« des apôtres pour ramener l'homme dans la voie
« du salut, sans que lui-même s'humiliât jusqu'à
« être fait chair [2] ? » L'évêque, toujours calme
et grave, répondit : « Le genre humain n'a
« cessé de pécher dès le commencement : ni
« l'inondation du déluge, ni l'incendie de So-
« dome, ni les plaies de l'Égypte, ni le miracle
« qui a ouvert les eaux de la mer Rouge et celles
« du Jourdain, rien de tout cela n'a pu l'effrayer.
« Il a toujours résisté à la loi de Dieu, il n'a point
« cru les prophètes, et non-seulement il n'a point
« cru, mais il a mis à mort ceux qui venaient lui
« prêcher la pénitence. Ainsi donc, si Dieu lui-
« même n'était descendu pour le racheter, nul
« autre n'eût pu accomplir l'œuvre de cette
« rédemption [3]. Nous avons été régénérés par sa
« naissance, lavés par son baptême, guéris par

[1] Jam dixi tibi, Deus hominem creavit innoxium, sed astu serpentis circumventus... (Greg. Turon. Hist. Franc., lib. vi, apud script. rer. gallic. et francic., t. II, p. 268.)

[2] Non poterat Deus mittere prophetas aut apostolos, qui eum ad viam revocarent salutis, nisi ipse humiliatus fuisset in carne ? (Ibid.)

[3] Ad hæc ego : A principio genus semper deliquit humanum, quem nunquam terruit nec submersio diluvii, nec incendium Sodomæ, nec plaga Egypti... (Ibid.)

« ses blessures, relevés par sa résurrection, glo-
« rifiés par son ascension, et pour nous faire
« entendre qu'il devait venir apportant le remède
« à nos maux, un de tes prophètes a dit : *Nous*
« *sommes redevenus sains par ses meurtrissures.*
« Et ailleurs: *Il portera nos péchés, et il priera*
« *pour les violateurs de la loi.* Et encore : *Il*
« *sera mené à la mort comme une brebis qu'on*
« *va égorger; il demeurera en silence sans ouvrir*
« *la bouche, comme l'agneau est muet devant*
« *celui qui le tond; il est mort dans les douleurs,*
« *condamné par jugement. Qui racontera sa*
« *génération? Son nom est le Seigneur des*
« *armées.* Jacob lui-même, de qui tu te vantes
« d'être issu, bénissant son fils Juda, lui dit
« comme s'il eût parlé au Christ, fils de Dieu :
« *Les enfants de votre père vous adoreront.*
« *Juda est un jeune lion; vous vous êtes levé,*
« *mon fils, pour aller à la proie, et vous vous*
« *êtes couché pour dormir comme un lion; qui*
« *osera le réveiller*[1]?.... »

Ces discours, logiquement peu suivis, mais
empreints, dans leur désordre, d'un certain carac-

---

[1] Quod autem morbis nostris mederi venturus erat propheta tuus
ait... De hoc et Jacob ille, de cujus te jactas venisse generatione, in
illa filii sui Judæ benedictione, quasi ad ipsum Christum Filium Dei
loquens, ait... (Greg. Turon. Hist. Franc., lib. vi, apud script. rer.
gallic. et francic., t. II, p. 268.)— Isaie, LIII, 5.— Ibid., 12.—Ibid.,
VII, 8. — Ibid., LIV, 5. — Genes., LIX, 8 et 9. — Ibid., 12.

tère de grandeur, ne produisirent aucun effet sur l'esprit du juif Priscus; il cessa de soutenir la dispute, mais sans se montrer aucunement ébranlé dans sa croyance[1]. Quand le roi vit qu'il se taisait de l'air d'un homme qui ne veut rien céder, il se tourna vers l'évêque de Tours et dit: « Saint prêtre, que ce malheureux se passe de ta « bénédiction, moi je te dirai ce que Jacob disait « à l'ange avec lequel il s'entretenait: *Je ne vous* « *laisserai point aller que vous ne m'ayez* « *béni*[2]. » Après ces paroles, qui ne manquaient ni de grâce ni de dignité, Hilperik demanda de l'eau pour que l'évêque et lui se lavassent les mains; et lorsque tous deux se furent lavés, Grégoire, posant sa main droite sur la tête du roi, prononça la bénédiction au nom du Père, du Fils et du Saint-Esprit[3].

Il y avait là, sur une table, du pain, du vin, et probablement aussi différents mets destinés à être offerts aux personnes de marque qui venaient

---

[1] Hæc et alia nobis dicentibus, nunquam compunctus est miser ad credendum. (Greg. Turon. Hist. Franc., lib. vi, apud script. rer. gallic. et francic., t. II, p. 268.)

[2] Tunc rex, silente illo, cùm videret eum his sermonibus non compungi, ad me conversus, postulat ut, accepta benedictione, discederet; ait enim : Dicam, inquit, tibi, o sacerdos, quod Jacob dixit ad angelum.... (Ibid.) — Genes., xxxii, 26.

[3] Et hæc dicens, aquam manibus porrigi jubet, quibus ablutis, facta oratione.. (Greg. Turon., loc. supr. cit.)

faire au roi leurs salutations de départ. Suivant 581.
les règles de la politesse franke, Hilperik invita
l'évêque de Tours à ne pas se séparer de lui sans
avoir pris quelque chose à sa table. L'évêque
prit un morceau de pain, fit dessus le signe de
la croix, puis, l'ayant rompu en deux parts, il
en garda une, et présenta l'autre au roi, qui
mangea debout avec lui. Ensuite, tous les deux
s'étant versé un peu de vin, ils burent ensemble,
en se disant adieu[1]. L'évêque se disposa à reprendre la route de son diocèse; le roi monta à
cheval au milieu de ses leudes et de ses gens de
service, escortant, avec eux, le chariot couvert
qui portait la reine et sa fille Rigonthe. C'était à
ces deux personnes que se trouvait alors réduite
la famille royale de Neustrie, naguère si nombreuse. Les deux fils de Hilperik et de Fredegonde étaient morts l'année précédente, emportés
par une épidémie; le dernier des fils d'Audowere
avait péri presque en même temps par une cata-
strophe sanglante, dont les sombres détails feront
le sujet du prochain récit[2].

Cette scène de controverse religieuse, si bizar-

---

[1] Accepto pane, gratias Deo agentes, et ipsi accepimus, et regi por-
reximus, haustoque mero, vale dicentes discessimus. (Greg. Turon.
Hist. Franc., lib. vi, apud script. rer. gallic. et francic., t. II, p. 268.)

[2] Rex vero, ascenso equite, Parisius est regressus cum conjuge et
filia et omni familia sua. (Ibid.)

581. rement provoquée par un trait de badinage, avait, à ce qu'il semble, laissé une forte impression dans l'esprit du roi Hilperik. Durant son séjour à Paris, il ne put s'empêcher de réfléchir profondément à l'impossibilité de convaincre les juifs et de les attirer dans le sein de l'Église en raisonnant avec eux. Ces réflexions continuèrent même de le préoccuper au milieu de grands embarras politiques, et des soins de la guerre de conquête qu'il poursuivait sur sa frontière du midi [1]; elles
582. eurent pour résultat, en l'année 582, une préception royale qui ordonnait que tous les juifs domiciliés à Paris fussent baptisés. Ce décret, adressé, dans le style ordinaire, au comte ou juge de la ville, se terminait par une formule de l'invention du roi, formule vraiment barbare, qu'il avait coutume d'employer, tantôt comme une sorte d'épouvantail, tantôt avec l'intention sérieuse de s'y conformer à la lettre: « Si quelqu'un méprise « notre ordonnance, qu'on le châtie en lui cre- « vant les yeux [2]. »

Frappés de terreur, les juifs obéirent et allèrent

---

[1] Voyez plus haut, troisième et cinquième Récits.

[2] Rex vero Chilpericus multos Judæorum eo anno baptizari præcepit. (Greg. Turon. Hist. Franc., lib. vi, apud script. rer. gallic. et francic., t. II, p. 275.) — Et in præceptionibus, quas ad judices pro suis utilitatibus dirigebat, hæc addebat: Si quis præcepta nostra contemserit, oculorum avulsione mulctetur. (Ibid., p. 291.)

à l'église recevoir l'instruction chrétienne. Le roi 582.
se fit une gloire puérile d'assister, en grande
pompe, aux cérémonies de leur baptême [1], et
même de tenir sur les fonts plusieurs de ces convertis par force. Un homme, pourtant, osa lui
résister et refuser de faire abjuration; ce fut ce
même Priscus, dont la défense logique avait été
si opiniâtre. Hilperik se montra patient; il tenta
de nouveau sur l'esprit du raisonneur qui lui avait
tenu tête les moyens de persuasion [2]; mais, après
une conférence inutile, irrité de voir, pour la
seconde fois, son éloquence en défaut, il s'écria:
« S'il ne veut pas croire de bon gré, je le ferai
« bien croire malgré lui [3]. » Le juif Priscus, jeté
alors en prison, ne perdit pas courage; profitant
avec adresse de l'intime connaissance qu'il avait
du caractère du roi, il le prit par son faible, et
lui fit offrir de riches présents, à condition d'obtenir en échange un peu de répit. Son fils, disait-il, devait prochainement épouser une juive
de Marseille, il ne lui fallait que le temps de conclure ce mariage, après quoi il se soumettrait

---

[1] Ex quibus plures excepit e sancto lavacro. (Greg. Turon. Hist. Franc., lib. vi, apud script. rer. gallic. et francic., t. II, p. 275.)

[2] Priscus vero ad cognoscendam veritatem nulla penitus potuit ratione deflecti. (Ibid., p. 276.)

[3] Tunc iratus rex jussit eum custodiæ mancipari, scilicet ut quem credere voluntarie non poterat, saltem credere faceret vel invitum. (Ibid.)

comme les autres, et changerait de religion [1]. Que le prétexte fût vrai et la promesse sincère, Hilperik s'en inquiéta peu, et l'appât de l'or calmant tout à coup sa manie de prosélytisme, il fit mettre son marchand juif en liberté. Ainsi Priscus demeura seul pur d'apostasie et calme de conscience parmi ses coreligionnaires, qui, agités en sens divers par le remords et par la crainte, s'assemblaient secrètement pour célébrer le jour du sabbat, et, le lendemain, assistaient comme chrétiens aux offices de l'église [2].

Parmi ceux des nouveaux convertis que le roi Hilperik avait honorés de la faveur de sa paternité spirituelle, se trouvait un certain Phatir, originaire du royaume des Burgondes, et récemment établi à Paris. Cet homme, d'un caractère sombre, n'eut pas plutôt abjuré la foi de ses ancêtres, qu'il en conçut un profond regret; le sentiment de l'opprobre où il se voyait tombé lui devint bientôt insupportable. L'amertume de ses pensées se tourna en jalousie violente contre

---

[1] Sed ille, datis quibusdam muneribus, spatium postulat, donec filius ejus Massiliensem Hebræam accipiat: pollicetur dolose se deinceps quæ rex jusserat impleturum. (Greg. Turon. Hist. Franc., lib. vi, apud script. rer gallic. et francic., t. II, p. 276.)

[2] Nonnulli tamen eorum corpore tantum, non corde abluti, ad ipsam quam prius perfidiam habuerant, Deo mentiti regressi sunt, ita ut et sabbatum observare, et diem dominicam honorare viderentur. (Ibid., p. 275-276.)

Priscus, qui, plus heureux que lui, pouvait marcher la tête haute, exempt de la honte et du tourment qui rongent le cœur d'un apostat[1]. Cette haine, nourrie sourdement, s'accrut jusqu'à la frénésie, et Phatir résolut d'assassiner celui dont il enviait le bonheur. Chaque jour de sabbat, Priscus allait accomplir en secret les rites du culte judaïque, dans une maison écartée au sud de la ville, sur l'une des deux voies romaines dont le point de rencontre se trouvait à peu de distance du petit pont. Phatir forma le projet de l'attendre au passage, et, menant avec lui ses esclaves armés de poignards et d'épées, il se posta en embuscade sur une place qui était le parvis de la basilique de Saint-Julien. Le malheureux Priscus, ne se doutant de rien, suivit sa route ordinaire ; selon l'usage des juifs qui se rendaient au temple, il n'avait sur lui aucune espèce d'armes, et portait noué autour de son corps, en guise de ceinture, le voile dont il devait se couvrir la tête durant la prière et le chant des psaumes[2]. Quelques-uns de ses amis l'accompagnaient, mais ils étaient, comme

---

[1] Interea oritur intentio inter illum et Phatirem ex Judæo conversum, qui jam regis filius erat ex lavacro. (Greg. Turon. Hist. Franc., lib. vi, apud script. rer. gallic. et francic., t. II, p. 276).

[2] Cùmque die sabbati Priscus præcinctus orario, nullum in manus ferens ferramentum, Mosaicas leges quasi impleturus, secretiora competeret. (Ibid.)

582. lui, sans moyens de défense. Dès que Phatir les vit à sa portée, il tomba sur eux, l'épée à la main, suivi de ses esclaves qui, animés de la fureur de leur maître, frappèrent sans distinction de personnes, et firent un même carnage du juif Priscus et de ses amis. Les meurtriers, gagnant aussitôt l'asile le plus sûr et le plus proche, se réfugièrent ensemble dans la basilique de Saint-Julien [1].

Soit que Priscus jouît parmi les habitants de Paris d'une grande considération, soit que la vue des cadavres gisant sur le pavé eût suffi pour soulever l'indignation publique, le peuple s'ameuta sur le lieu où ces meurtres venaient d'être commis, et une foule considérable, poussant des cris de mort contre les assassins, cerna de tous côtés la basilique. L'alarme fut telle parmi les clercs gardiens de l'église, qu'ils envoyèrent en grande hâte au palais du roi, demander protection et des ordres sur ce qu'ils devaient faire. Hilperik fit répondre qu'il voulait que son filleul Phatir eût la vie sauve, mais que les esclaves devaient tous être mis hors de l'asile et punis de mort. Ceux-ci, fidèles jusqu'au bout au maître qu'ils avaient servi dans le mal comme dans le bien, le virent,

---

[1] Subito Phatir adveniens, ipsum gladio cum sociis qui aderant jugulavit. Quibus interfectis, ad basilicam sancti Juliani cum pueris suis, qui ad propinquam plateam erant, confugit. (Greg. Turon. Hist. Franc., lib. vi, apud script. rer. gallic. et francic., t. II, p. 276.)

sans murmurer, s'évader seul par le secours des clercs, et ils se préparèrent à mourir[1]. Pour échapper aux souffrances dont les menaçait la colère du peuple, et à la torture qui, judiciairement, devait précéder leur supplice, ils résolurent, d'un accord unanime, que l'un d'entre eux tuerait les autres, puis se tuerait lui-même de son épée, et ils nommèrent par acclamation celui qui devait faire l'office de bourreau. L'esclave exécuteur de la volonté commune frappa ses compagnons l'un après l'autre; mais, quand il se vit seul debout, il hésita à tourner le fer contre sa poitrine[2]. Un vague espoir d'évasion, ou la pensée de vendre au moins chèrement sa vie, le poussa à s'élancer hors de la basilique, au milieu du peuple ameuté. Brandissant son épée d'où le sang dégouttait, il tenta de se faire jour à travers la foule; mais, après quelques moments de lutte, il fut écrasé par le nombre, et périt cruellement mutilé[3]. Phatir sollicita du roi, pour sa propre sûreté, la permission de retourner

---

[1] Cùmque ibidem resideretnt, audiunt quod rex dominum vita excessum, famulos tamquam malefactores a basilica tractos, juberet interfici. (Greg. Turon. Hist. Franc., lib. vɪ, apud script. rer. gallic. et francic., t. II, p. 276.)

[2] Tunc unus ex his evaginato gladio, domino suo jam fugato, socios suos interficit. (Ibid.)

[3] Ipse postmodum cum gladio de basilica egressus... sed inruente super se populo, crudeliter interfectus est. (Ibid).

dans le pays d'où il était venu; il partit pour le royaume de Gonthramn, mais les parents de Priscus se mirent en route sur ses traces, l'atteignirent, et, par sa mort, vengèrent celle de leur parent [1].

Pendant que ces choses se passaient à Paris, vers la fin de l'année 582, un événement inattendu mit en rumeur la ville de Tours, assez paisible depuis trois ans, sous le gouvernement de son nouveau comte, Eunonius. Leudaste, l'ex-comte, y reparut, non plus d'une façon mystérieuse, mais publiquement, avec ses airs habituels de confiance et de présomption. Il était porteur d'un édit royal qui lui accordait la faculté de faire revenir sa femme d'exil, de rentrer dans ses biens immeubles, et d'habiter son ancien domicile [2]. Cette faveur, qui lui semblait le premier pas vers une fortune nouvelle, il la devait aux sollicitations des nombreux amis qu'il comptait à la cour, parmi les chefs de race franke, dont le caractère turbulent sympathisait avec le sien. Durant près de deux ans, ils n'avaient cessé

---

[1] Phatir autem, accepta licentia, ad regnum Guntchramni, unde venerat, est regressus : sed non post multos dies a parentibus Prisci interfectus est. (Greg. Turon. Hist. Franc., lib. vi, apud script. rer. gallic. et francic., t. II, p. 276.)

[2] Leudastes in Turonicum cum præcepto regis advenit, ut uxorem reciperet, ibique commoraretur. (Ibid., p. 282.)

d'obséder de leurs instances, tantôt le roi Hilperik, tantôt les évêques du concile de Braine, tantôt Fredegonde elle-même, devenue plus accessible à leur influence depuis la mort des deux fils sur lesquels s'appuyait sa fortune. Cédant à un besoin de popularité, et faisant plier, devant l'intérêt du moment, sa haine et ses désirs de vengeance, elle consentit, pour sa part, à ce que l'homme qui l'avait accusée d'adultère fût relevé de l'excommunication prononcée contre lui. Sur cette parole d'oubli et de pardon, les amis de Leudaste se mirent en campagne pour solliciter plus vivement l'indulgence des évêques. Ils allèrent de l'un à l'autre, les priant d'apposer leur nom au bas d'un écrit, sous forme de lettre pastorale, qui portait que le condamné de Braine serait reçu dorénavant dans la paix de l'église et dans la communion chrétienne. On parvint à recueillir, de cette manière, l'adhésion et les signatures d'un assez grand nombre d'évêques; mais, soit par une sorte de discrétion, soit par crainte de ne pas réussir, aucune démarche ne fut faite auprès de celui que Leudaste avait voulu ruiner par ses accusations mensongères.

Aussi Grégoire fut-il singulièrement surpris d'apprendre que son plus grand ennemi, excommunié par un concile et proscrit par le roi, revenait, avec une lettre de grâce, habiter le territoire

582

de Tours. Il le fut encore davantage, lorsqu'un envoyé de Leudaste vint lui présenter la lettre signée par les évêques, et le prier de consentir avec eux à la levée de l'excommunication[1]. Soupçonnant quelque nouvelle fraude inventée pour le compromettre, il dit au messager : « Peux-tu « me montrer aussi des lettres de la reine, à cause « de laquelle, surtout, il a été séparée de la com- « munion chrétienne? » La réponse fut négative, et Grégoire reprit : « Quand j'aurai vu des ordres « de la reine, je le recevrai sans retard dans ma « communion[2]. » Le prudent évêque ne s'en tint pas à ces paroles; il fit partir un exprès chargé d'aller s'informer, en son nom, de l'authenticité de la pièce qui lui avait été présentée, et des intentions de la reine Frédégonde. Celle-ci répondit à ses demandes par une lettre ainsi conçue : « Pressée par beaucoup de gens, je n'ai « pu faire autrement que de lui permettre de « se rendre à Tours; maintenant je te prie de ne « point lui accorder ta paix, et de ne point lui « donner de ta main les eulogies, jusqu'à ce que

---

[1] Sed et nobis epistolam sacerdotum manu subscriptam detulit, ut in communionem acciperetur. (Greg. Turon. Hist. Franc., lib. vi, apud script. rer. gallic. et francic, t. II, p. 282.)

[2] Sed quoniam litteras reginæ non vidimus, cujus causa maxime a communione remotus fuerat, ipsum recipere distuli, dicens : Cùm reginæ mandatum suscepero, tunc eum recipere non morabor. (Ibid.)

« nous ayons pleinement avisé à ce qu'il convient 582.
« de faire¹. »

L'évêque Grégoire connaissait le style de Fredegonde; il vit clairement qu'il s'agissait pour elle, non de pardon, mais de vengeance et de meurtre². Oubliant ses propres griefs, il eut compassion de l'homme qui naguère avait comploté sa ruine et qui allait se livrer lui-même, faute de jugement et de prudence. Il fit venir le beau-père de Leudaste, et lui montrant ce billet d'un laconisme sinistre, il le conjura de faire en sorte que son gendre usât de circonspection et se tînt caché de nouveau jusqu'à ce qu'il fût bien sûr d'avoir adouci l'esprit de la reine³. Mais ce conseil inspiré par la charité évangélique fut mal compris et mal reçu; Leudaste, jugeant d'autrui par lui-même, s'imagina qu'un homme dont il était l'ennemi ne pouvait songer qu'à lui tendre

---

¹ Interea ad eam dirigo : quæ mihi scripta remisit, dicens ; Compressa a multis, aliud facere non potui, nisi ut eum abire permitterem ; nunc autem rogo, ut pacem tuam non mereatur, neque eulogias de manu tua suscipiat, donec a nobis quid agi debeat plenitus pertractetur. (Greg. Turon. Hist. Franc., lib. vi, apud script. rer. gallic. et francic., t. II, p. 282.) — Sur la distribution des eulogies aux personnes non excommuniées, voyez plus haut, troisième Récit, p. 97.

² At ego hæc scripta relegens timui ne interficeretur. (Greg. Turon. loc. supr. cit.)

³ Accersitoque socero ejus hæc ei innotui, obsecrans ut se cautum redderet, donec reginæ animus leniretur. (Ibid.)

des embûches ou à lui jouer de mauvais tours. Loin de devenir plus circonspect, il fit comme s'il eût pris l'avertissement au rebours, et, passant de la sécurité à l'audace la plus téméraire, il résolut d'aller, de lui-même, se présenter devant le roi Hilperik. Il partit de Tours au milieu de l'année 583, et se dirigea vers la ville de Melun, que le roi attaquait alors, et dont il faisait le siége en personne [1].

Ce siége ne devait être que le prélude d'une invasion totale des états du roi Gonthramn, invasion projetée par Hilperik, du moment où il avait vu ses premiers désirs d'ambition réalisés par la conquête de presque toutes les villes d'Aquitaine. Devenu en moins de six ans, grâce à l'habileté militaire du gallo-romain Desiderius [2], seul maître du vaste territoire compris entre les limites méridionales du Berri, la Loire, l'Océan, les Pyrénées, l'Aude et les Cévennes, il conçut, peut-être à l'instigation de cet homme de guerre aventureux, une espérance encore plus hardie, celle de réunir aux provinces neus-

---

[1] Sed ille consilium meum, quod pro Dei intuitu simpliciter insinuavi, dolose suspiciens, cùm adhuc nobis esset inimicus, noluit agere quæ mandavi... Spreto ergo hoc consilio, ad regem dirigit, qui tunc cum exercitu in pago Miglidunensi degebat. (Greg. Turon. Hist. Franc., lib. vi, apud script. rer. gallic. et francic., t. II, p. 282.)

[2] Voyez plus haut, troisième Récit, p. 85 et 86.

triennes le corps entier du royaume des Bur- 583.
gondes. Pour assurer l'exécution de cette difficile
entreprise, il pratiqua des intrigues auprès des
principaux seigneurs d'Austrasie, en gagna plusieurs par de l'argent, et reçut d'eux une ambassade chargée de conclure avec lui, au nom du
jeune roi Hildebert, une alliance offensive contre
Gonthramn [1]. Le pacte en fut dressé et confirmé
par des serments réciproques, dans les premiers
mois de l'année 583; aussitôt le roi Hilperik
réunit ses troupes et commença la guerre pour
son compte, sans attendre la coopération effective des forces austrasiennes [2].

Son plan de campagne, dans lequel il serait
permis de voir l'inspiration d'une intelligence
supérieure à la sienne, et un nouveau fruit des
conseils de l'habile chef gallo-romain, consistait
à s'emparer tout d'abord, par une attaque simultanée, des deux places les plus importantes de
la frontière orientale du royaume des Burgondes,
la cité de Bourges et le château de Melun. Le roi
voulut commander lui-même l'armée qui devait

---

[1] Chilpericus rex legatos nepotis sui Childeberti suscepit, inter quos primus erat Egidius Remensis episcopus. (Greg. Turon. Hist Franc., lib. vi, apud script. rer. gallic. et francic. t. II, p. 281.)

[2] Quod cum juramento firmassent, obsidesque inter se dedissent, discesserunt. Igitur fidens in promissis eorum Chilpericus, commoto regni sui exercitu.... (Ibid.)

583. marcher vers ce dernier point, et il remit à Desiderius, qu'il avait fait duc de Toulouse, le soin de conduire, à l'aide d'une grande levée d'hommes faite au sud de la Loire, les opérations contre Bourges. L'ordre qui fut expédié de la chancellerie neustrienne au duc de Toulouse et à ceux de Poitiers et de Bordeaux, pour l'armement général des milices de leurs provinces, était d'une concision bizarrement énergique : « Entrez sur le territoire de Bourges, et, arrivant « jusqu'à la ville, faites-y prêter le serment de « fidélité en notre nom [1]. »

Bérulf, duc de Poitiers, proclama son ban de guerre dans le Poitou, la Touraine, l'Anjou et le pays de Nantes ; Bladaste, duc de Bordeaux, fit armer les habitants des deux rives de la Garonne, et le duc de Toulouse, Desiderius, convoqua sous sa bannière les hommes libres des contrées de Toulouse, d'Alby, de Cahors et de Limoges. Ces deux derniers chefs, réunissant leurs forces, entrèrent dans le Berri par la route du sud, et le duc Bérulf par celle de l'ouest [2]. Les

---

[1] Tunc misit nuntios ad supradictos duces, dicens : Ingredimini Bituricum, et accedentes usque ad civitatem, sacramenta fidelitatis exigite de nomine nostro. (Greg. Turon. Hist. Franc., lib. vi, apud script. rer. gallic. et francic., t. II, p. 281.)

[2] Berulfus vero dux cum Turonicis, Pictavis, Andegavisque, atque Namneticis, ad terminum Bituricum venit. Desiderius vero et Bladastes,

deux armées d'invasion se composaient presque 585.
entièrement d'hommes de race gallo-romaine ;
celle des méridionaux, commandée en chef par
Desiderius, le meilleur des généraux neustriens,
fit plus de diligence que l'autre, et malgré l'énorme
distance qu'il lui fallut parcourir, elle arriva la
première sur le territoire de Bourges. Avertis de
son approche, les habitants de Bourges et de son
district ne s'effrayèrent point du péril qui les
menaçait. Leur cité, autrefois l'une des plus
puissantes et des plus belliqueuses de la Gaule,
conservait d'antiques traditions de gloire et de
courage ; et à cet orgueil national se joignait,
pour elle, celui de la splendeur dont elle avait
brillé, sous l'administration romaine, par son
titre de métropole d'une province, ses monuments publics et la noblesse de ses familles sénatoriales.

Quoique bien déchue depuis le règne des Barbares, une pareille ville pouvait encore donner
des preuves d'énergie, et il n'était pas aisé de la
contraindre à faire ce qu'elle ne voulait pas. Or,
soit à cause du mauvais renom du gouvernement
de Hilperik, soit pour ne pas se voir ballottés
d'une domination à l'autre, les citoyens de

cum omni exercitu provinciæ sibi commissæ, ab alia parte Bituricum
vallant. (Greg. Turon. Hist. Franc., lib. vi, apud script. rer. gallic. et
francic., t. II, p. 281.)

583. Bourges tenaient fermement à celle dont ils faisaient partie depuis la fusion en un seul état de l'ancien royaume d'Orléans et du royaume des Burgondes. Résolus non-seulement à soutenir un siége, mais à se porter d'eux-mêmes au-devant de l'ennemi, ils firent sortir de la ville quinze mille hommes en complet équipage de guerre [1].

Cette armée rencontra, à quelques lieues au sud de Bourges, celle de Desiderius et de Bladaste, beaucoup plus nombreuse, et supérieure en outre par l'habileté de son commandant en chef. Malgré de tels désavantages, les hommes du Berri n'hésitèrent pas à accepter le combat ; ils tinrent si ferme, et la lutte fut si acharnée, que, selon le bruit public, plus de sept mille hommes périrent de part et d'autre [2]. Un moment refoulés en arrière, les méridionaux l'emportèrent à la fin par la supériorité du nombre. Chassant devant eux les débris de l'armée vaincue, ils continuèrent leur marche vers Bourges, et se livrèrent, sur toute la route, à des ravages imités de ceux des hordes barbares ; ils incendiaient les maisons,

---

[1] Biturici vero cum quindecim millibus ad Mediolanense castrum (Château-Meillan) confluunt. (Greg. Turon. Hist. Franc., lib. vi, apud script. rer. gallic. et francic., t. II, p. 281.)

[2] Ibique contra Desiderium ducem confligunt : factaque est ibi strages magna, ita ut de utroque exercitu amplius quam septem millia cecidissent. (Ibid.)

SIXIÈME RÉCIT.   365

pillaient les églises, arrachaient les vignes et cou- 583.
paient les arbres au pied. C'est ainsi qu'ils arrivèrent sous les murs de Bourges, où l'armée du
duc B rulf fit sa jonction avec eux [1]. La ville
avait fermé ses portes, et la défaite de ses citoyens
en rase campagne ne la rendait ni moins fière,
ni plus disposée à se rendre aux sommations des
chefs neustriens. Desiderius et ses deux collègues
de race franke l'investirent de toutes parts, et,
suivant les traditions affaiblies de l'art des Romains, ils se mirent à tracer leurs lignes et à
construire des machines de siége [2].

Le rendez-vous assigné aux troupes qui devaient
agir contre Melun, était la ville de Paris; durant
plusieurs mois elles y affluèrent de tous côtés,
et firent souffrir aux habitants toutes sortes de
vexations et de dommages [3]. Dans cette armée
recrutée au nord et au centre de la Neustrie, les
hommes d'origine franke formaient le plus grand

---

[1] Duces quoque cum reliqua parte populi, ad civitatem pervenerunt, cuncta diripientes vel devastantes : talisque depopulatio inibi acta est, qualis nec antiquitus est audita fuisse, ut nec domus remaneret, nec vinea nec arbores; sed cuncta succiderent, incenderent, debella- rent. Nam et ab ecclesiis auferentes sacra ministeria... (Greg. Turon. Hist. Franc., lib. vi, apud script. rer. gallic. et francic., t. II, p. 281- 282.)

[2] Adriani Valesii, Rer. francic., lib. xi, p. 157.

[3] Chilpericus... Parisius venit ; ubi cùm resedisset magnum dispen- dium rerum incolis intulit. (Greg. Turon. loc. supr. cit.)

nombre, et la race indigène de la Gaule ne se trouvait qu'en minorité. Lorsque le roi Hilperik jugea qu'il avait réuni assez de monde, il donna l'ordre de départ et se mit en route à la tête des siens, par la voie romaine du sud-est. Les troupes longeaient la rive gauche de la Seine qui, dès le voisinage de Paris, appartenaient au royaume de Gonthramn. Elles marchaient sans ordre et sans discipline, s'écartant à droite et à gauche pour piller et pour incendier, enlevant les meubles des maisons, le bétail, les chevaux et des hommes qui, liés deux à deux, suivaient, comme prisonniers de guerre, la longue file des chariots de bagage [1].

La dévastation s'étendit sur les campagnes au sud de Paris, depuis Étampes jusqu'à Melun, et elle continua autour de cette dernière ville, quand les bandes neustriennes eurent fait halte pour l'assiéger. Sous la conduite d'un homme de guerre aussi peu expérimenté que l'était le roi Hilperik, ce siége ne pouvait manquer de traîner en longueur. Le château de Melun, situé, comme Paris, dans une île de la Seine, passait alors pour

---

[1] Chilpericus vero jussit exercitum qui ad eum accessit, per Parisius transire. Quo transeunte et ipse transiit, atque ad Miglidunense castrum abiit, cuncta incendio tradens atque devastans. (Greg. Turon. Hist. Franc., lib. vi, apud script. rer. gallic. et francic., t. II, p. 281.)

une place très-forte par sa position ; il n'avait 583
presque rien à craindre des attaques fougueuses, mais sans art, d'un ramas d'hommes inhabiles aux travaux militaires, et capables seulement de venir, avec bravoure, escarmoucher sur des barques, au pied de ses murailles. Les jours et les mois se passèrent dans des tentatives d'assaut inutilement renouvelées, où les guerriers franks firent sans doute de nombreuses prouesses, mais qui mirent à bout leur patience. Ennuyés d'un campement prolongé, ils devinrent de plus en plus indociles, négligèrent le service qui leur était commandé, et ne s'occupèrent avec ardeur qu'à battre la campagne pour amasser du butin [1].

Telles étaient les dispositions de l'armée campée devant Melun, lorsque Leudaste arriva, plein d'espoir et d'assurance, au quartier du roi Hilperik. Il fut le bienvenu auprès des leudes qui retrouvaient en lui un ancien compagnon d'armes, brave dans le combat, joyeux à table et hardi au jeu ; mais, quand il essaya de parvenir jusqu'à la personne du roi, ses demandes d'audience et les sollicitations de ses amis les plus élevés en grade et en crédit furent repoussées. Assez oublieux des injures lorsque sa colère était calmée, et qu'il ne se sentait pas matériellement lésé dans

---

[1] Adriani Valesii, Rer. francic., lib. xi, p. 157.

ses intérêts, Hilperik aurait cédé aux prières de ceux qui l'entouraient, et admis en sa présence l'accusateur de Fredegonde, si la crainte de déplaire à la reine et d'encourir ses reproches ne l'eût retenu. L'ex-comte de Tours, après avoir inutilement employé la médiation des seigneurs et des chefs de bande, s'avisa d'un nouvel expédient, celui de se rendre populaire dans les rangs inférieurs de l'armée, et d'exciter en sa faveur l'intérêt de la multitude [1].

Grâce aux défauts mêmes de son caractère, à ses bizarreries d'humeur et à sa jactance imperturbable, il y réussit complétement, et cette foule d'hommes, que l'oisiveté rendait curieux et faciles à émouvoir, s'anima bientôt pour lui d'une sympathie passionnée. Quand il crut le moment venu d'essayer sa popularité, il demanda que l'armée tout entière suppliât le roi de le recevoir en sa présence; et un jour que Hilperik traversait les lignes du camp, cette requête proférée par des milliers de voix, retentit tout à coup à ses oreilles [2]. Les sollicitations d'une troupe en armes, indisciplinée et mécontente,

---

[1] Adriani Valesii, Rer. francic., lib. xi, p. 160.

[2] Deprecatusque est populum, ut regi preces funderet ut ejus præsentiam mereretur. Deprecante igitur omni populo.... (Greg. Turon Hist. Franc., lib. vi, apud script. rer. gallic. et francic., t. II, p. 282.)

étaient des ordres ; le roi s'y soumit par crainte de voir son refus causer une émeute, et il annonça que le proscrit de Braine pouvait se présenter devant lui. Leudaste parut aussitôt et se prosterna aux pieds du roi en demandant pardon. Hilperik le fit relever, dit qu'il lui pardonnait sincèrement, et ajouta d'un ton de bienveillance presque paternelle : « Comporte-toi avec pru-
« dence jusqu'à ce que j'aie vu la reine et qu'il
« soit convenu que tu rentres en grâce auprès
« d'elle ; car, tu le sais, elle est en droit de te
« trouver bien coupable[1]. »

Cependant le bruit de la double agression tentée contre Melun et contre Bourges fit sortir le roi Gonthramn de son inertie et de ses habitudes peu militaires. Depuis les premières conquêtes des Neustriens en Aquitaine, il n'avait prêté de secours aux villes de son partage que par l'envoi de ses généraux, et jamais il ne s'était mis en personne à la tête d'une armée. Menacé de voir sa frontière de l'ouest ouverte sur deux points différents, et l'invasion neustrienne pénétrer, cette fois, au cœur de son royaume, il n'hésita

---

[1] Rex se videndum ei præbuit, prostratusque pedibus ejus veniam flagitavit : cui rex : « Cautum, inquit, te redde paulisper, donec visa re-
« gina conveniat qualiter ad ejus gratiam revertaris, cui multum inveniris
« esse culpabilis. » (Greg. Turon Hist. Franc., lib. vi, apud script. rer. gallic. et francic., t. II, p. 282-283.)

583. pas à marcher lui-même contre le roi de Neustrie, et à provoquer une bataille décisive qui, selon sa croyance mêlée de traditions germaniques et d'idées chrétiennes, devait être le jugement de Dieu. Il se prépara à cette grande démarche par la prière, le jeûne et l'aumône, et, rassemblant ses meilleures troupes, il prit avec elles la route de Melun [1].

Parvenu à peu de distance de cette ville et des cantonnements de Hilperik, il s'arrêta, et quelle que fût sa confiance dans la protection divine, il voulut, suivant l'instinct de son naturel précautionneux, observer à loisir les positions et l'attitude de l'ennemi. Il ne tarda pas à être informé du peu d'ordre qui régnait dans le camp des Neustriens, et du peu de soin avec lequel on y faisait la garde, soit de jour, soit de nuit. Sur cet avis, il prit ses mesures pour approcher le plus près possible de l'armée assiégeante, sans lui inspirer assez de crainte pour qu'elle devînt plus attentive; et, un soir qu'une bonne partie des troupes s'était dispersée dans la campagne pour aller au fourrage ou au pillage, saisissant l'occa-

---

[1] Guntchramnus vero rex cum exercitu contra fratrem suum advenit totam spem in Dei judicio collocans. (Greg. Turon. Hist. Franc., lib. vi, apud script. rer. gallic. et francic., t. II, p. 282.) — Ipse autem rex ut sæpe diximus, in elcemosynis magnus, in vigiliis atque jejuniis promptus erat. (Ibid., lib. ix, p. 347.)

sion, il dirigea contre les lignes dégarnies une attaque soudaine et bien conduite. Les soldats neustriens, surpris dans leur camp au moment où ils pensaient le moins à combattre, ne purent soutenir le choc des assaillants, et les bandes de fourrageurs, qui revenaient une à une, furent taillées en pièces. En peu d'heures, le roi Gonthramn demeura maître du champ de bataille, et remporta ainsi, comme général, sa première et dernière victoire [1].

On ne sait quelle fut dans cette sanglante mêlée la contenance du roi Hilperik; peut-être, durant l'action, fit-il des actes de bravoure, mais, après la déroute, lorsqu'il s'agit de rallier les débris de son armée et de préparer une revanche, la volonté lui manqua. Comme il était dépourvu de prévoyance, le moindre revers le déconcertait et lui enlevait subitement toute présence d'esprit et tout courage. Dégoûté de l'entreprise pour laquelle il avait fait faire de si grands mouvements de troupes, il ne songea plus qu'à la paix, et, dès le matin qui suivit cette nuit de désastre, il envoya porter au roi Gonthramn des paroles

---

[1] Qui die una jam vespere, misso exercitu, maximam partem de germani sui exercitu interfecit. (Greg. Turon. Hist. Franc., lib. vi, apud script. rer. gallic. et francic., t. II, p. 282.) — Cuneumque hostium, præ cupiditate ab aliis segregatum, crepusculo noctis agressus ultima labefactavit pernicie. (Aimoini, monachi Floriac., de Gest. Franc., apud script. rer. gallic. et francic., t. III, p. 90.)

d'accommodement. Gonthramn, toujours pacifique, et nullement enivré de l'orgueil du triomphe, n'avait lui-même qu'une envie, celle de terminer promptement la querelle, et de rentrer dans son repos. Il députa, de son côté, des envoyés qui, rencontrant ceux de Hilperik, conclurent avec eux, pour les deux rois, un pacte de réconciliation[1].

D'après ce pacte, formulé suivant la vieille coutume germanique, les rois traitèrent ensemble, non comme souverains indépendants, mais comme membres d'une même tribu, et soumis, malgré leur titre, à une autorité supérieure, celle de la loi nationale. Ils convinrent de s'en remettre au jugement des anciens du peuple et des évêques, et se promirent l'un à l'autre que celui des deux qui serait convaincu d'être sorti des bornes de la loi, *composerait avec l'autre*, et l'indemniserait *selon la décision des juges*[2]. Pour joindre les actes aux paroles, le roi de Neustrie expédia sur-le-champ aux trois ducs qui assiégeaient Bourges l'ordre de lever le

[1] Mane autem concurrentibus legatis, pacem fecerunt. (Greg. Turon. Hist. Franc., lib. vi, apud script. rer. gallic. et francic., t. II, p. 282.) — Adriani Valesii, Rer. francic., lib. xi, p. 158.

[2] Pollicentes alter alterutro, ut quicquid sacerdotes vel seniores populi judicarent, pars parti componeret quæ terminum legis excesserat. (Greg. Turon. Hist. Franc., lib. vi, apud script. rer. gallic. et francic., t. II, p. 282.)

siége de la ville, et d'évacuer le pays. Lui-même 583.
reprit le chemin de Paris avec son armée diminuée de nombre, suivie d'une foule de blessés, moins fière d'aspect, mais toujours la même pour l'indiscipline et l'avidité dévastatrice[1].

La paix étant faite, ce trajet de retour avait lieu en pays ami ; mais les soldats neustriens n'en tinrent nul compte, et ils se remirent à piller, à ravager et à faire des prisonniers sur la route. Soit par un scrupule de conscience qui lui était peu ordinaire, soit par un sentiment tardif de la nécessité du bon ordre, Hilperik vit avec peine ces actes de brigandage, et résolut de les réprimer. L'injonction faite de sa part à tous les chefs de bande de veiller sur leurs gens et de les contenir sévèrement était trop insolite pour qu'elle ne rencontrât pas de résistance ; les seigneurs franks en murmurèrent, et l'un d'entre eux, le comte de Rouen, déclara qu'il n'empêcherait personne de faire ce qui avait toujours été permis. Dès que l'effet eut suivi ces paroles, Hilperik, retrouvant tout à coup de l'énergie, fit saisir le comte, et le fit mettre à mort pour servir d'exemple aux autres. Il ordonna, en outre, que tout le butin fût rendu et tous les

---

[1] Et sic pacifici discesserunt...... At isti qui Biturigas obsidebant, accepto mandato ut reverterentur ad propria.... (Greg. Turon. Hist. Franc., lib. vi, apud script. rer. gallic. et francic., t. II, p. 282.)

captifs relâchés, mesures qui, prises à temps, auraient sans doute prévenu le mauvais succès de sa campagne[1]. Ainsi, il rentra dans Paris plus maître de ses troupes et plus capable de les bien conduire qu'il ne l'avait été à son départ; malheureusement, ces qualités essentielles du chef de guerre venaient d'éclore en lui hors de propos, car sa pensée était alors entièrement à la paix. La rude leçon du combat de Melun avait mis fin à ses projets de conquête, et désormais il ne songeait plus qu'à tâcher de retenir par la ruse tout ce que l'emploi de la force lui avait fait gagner jusque-là.

Leudaste, revenu sain et sauf, avait suivi le roi jusqu'à Paris, où Fredegonde séjournait alors. Au lieu d'éviter cette ville, dangereuse pour lui, ou de ne faire que la traverser avec l'armée, il s'y arrêta, comptant que les bonnes grâces du mari seraient au besoin sa sauvegarde contre la rancune de la femme[2]. Après quelques jours passés sans trop de précaution, voyant qu'il ne lui arrivait ni poursuites ni menaces, il

---

[1] Chilpericus vero rex cùm exercitum suum a prædis arcere non posset, Rothomagensem comitem gladio trucidavit : et sic Parisius rediit omnem relinquens prædam, captivosque relaxans. (Greg. Turon. Hist. Franc., lib. vi, apud script. rer. gallic. et francic., t. II, p. 282.)

[2] At ille, ut erat incautus ac levis, in hoc fidens quod regis præsentiam meruisset.... (Ibid., p. 283.)

se crut amnistié dans l'esprit de la reine, et jugea 583. le temps venu où il pouvait se présenter devant elle. Un dimanche que le roi et la reine assistaient ensemble à la messe dans la cathédrale de Paris, Leudaste se rendit à l'église, traversa de l'air le moins timide la foule qui entourait le siège royal, et, se prosternant aux pieds de Fredegonde qui était loin de s'attendre à le voir, il la supplia de lui pardonner [1].

A cette subite apparition d'un homme qu'elle haïssait mortellement, et qui lui semblait venu là moins pour l'implorer que pour braver sa colère, la reine fut saisie du plus violent accès de dépit. La rougeur lui monta au front, des larmes coulèrent sur ses joues, et jetant vers son mari, immobile à côté d'elle, un regard amèrement dédaigneux, elle s'écria : « Puisqu'il ne me
« reste pas de fils sur qui je puisse me reposer du
« soin de poursuivre mes injures, c'est à toi,
« Seigneur Jésus, que j'en remets la poursuite [2]! »
Puis, comme pour faire un dernier appel à la conscience de celui dont le devoir était de la protéger, elle se jeta aux pieds du roi, en disant

---

[1] Die dominica in ecclesia sancta reginæ pedibus provolvitur veniam deprecans. (Greg. Turon. Hist. Franc., lib. vi, apud script. rer. gallic. et francic., t. II, p. 283.)

[2] At illa frendens et exsecrans, adspectum ejus a se repulit, fusisque lacrymis, ait : « Et quia non exstat de filiis, qui criminis mei causas « inquirat, tibi eas, Jesu Domine, inquirendas committo. » (Ibid.)

avec une expression de vive douleur et de dignité blessée : « Malheur à moi! qui vois mon ennemi, « et qui ne peux rien contre lui[1]. » Cette scène étrange émut tous les assistants, et plus que personne le roi Hilperik, sur qui retombaient à la fois le reproche et le remords d'avoir trop aisément pardonné une insulte faite à sa femme. Pour se faire pardonner à lui-même son indulgence prématurée, il ordonna que Leudaste fût chassé de l'église, se promettant désormais de l'abandonner, sans pitié ni recours, à la vengeance de Fredegonde. Quand les gardes eurent exécuté l'ordre d'expulsion qu'ils venaient de recevoir, et que le tumulte eut cessé, la célébration de la messe, un moment suspendue, fut reprise et se continua sans incident nouveau[2].

Conduit simplement hors de l'église, et laissé libre de s'enfuir où il voudrait, Leudaste ne songea point à profiter de ce bonheur, qu'il ne devait qu'à la précipitation avec laquelle Hilperik avait donné ses ordres. Loin qu'un tel avertissement lui fît ouvrir enfin les yeux sur le péril de sa position, il s'imagina que, s'il avait mal réussi auprès

---

[1] Prostrataque pedibus regis adjecit : «Væ mihi, quæ video inimicum meum, et nihil ei prævaleo.» (Greg. Turon. Hist. Franc., lib. vi, apud script. rer. gallic. et francic., t. II, p. 283.)

[2] Tunc repulso eo a loco sancto, missarum solemnia celebrata sunt. (Ibid.)

de la reine, c'était pour avoir manqué d'adresse, 583. pour s'être présenté brusquement devant elle, au lieu de faire précéder sa requête de quelque beau présent. Cette folle idée prévalant sur toute autre, il prit le parti de demeurer dans la ville, et de visiter aussitôt les boutiques des orfévres et des marchands d'étoffes les plus renommés [1].

Il y avait, près de l'église cathédrale et sur le trajet de l'église au palais du roi, une vaste place, limitée, à l'occident, par le palais et ses dépendances, et, à l'orient, par la voie où venait aboutir le pont qui joignait les deux rives du bras méridional de la Seine. Cette place, destinée au commerce, était bordée de comptoirs et de magasins où s'étalaient des marchandises de toute espèce [2]. L'ex-comte de Tours se mit à la parcourir, allant d'une boutique à l'autre [3], regardant tout avec curiosité, faisant le riche, racontant ses affaires, et disant à ceux qui se trouvaient là : « J'ai essuyé de grandes pertes, mais il me reste « encore chez moi beaucoup d'or et d'argent. » Puis, comme un acheteur entendu, se recueillant pour délibérer en lui-même et choisir avec dis-

---

[1] Adriani Valesii, Rer. francic., lib. xi, p. 161.

[2] Voyez Dulaure, Histoire de Paris, t. I.

[3] Leudastes usque ad plateam est prosecutus, inopinans quid ei accideret : domosque negotiantum circumiens... (Greg. Turon. Hist. Franc., lib. vi, apud script. rer. gallic. et francic., t. II, p. 283.)

cernement, il maniait les étoffes, essayait sur lui les bijoux, soupesait la vaisselle de prix, et, quand son choix était fixé, il reprenait d'un ton haut et avantageux : « Ceci est bien ; mettez ceci à part ; « je me propose de prendre tout cela [1]. »

Pendant qu'il achetait ainsi des choses de grande valeur, sans s'inquiéter de savoir s'il trouverait de quoi les payer, la fin de la messe arriva, et les fidèles sortirent en foule de la cathédrale. Le roi et la reine, marchant de compagnie, prirent le chemin le plus direct pour revenir au palais, et traversèrent la place du Commerce [2]. Le cortége dont ils étaient suivis et le peuple qui se rangeait devant eux avertirent Leudaste de leur passage ; mais il ne s'en émut point, et continua de s'entretenir avec les marchands, sous le portique de bois qui entourait la place et servait comme de vestibule aux différents magasins [3].

---

[1] Species rimatur, argentum pensat, atque diversa ornamenta prospicit, dicens : Hæc et hæc comparabo, quia multum mihi aurum argentumque resedit. (Greg. Turon. Hist. Franc., lib. vi, apud script. rer. gallic. et francic., t. II, p. 283.)

[2] Igitur egresso rege cum regina de ecclesia sancta.... (Ibid.)

[3] Ista illo dicente... (Ibid.) — L'absence de tout vestige de substruction en maçonnerie romaine permet de conjecturer que les bâtiments de cette place publique étaient de bois, chose du reste fort commune alors dans les villes du nord de la Gaule. La bâtisse en bois, souvent employée à la construction des églises et d'autres édifices considérables, ne manquait ni d'art ni de goût. V. Fortunati, carmen *de Domo lignea*, apud Biblioth. patrum, t. X, p. 583.

Quoique Frédégonde n'eût aucune raison de 583.
s'attendre à le rencontrer là, du premier regard,
avec la vue perçante de l'oiseau de proie, elle
découvrit son ennemi dans la foule des promeneurs et des acheteurs. Elle passa outre, pour ne
pas effaroucher l'homme dont elle voulait s'emparer à coup sûr, et, dès qu'elle eut mis le pied
sur le seuil du palais, elle dépêcha plusieurs de ses
gens, braves et adroits, avec l'ordre de surprendre
Leudaste, de le saisir vivant, et de le lui amener
garrotté[1].

Afin de pouvoir s'approcher de lui sans lui
inspirer aucune défiance, les serviteurs de la
reine déposèrent leurs armes, épée et bouclier,
derrière un des piliers du portique; puis, se dis-
tribuant les rôles, ils avancèrent de façon à lui
rendre la fuite et la résistance impossible[2]. Mais
leur plan fut mal exécuté, et l'un d'eux, trop
impatient d'agir, mit la main sur Leudaste avant
que les autres fussent assez près pour le cerner
et le désarmer. L'ex-comte de Tours, devinant le
péril dont il était menacé, tira son épée et en
frappa l'homme qui l'attaquait. Les compagnons
de celui-ci reculèrent de quelques pas, et, cou-

---

[1] Adriani Valesii, Rer. francic., lib. xi, p. 161.

[2] Subito advenientes reginæ pueri, voluerunt eum vincire catenis. (Greg. Turon. Hist. Franc., lib. vi, apud script. rer. gallic. et francic., t. II, p. 283.)

rant prendre leurs armes, ils revinrent sur Leudaste, le bouclier au bras et l'épée à la main, furieux contre lui et décidés à ne plus ménager sa vie[1]. Assailli à la fois par devant et par derrière, Leudaste reçut dans ce combat inégal un coup d'épée à la tête, qui lui enleva les cheveux et la peau sur une grande partie du crâne. Il réussit, malgré sa blessure, à écarter les ennemis qu'il avait en face, et s'enfuit, tout couvert de sang, vers le petit pont, afin de sortir de la ville par la porte du sud[2].

Ce pont était de bois, et son état de dégradation accusait, ou le dépérissement de l'autorité municipale, ou les exactions et les rapines des agents du fisc royal. Il y avait des endroits où les planches, pourries de vétusté, laissaient un espace vide entre les solives de la charpente, et obligeaient les passants à marcher avec précaution. Serré de près dans sa fuite, et contraint de traverser le pont à pleine course, Leudaste n'eut pas le loisir d'éviter les mauvais pas; l'un de ses pieds, passant entre deux poutres mal jointes, s'y

---

[1] Ille vero evaginato gladio unum verberat; reliqui exinde succensi felle, adprehensis parmis et gladiis, super eum inruerunt. (Greg. Turon. Hist. Franc., lib. vi, apud script. rer. gallic. et francic., t. II, p. 283.)

[2] Ex quibus unus librans ictum maximam partem capitis ejus a capillis et cute detexit. (Ibid.)

engagea de telle sorte, qu'il fut jeté à la renverse 583.
et qu'en tombant il se cassa la jambe¹. Ceux qui
le poursuivaient, devenus maîtres de lui par cet
accident, lui lièrent les mains derrière le dos, et,
comme ils ne pouvaient le présenter à la reine
dans un pareil état, ils le chargèrent sur un cheval, et le menèrent à la prison de la ville en attendant de nouveaux ordres².

Les ordres vinrent, donnés par le roi qui, impatient de regagner les bonnes grâces de Fredegonde, s'ingénia pour faire quelque chose qui lui
fût complètement agréable. Loin d'avoir aucune
pitié du malheureux dont ses actes personnels
d'oubli et de pardon avaient entretenu les illusions présomptueuses et la folle étourderie, il se
mit à chercher quel genre de mort on pourrait
infliger à Leudaste; calculant dans sa pensée le
fort et le faible de tous les supplices, pour découvrir ce qui réussirait le mieux à contenter la vengeance de la reine. Après de mûres réflexions,
faites avec un sang-froid atroce, Hilperik trouva
que le prisonnier, grièvement blessé comme il
l'était, et affaibli par une grande perte de sang,

---

¹ Cùmque per pontem urbis fugeret, elapso inter duos axes qui
pontem faciunt pede, effracta oppressus est tibia. (Greg. Turon.
Hist. Franc., lib. vi, apud script. rer. gallic. et francic., t. II,
p. 283.)

² Ligatisque post tergum manibus custodiæ mancipatur. (Ibid.

devait succomber aux moindres tortures, et il résolut de le faire guérir, pour le rendre capable de supporter jusqu'au bout les tourments d'un supplice prolongé [1].

Confié aux soins des médecins les plus habiles, Leudaste fut tiré de sa prison malsaine et transporté hors de la ville, dans l'un des domaines royaux, afin que le grand air et l'agrément du lieu rendissent plus prompte sa guérison. Peut-être, par un raffinement de précautions barbares, lui laissa-t-on croire que ces bons traitements étaient des signes de clémence, et qu'il deviendrait libre en retrouvant la santé; mais tout fut inutile, la gangrène se mit dans ses plaies et il tomba dans un état désespéré [2]. Quand ces nouvelles parvinrent à la reine, elle ne put se résoudre à laisser son ennemi mourir en paix, et tandis qu'il restait encore un peu de vie à lui ôter, elle commanda qu'on en finît avec lui par un supplice bizarre que, selon toute apparence, elle se donna le plaisir d'imaginer. Le moribond fut arraché de son lit et étendu sur le pavé, la nuque du cou appuyée contre une énorme barre

---

[1] Fulsitque rex ut substentaretur a medicis quoadusque ab his ictibus sanatus, diuturno supplicio cruciaretur. (Greg. Turon. Hist. Franc., lib. vi, apud script. rer. gallic. et francic., t. II, p. 283.)

[2] Sed cùm ad villam fiscalem ductus fuisset, et computrescentibus plagis extremam ageret vitam.... (Ibid.)

de fer, puis un homme armé d'une autre barre 583.
l'en frappa sur la gorge, et répéta ses coups
jusqu'à ce qu'il eût rendu le dernier soupir [1].

Ainsi se termina l'existence aventureuse de ce parvenu du VIe siècle, fils d'un serf gallo-romain, et élevé, par un coup de la faveur royale, au rang des chefs des conquérants de la Gaule. Si le nom de Leudaste, à peine mentionné dans la plus volumineuse des histoires de France, méritait peu qu'on le tirât de l'oubli, sa vie, mêlée intimement à celle de plusieurs personnages célèbres, offre l'un des épisodes les plus caractéristiques de la vie générale du siècle. Des problèmes sur lesquels s'est partagée en sens divers l'opinion des érudits se trouvent résolus d'eux-mêmes, pour ainsi dire, par les faits de cette curieuse histoire. Quelle fortune pouvait faire, sous la domination franke, le Gaulois et l'homme de condition servile? Comment se gouvernaient alors les villes épiscopales, placées sous la double autorité de leur comte et de leur évêque? Quelles étaient les relations mutuelles de ces deux pouvoirs, naturellement ennemis, ou au moins rivaux

---

[1] Jussu reginæ in terram projicitur resupinus, positoque ad cervicem ejus vecte immenso ab alio ei gulam verberant; sicque semper perfidam agens vitam, justa morte finivit. (Greg. Turon. Hist. Franc., lib. VI, apud script. rer. gallic. et francic., t. II, p. 283.)

l'un de l'autre? Voilà des questions auxquelles répond clairement le simple récit des aventures du fils de Léocadius.

D'autres points de controverse historique auront été, du moins je l'espère, mis également hors de tout débat sérieux par les récits qui précèdent. Bien que remplis de détails, et marqués de traits essentiellement individuels, ces récits ont tous un sens général, facile à formuler pour chacun d'eux. L'histoire de l'évêque Prætextatus est le tableau d'un concile gallo-frank; celle du jeune Merowig montre la vie de proscrit, et l'intérieur des asiles religieux; celle de Galeswinthe peint la vie conjugale et les mœurs domestiques dans les palais mérovingiens; enfin, celle du meurtre de Sighebert présente, à son origine, l'hostilité nationale de l'Austrasie contre la Neustrie. Peut-être, ces différentes vues des hommes et des choses du VI° siècle, sortant d'un fond purement narratif, seront-elles, par cela même, plus nettes et plus fixes pour le lecteur. On a dit que le but de l'historien était de raconter, non de prouver; je ne sais, mais je suis certain qu'en histoire le meilleur genre de preuve, le plus capable de frapper et de convaincre tous les esprits, celui qui permet le moins de défiance et laisse le moins de doutes, c'est la narration complète, épuisant les textes, rassem-

blant les détails épars, recueillant jusqu'aux 583.
moindres indices des faits ou des caractères, et,
de tout cela, formant un corps auquel vient
le souffle de vie par l'union de la science et de
l'art.

FIN DU TOME DEUXIÈME.

PIÈCES JUSTIFICATIVES

DU TOME DEUXIÈME.

N° 1.

VERS ADRESSÉS AU ROI HILPERIK PAR VENANTIUS FORTUNATUS, A L'OCCASION DU CONCILE DE BRAINE [1].

Ad Chilpericum regem, quando synodus Brinnaco habita est.

Ordo sacerdotum, venerandaque culmina Christi,
    Quos dedit alma fides relligione patres.
Parvulus opto loqui regis præconia celsi,
    Sublevet exigui carmina vester amor.
Inclyte rex armis, et regibus edite celsis,
    Primus et antiquis culmina prima regens.
Rector habes nascendo decus, moderando sed auges,
    De radice patris flos generate potens.
Æquali serie vos nobilitando vicissim,
    Tu genus ornasti, te genus ornat avi.
Excepisti etenim fulgorem ab origine gentis,
    Sed per te proavis splendor honore redit.
Te nascente patri, lux altera nascitur orbi,
    Nominis et radios spargis ubique novos;

---

[1] Fortunati opera omnia, ed. Luchi, pars prima, p. 302.

Quem præfert oriens, Libyes, occasus et Arctus :
    Quo pede non graderis, notus honore venis.
Quidquid habet mundus, peragrasti, nomine princeps,
    Curris et illud iter, quod rota solis agit.
Cognite jam Ponto et Rubro, Pelagoque sub Indo,
    Transit et Oceanum fulgida fama sopho.
Nomen ut hoc resonet, non impedit aura, nec unda,
    Sic tibi cuncta simul, terra vel astra, favent.
Rex bonitate placens, decus altum et nobile germen,
    In quo tot procerum culmina culmen habent.
Auxilium patriæ, spes et tu tamen in armis,
    Fida tuis virtus, inclytus atque vigor.
Chilperice potens, si interpres barbarus extet,
    Adjutor fortis, hoc quoque nomen habes.
Non fuit in vanum, sic te vocitare parentes,
    Præsagium hoc totum, laudis et omen erat.
Jam tunc judicium præbebant tempora nato,
    Dicta priora tamen dona secuta probant.
In te dulce caput, patris omnis cura pependit,
    Inter tot fratres sic amor unus eras.
Agnoscebat enim, te jam meliora mereri,
    Unde magis coluit, prætulit inde pater,
Præposuit genitor, cum plus dilexit alumnum,
    Judicium regis frangere nemo potest.
Auspiciis magnis crevisti, maxime princeps,
    Hinc in amore manens plebis et inde patris.
Sed meritis tantis subito sors invida rerum,
    Perturbare parans regna quieta tibi,
Concutiens animos populorum, et fœdera fratrum,
    Ludere dum voluit, prosperitate favet.
Denique jam capiti valido pendente periclo,
    Quando ferire habuit, reppulit hora necem.

Cum retinereris mortis circumdatus armis,
    Eripuit gladios sors, operante Deo.
Ductus ad extremum, remeas de funere vitæ,
    Ultima quæ fuerat, fit tibi prima dies.
Noxia dum cuperent hostes tibi bella parare,
    Pro te pugnavit fortis in arma fides.
Prospera judicium, sine te, tua causa peregit,
    Et rediit proprio celsa cathedra loco.
Rex bone, ne doleas, nam te fortuna querelis,
    Unde fatigavit, hinc meliora dedit.
Aspera tot tolerando diu, modo læta sequuntur,
    Et per mœrores gaudia nata metis.
Multimodas per opes seminans, tua regna resumis,
    Namque labore gravi crescere magna solent.
Aspera non nocuit, sed te sors dura probaavit
    Unde gravabaris, celsior inde redis.
Altior assiduis crescis, non frangeris armis,
    Et belli artificem te labor ipse facit.
Fortior efficeris per multa pericula princeps,
    Ac per sudores dona quietis habes.
Nil dolet amissum, te rege superstite, mundus,
    Qui se servarunt debita regna gradu.
Consuluit domui, patriæ populoque Creator,
    Quem gentes metuunt te superesse virum.
Ne ruat armatus per Gallica rura rebellis,
    Nomine victoris hic es, et ampla regis.
Quem Geta, Wasco tremunt, Danus, Estio, Saxo, Britannus
    Cum patre quos acie te domitasse patet.
Terror et extremis Frisonibus atque Suevis,
    Qui neque bella parant, sed tua fræna rogant.
Omnibus his datus es timor, illo judice campo,
    Et terrore novo factus es altus amor.

In te, rector, habet regio circumdata murum,
  Ac levat excelsum ferrea porta caput.
Tu patriæ radias adamantina turris ab Austro,
  Et scuto stabili publica vota tegis.
Neu gravet hæc aliquis, pia propugnacula tendis,
  Ac regionis opes limite forte foves.
Quid de justitiæ referam moderamine, princeps?
  Quo male nemo redit, si bene justa petit :
Cujus in ore probo mensuræ libra tenetur,
  Rectaque causarum linea currit iter.
Nec mora fit, vero falsus nihil explicat error,
  Judiciisque tuis fraus fugit, ordo redit.
Quid? quoscunque etiam regni ditione gubernas,
  Doctor ingenio vincis, et ore loquax.
Discernens varias sub nullo interprete voces,
  Et generum linguas unica lingua refert.
Erigit exiguos tua munificentia cunctos,
  Et quod das famulo, credis id esse tuum.
Qualiter hinc itidem tua se præconia tendunt,
  Laudis et hoc cumulo concutit astra fragor.
Cui simul arma favent, et littera constat amore,
  Hinc virtute potens, doctus et inde places.
Inter utrumque sagax, armis, et jure probatus,
  Belliger hinc radias, legifer inde micas.
De virtute pater, reparatur avunculus ore,
  Doctrinæ studio vincis et omne genus.
Regibus æqualis, de carmine major haberis,
  Dogmatæ vel qualis non fuit ante parens.
Te arma ferunt generi similem, sed littera præfert,
  Sic veterum regum par simul, atque prior.
Admirande mihi nimium rex, cujus opime
  Prælia robur agit, carmina lima polit.

Legibus arma regis, et leges dirigis armis,
  Artis diversæ sic simul itur iter.
Discere si possit, rector, tua singula quisquis,
  Ornarent plures, quæ bona solus agis.
Sed tamen hæc maneant, et crescant prospera vobis,
  Et liceat solio multiplicante frui,
Conjuge cum propria, quæ regnum moribus ornat,
  Principis et culmen participata regit.
Provida consiliis, sollers, cauta, utilis aulæ,
  Ingenio pollens, munere larga placens.
Omnibus excellens meritis, Fredegundis opima,
  Atque serena suo fulget ab ore dies.
Regia magna nimis, curarum pondera portans,
  Te bonitate colens, utilitate juvans.
Qua pariter tecum moderante palatia crescunt,
  Cujus et auxilio floret honore domus.
Quærens unde viro duplicentur vota salutis,
  Et tibi mercedem de Radegunde facit.
Quæ meritis propriis effulget gloria regis,
  Et regina suo facta corona viro.
Tempore sub longo hæc te fructu prolis honoret,
  Surgat et inde nepos, ut renoveris avus.
Ergo creatori referatur gratia digne,
  Et cole rex regem, qui tibi præbet opem.
Ut servet, cumuletque bonum ; nam rector ab alto
  Omnia solus habet, qui tibi multa dedit.
Da veniam, victor, tua me præconia vincunt,
  Hoc quoque, quod superor, fit tibi major honor.
Parvulus opto tamen, sic prospera vota secundet,
  Ut veniant terris hæc pia dona polis.
Aera temperie faveant tibi, tempora pace,
  Frugibus arva micent, fœdera regna ligent.

Edomites omnes, tuearis amore fideles,
Sis quoque catholicis relligionis apex.
Summus honor regis, per quem donantur honores,
Cui longæva dies constet, et alma fides.
Regibus aurum alii, aut gemmarum munera solvant,
De Fortunato paupere verba cape.

N° 2.

FRAGMENT DE LA VIE DE SAINTE RADEGONDE, PAR VENANTIUS FORTUNATUS, DEVENU ÉVÊQUE DE POITIERS [1].

Sanctæ patria, regium stemma, adventus in Galliam, educatio, pietas et nuptiæ cum rege Chlotario.

Beatissima Radegundis, natione barbara, de regione Toringa, avo rege Bassino, patruo Hermenfredo, patre rege Berethario, in quantum altitudo seculi tangit, regio de germine orta, celsa licet origine, multo tamen celsior fuerat actione. Quæ dum cum suis summis parentibus brevi mansisset tempore, tempestate barbarica, Francorum victoria regione vastata, vice Israelitica exit, et migrat de patria. Tunc inter ipsos victores, cujus esset in præda regalis puella, fit contentio de captiva; et nisi reddita fuisset transacto certamine, in se reges arma movissent; quæ veniens in sortem regis Clotarii in Veromandensem ducta Ateias villam regiam nutriendi causa custodibus est deputata. Quæ puella inter alia opera, quæ sexui ejus congruebant litteris est erudita; frequenter loquens cum parvulis, si conferret sors temporis, martyr fieri cupiens. Indicabat adolescens jam tunc

[1] Bolland., Acta sanctorum Augusti, t. III, p. 68 et seq.

merita senectutis, obtinens pro parte, quæ petiit. Denique dum esset in pace florens ecclesia, ipsa est a domesticis persecutionem perpessa. Sed adhuc teneræ ætatis Deo dicata puella id agere studii habebat, ut quidquid sibi remansisset edulii, collectis parvulis, eorumque capitibus mundatis, ipsa inferebat; ipsa miscebat infantulis.

Hoc etiam sanctissima cum Samuele parvulo clerico gerebat, facta cruce lignea præcedente, dum subsequendo psallentes ad oratorium gravitate matura simul parvuli properabant, ipsa tamen cum sua veste pavimentum nitidans; circa altare vero cum facitergio jacentem pulverem colligens, foras cum reverentia recondebat potius quam verrebat. Quam cum præparatis expensis Victuriaci voluisset rex prædictus accipere, per Beralcham ab Ateiis nocte cum paucis elapsa est. Deinde Suessionis cum eam direxisset, ut reginam erigeret, illa evitabat pompam regalem, ne seculo cresceret; sed cui debetur etiam humana gloria, non mutatur. Nupsit ergo terreno principi, non tamen separata a cælesti. Ac dum sibi accessisset secularis dignitas, plus se inclinavit voluntas, quam permittebat dignitas, subdita semper Deo, sectans monita sacerdotum, plus participata Deo, quam sociata conjugio. Illo vero sub tempore tentamus patefacere de multis pauca, quæ gessit.

Igitur juncta principi, timens, ne a Deo degradasset, cum mundi gradu proficeret, se cum sua facultate eleemosynæ dicavit : nam cum sibi aliquid de tributis accideret, ex omnibus quæ venissent ad eam, decimas ante dedit quam recepit. Deinde quod supererat, monasteriis dispensabat; et quo ire pede non poterat, misso munere circumibat : a cujus munificentia nec ipse se abscondere potuit eremita; et ne premeretur a sarcina, quod acceperat, erogabat. Apud quam nec egeni vox inaniter sonuit, nec ipsa eam surda præteriit, sæpe donans indumenta, credens sub inopis veste Christi membra se tegere, hoc se reputans perdere quidquid pauperibus non dedisset. Adhuc animum tendens ad opus misericordiæ, Ateias domum instruit; quo lectis culte compositis, congregatis egenis feminis, ipsa eas lavans in thermis, morborum curabat putredines, virorum capita diluens, ministerium faciens, quos ante laverat, eisdem sua manu miscebat, ut fessos de sudore sumpta potio recrearet. Sic devota femina, nata et nupta regina, palatii domina, pauperibus serviebat ancilla.

In mensa vero sua occulte, ne cognosceretur ab aliquo, ante se posito cum legumine ferculo, inter epulas regum, more trium puerorum, faba vel lenticula delectabiliter vescebatur. Pro officio vero divino cantando, etsi sederet in prandio, ut Deo redderet debitum, se subducebat convivio. Quo egressa, ut Domino psalleret, curiose requirebat, quali cibo foris pauperes refecissent. Item nocturno tempore cum reclinaret cum principe, rogans se pro humana necessitate consurgere, et levans, egressa cubiculo, tamdiu ante secretum orationi incumbebat, jactato cilicio, ut solo calens spiritu, jaceret gelu penetrata, tota carne præmortua : non curans corporis tormenta mens intenta paradiso, reputabat levissimum quidquid ferret, tantum ne apud Christum vilesceret. Inde regressa [in] cubiculum, vix tepefieri poterat vel foco vel lectulo. De qua regi dicebatur habere se magis jugalem monacham, quam reginam.

Unde ipse irritatus pro bonis erat asperrimus : sed illa pro parte leniens, pro parte tolerabat modeste rixas illatas a conjuge. Diebus vero quadragesimæ satis est scire qualiter se retexit, inter vestes regias singulariter pœnitens. Igitur appropinquante jejunii tempore, ad religiosam monacam, nomine Piam, mittebat; cui sancto proposito illa dirigebat veneranter in linteo sigillatum cilicium; quod sancta induens ad corpus, per totam quadragesimam subter vestem regiam dulci portabat in sarcina. Transactis autem diebus quadragesimæ, similiter sigillatum retransmittebat cilicium : sin autem rex deesset, quis credat, qualiter orationi se diffunderet, qualiter se tanquam præsentis Christi pedibus alligaret, et quasi repleta deliciis, sic longo jejunio satiaretur in lachrymis? Cui, despecto ventris edulio, Christus erat tota refectio, et tota fames erat ei in Christo.

Illud qua pietate peragebat sollicita, ut quæ per oratoria vel loca venerabilia tota nocte perlucerent, candelas suis manibus factas jugiter ministraret? Unde hora serotina, dum ei nuntiaretur tarde, quod eam rex quæreret ad mensam, circa res Dei dum satagebat, rixas habebat a conjuge, ita ut vicibus multis princeps per munera satisfaceret, quod per linguam peccasset. Ad cujus opinionem, si quis servorum Dei, vel per se, vel vocatus, visus fuisset occurrere, videres illam cœlestem habere lætitiam; et hora noctis recursa, cum paucis pergens in thermis per nivem, lutum, vel pulverem, aqua calida parata, ipsa lavabat et tergebat venerandi viri vestigia, nec resistente servo Dei, propinabat ei pateram. Sequenti die curam domus committens creditariis, ipsa se totam occupabat circa viri justi verba, circa salutis instituta et circa adipiscenda vitæ cœlestis commercia retentabatur per dies. Et si venisset pontifex, in aspectu ejus lætificabatur, et remuneratum relaxabat ipsa tristis ad propria.

Illud quoque quam prudenter totum pro sua salute providebat impendere : quotiens quasi maforte, lineo savano, auro vel gemmis ornato, more vestiebatur barbaro, a circumstantibus pueris si laudaretur pulcherrimum, indignam se adjudicans, tali componi linteolo, mox exuens se vestimento, dirigebat loco sancto, quisquis esset in proximo, et pro palla ponebantur super divinum altare. Quali vero, si quis pro culpa criminali, ut assolet, a rege deputabatur interfici, sanctissima regina moriebatur cruciatu, ne designatus reus moreretur gladio? Qualiter concursabat per domesticos, fideles servientes et proceres, quorum blandimentis mulcebat animum principis, donec ex ipsa ira regis, unde processerat sors mortis, inde curreret vox salutis?

His igitur beatis actibus occupatam tantum provexit divina clementia, ut etiam adhuc in palatio laïca, Domino largiente, declararentur per eam miracula. Denique in Perunna villa post prandium, dum ambularet per hortum sanctissima, rei trusi pro crimine succurri sibi clamabant, vociferantes de carcere. Ipsa autem quid esset, interrogat. Mentiuntur ministri quod mendicorum turba quæreret eleemosynam; credens hoc illa, transmittit, quo indigebat inopia. Interea a judice compelluntur tacere qui tenebantur in compede. Cum vero nox supervenisset et solitum cursum faceret, fractis vinculis soluti sanctæ occurrunt de carcere. Quo cognito, reos se viderunt qui beatæ mentiti sunt, dum qui rei fuerant de catenis soluti sunt.

Divortium sanctæ cum marito, professio monastica, misericordia ejus erga pauperes et ægros miraculis confirmata.

Et quoniam frequenter aliqua occasione, divinitate prosperante, casus cedit ad salutem, ut hæc religiosius viveret, frater interficitur innocenter. Directa igitur a rege, veniens ad beatum Medardum Noviomi, supplicabat instanter, ut ipsam mutata veste Domino consecraret. Sed memor apostoli dicentis: Si qua ligata sit conjugi, non quærat dissolvi, differebat reginam, ne veste tegeret monacham. Ad hoc etiam beatum virum perturbabant proceres, et per basilicam ab altari graviter retrahebant, ne velaret regi conjunctam; ne videretur sacerdoti, ut præsumeret principi subducere reginam, non publicanam, sed publicam. Quo sanctissima cognito, intrans in sacrarium, monachica veste induitur, et procedens ad altare, beatissimum Medardum his verbis alloquitur, dicens: Si me consecrare distuleris, et plus hominem quam Dominum timueris, de manu tua a pastore ovis anima requiratur. Qua ille contestatione concussus, manu superposita consecravit diaconam.

Mox indumentum nobile, quo celeberrima die solebat, pompa comitante, regina procedere, exuta, ponit in altari, et ablatis gemmis, ornamentis mensam divinæ gloriæ onerat venerabilis. Cingulum auro ponderatum fractum dat in opus pauperum, similiter accedens ad cellam sancti jumeris die uno, quo se ornabat felix regina composite, sermone ut ita loquar barbaro, stapione, camisias, manicas, cofias, fibulas, cuncta auro, quædam gemmis exornata, per circulum sibi profutura sancto tradidit altari. Inde procedens ad cellam venerabilis Dadonis, die qua debuit ornari præstanter in seculo, quidquid indui poterat censu divite femina, abbate remunerato, totum dedit cœnobio. Dehinc sancti Gundulfi, post facti Mettis episcopi, progressa ad receptaculum, non minore laborata nobilitavit synergium. Hinc felici navigio Turonis appulsa, quæ suppleat eloquentia, quantum officiosam; quantum se monstravit munificam ? Quid egerit circa sancti Martini atria, templa, basilicam, flens lacrymis insatiata, singula jacens per limina, ubi, missa celebrata, vestibus et ornamento quo se clariori cultu solebat ornare in palatio, sacrum componit altare. Hinc cum in vicum Condatensem, ubi gloriosus vir Martinus, et Christi satis intimus senator, migravit de seculo, ancilla Domini pervenisset, dedit non inferiora, Domini crescens in gratia.

Hinc cum in villa Suedas Pictavi territorio juxta prædictum vicum decenter accideret, itinere prosperante, qualem se gestit per singula quis enumeret infinita ? Quæ etiam in mensa sub stadone siligineum panem absconsum, vel hordaceum manducabat occulte sic ut nemo perciperet. Nam ex illo tempore, quo, beato Medardo consecrante, velata est, usque ad infirmitatem, præter legumen et olera, non pomum, piscem vel ovum, nec aliud esui habuit : potum vero præter aquam mulsam atque piratium non bibit; vini vero puritatem aut medi decoctionem, cervisiæque turbidinem non contigit. Tum more sancti Germani jubet sibi molam secretissime deferri, in qua tota quadragesima tantum laboravit, quantum quatriduana refectio postulavit. Oblationes etiam suis manibus faciens, locis venerabilibus incessanter dispensavit. Ergo apud sanctam non minus usus misericordiæ quam erat concursus de plebe, ut nec deesset qui peteret, nec deficeret quod donaretur. Mirandum, ut omnibus satisfaceret, unde tot thesauri exuli, unde tot divitiæ peregrinæ.

Quantum expendebat diuturna redemptio, sola sciebat, quæ petentibus deportabat; nam præter quotidianam mensam, qua refovebat matriculam, duobus semper diebus, quinta scilicet feria et sabatho, balneo parato, ipsa succincta sabano, capita lavabat ægrorum, defricans quidquid erat crustæ, scabiei, tineæ, nec purulenta fastidiens, interdum et vermes extrahens, purgans cutis putredines, sigillatim capita pectebat ipsa, quæ laverat. Ulcera vero cicatricum, quæ cutis laxa detexerat, aut ungues exasperaverant, more Evangelico, oleo superfuso, mulcebat morbi contagium. Mulierum vero descendentium in tinam ipsa cum sapone a capite usque ad plantam membra singula diluebat. Egredientibus exinde, si cui inveterata indumenta conspiceret, tollens rasa, nova reddebat; ante pannosos faciebat venire cultos ad prandium. Quibus congregatis, ministerio parato, ipsa aquam sive mappam singulis porrigebat, et invalidis ipsa pariter os et manus tergebat. Hinc tribus ferculis illatis, fartis deliciis; stans ante prandentes jejuna, præsens convivis ipsa incidebat panem, carnem vel quidquid apponeret. Languidis autem et cæcis non cessabat ipsa cibos cum cochleari porrigere, hoc non præsentibus duabus, sed se sola serviente, ut nova Martha satageret, donec potulenti fratres læti fierent conviviis.

Tunc illa removens se loco ut ablueret manus, jam bene culto convivio tota gratificabatur : si qui vero causa honoris sibi assurgerent, jubebat, donec assurgere vellent. Venerabili vero omni dominico die hoc habebat in canone, æstate vel hieme, ut pauperibus collectis primo merum sua manu de potu dulci porrigeret, puellæ postea committens, ut omnibus illa propinaret, quia ipsa festinabat orationi occurrere, quo et cursum consummaret et sacerdotibus ad mensam invitatis concurreret, quos adhuc regali more ad propria cum redirent, sine munere non relaxaret.

Hanc quoque rem intremiscendam qua peragebat dulcedine ! Cum leprosi venientes signo facto se proderent, jubebat adminiculæ ut unde vel quanti essent, pia cura, requireret. Qua sibi renuntiante, parata mensa, missis cochlearibus, scutellis, scamnis, potu et calicibus, sola subsequens intromittebatur furtim, quo se nemo perciperet. Ipsa exinde mulieres variis lepræ perfusas maculis comprehendens in amplexu, osculabatur in Deo, eas toto diligens animo. Deinde, posita mensa, ferens aquam calidam, facies lavabat, manus, ungues et ulcera, et rursus administrabat, ipsa pascens singulas. Recedentibus præbebat auri vel vestimenti solatium, vix una teste munifica. Ministra tamen præsumebat eam blandimentis sic appellare. Sanctissima domina, quis te osculetur, quæ sic leprosas amplecteris? Cui respondebat benevole : Vere si me non osculeris, hinc mihi nulla cura est.

Quæ tamen, præstante Deo, diverso fulsit miraculo. Denique si quis pustulæ desperaret de vulnere, offerebat ministra sanctæ folium pampini, mentiens sibi opus hoc esse; sicque obtento vix signaculo, portabat ad desperatum, vulneri superpositum mox occurrebat remedium. Inde frigoreticus qui venisset aut languidus dicens in somnis se vidisse ut pro sua salute sanctæ feminæ occurreret, offerebat candelam alicui ex ministris; qua accensa, per noctem morbus accipiebat mortem, morbidus sanitatem. Quoties autem cognovisset decubantem in lecto, portans poma peregrina, dulci simul et calido reficiebat ægrotum; et qui nec decimo jam die percepisset cibaria, ipsa mox administrante, languidus accipiebat cibum pariter et salutem, quod tamen ipsa imperabat, ne quis proferret in fabulam.

Rigidum sanctæ jejunium, vilissima cœnobii ministeria, et severa corporis sui castigatio.

Quanta vero congressio popularis extitit die qua se sancta deliberavit recludere, ut quos plateæ non caperent, ascendentes tecta complerent. Quid autem sanctissima jejunii, obsequii, humilitatis, caritatis, laboris, et cruciatus frequenter indepta sit, si quis cuncta percurreret, ipsam prædicaret tam confessorem quam martyrem. Ergo venerabile, præter Dominicum diem, fuit sacratissime omnibus diebus jejunium; lenticulæ vel oleris prope jejuna refectio; non piscem vel pomum ne ovum habens edulio. Panis vero deliciarum siligineus fuit aut hordeaceus quem absconsum sub fladone sumebat, ne quis perciperet, hæc fuit etiam ejus potio, aqua mulsa, piratium, sed modice libata ac sitibunda potatio.

Prima quadragesima, qua se reclusit in cellula, donec fuisset transacta, non sumpsit cibaria, nisi die dominico, sed tantum radices herbarum, aut olera de malvis, sine olei gutta, sine sale composita; verum aquæ toto jejunio nec duo sextaria sumens, tanta siti laborabat, ut faucibus dessiccatis vix psalmum diceret arida. Cilicium autem habens ad corpus pro linteo, ac jugiter cursum decantans peragebat vigilias; ante se habens cinerem stratum, superjecto cilicio, hoc utebatur pro lectulo: ipsa requies fatigabat, cui parum videbatur hoc sustinere corpusculum. Adhuc monachabus omnibus soporantibus, calceamenta tergens et ungens, retransmittebat per singulas. Aliis quadragesimis aliquid relaxans quinta feria sumebat, deinde dominica : nam et reliquo tempore præter dies Paschales ac summæ festivitatis, donec infirmitas permisit, in cinere et cilicio semper vitam duxit austeram, prius se levans ut psalleret, quam congregatio surrexisset Nam de officiis monasterialibus nihil sibi placuit, nisi prima serviret ; et ipsa se castigabat, si bonum fecisset post alteram.

Ergo suis vicibus scopans monasterii plateas vel angulos, quidquid erat fædum purgans et sarcinas, quas alii horrebant videre, non abhorrebat evehere Secretum etiam opus purgare non tardans, sed scopans ferebat fœtores stercoris. Credebat se minorem sibi, si se non nobilitaret servitii vilitate, ligna supportans brachiis, et forcum flatibus et forcipibus admovens, cadens nec læsa se retrahebat, extra suam hebdomadam infirmantibus serviens. Ipsa cibos decoquens, ægrotis facies abluens, ipsa calidam porrigens, visitabat quos fovebat, jejuna rediens ad cellam. Illud quoque quis explicet, quanto fervore excita ad coquinam concursitabat, suam faciens septimanam ?

Denique nulla monacharum nisi ipsa, de posticio quantum ligni opus erat, sola ferebat in sarcina. Aquam de puteo trahebat, et dispensabat per vascula, olus purgans, legumen lavans, focum flatu vivificans; et ut decoqueret escas satagebat exæstuans, vasa de foco ipsa levans, discos lavans et inferens. Hinc consummatis conviviis, ipsa vascula diluens, purgans nitide coquinam, quidquid erat lutulentum ferebat foras in locum designatum. Inde per ægrotantes ferens necessaria ibat non tepida ; et priusquam exciperet Arelatensem regulam, hebdomade transacta sufficienter ad omnes faciebat humanitatem sanctissima ; pedes lavans et osculans, et adhuc ab omnibus prostrata, deprecabatur veniam pro commissa negligentia. Itaque post tot labores, quas sibi pænas intulerit ipsa, qui voce refert, perhorrescit.

Quadam vice sibi translatos circulos ferreos diebus quadragesimæ collo vel brachiis innexuit, et tres catenas inferens, circa suum corpus dum alligasset astricte, inclusit durum ferrum caro tenera supercrescens, et transacto jejunio cum voluisset catenas sub cute clausas extrahere, nec valeret, caro per dorsum atque pectus super ferrum catenarum est incisa per circulum, ut sanguis fusus ad extremum exinaniret corpusculum. Inde vice altera jussit fieri laminam de aurichalco in signo Christi, quam accensam in cellulam locis duobus corporis altius sibi impressit, tota carne decocta. Sic, spiritu flammante, membra faciebat ardere.

Adhuc aliquid gravius in se ipsa tortrix excogitans, una quadragesimarum super austerum jejunium et sitis torridum cruciatum adhuc lima cilicii tenera membra setis asperis dissipante, jubet portari manile plenum ardentibus carbonibus. Hinc discedentibus reliquis, trepidantibus membris, animus armatur ad pænam, tractans quia non essent persecutionis tempora, ut fieret martyr. Inter hæc, ut refrigeraret tam ferventem animum, incendere deliberat corpus; apponit ara candentia, strident membra crementia, consumitur cutis intima. Quo attigit ardor, fit fossa, tacens tegit foramina, sed computrescens sanguis manifestabat quod vox non prodebat in pæna. Sic fæmina pro Christi dulcedine tot amara libenter excepit. Hinc actum est, ut quod ipsa abdiderit, hoc miracula non tacerent.

N° 3.

FRAGMENT DE LA VIE DE SAINTE RADEGONDE, PAR BAUDONIVIA, L'UNE DE SES ÉLÈVES AU MONASTÈRE DE POITIERS [1].

Ortus sanctæ, conjugium cum rege, zelus fidei, divortium, professio vitæ monasticæ et constantia in proposito.

Igitur de beatæ Radegundis vita in primo libro, sicut continetur ejus regalis origo et dignitas, nulli habetur incognitum, et qualis fuit ejus actio, dum cum rege terreno et conjuge, rege præcelso Clothario conversaretur. De regali progenie nobile germen erupit, et quod sumpsit ex genere, plus ornavit ex fide. Conjuncta terreno principi nobilis regina celestis plus quam terrena, sed in ipso conjunctionis brevi tempore, ita se sub conjugis specie nupta tractavit, ut Christo plus devota serviret, ut hoc ageret in seculari proposito, quod ipsa desideraret imitari religio, jam antecedens animi futuræ conversationis adventum, dum seculari sub habitu religionis formabatur exemplum. In nullo hujus mundi compede catenata, in servorum Dei obsequio succincta, in redemptione captivorum sollicita, in egenorum erogatione profusa, proprium credidit quidquid de se pauper accepit.

Cum esset cum rege adhuc in mundiali habitu, mens intenta ad Christum (teste Domino loquor, cui ore tacente pectora confitentur; cui etsi lingua taceat, conscientia nihil occultat; quia quod audivimus dicimus, et quod vidimus testamur), invitata ad prandium Ansifridæ matronæ; dum iter ageret,

---

[1] Acta sanctorum, Augusti, t. III, p. 75 et seq.

seculari pompa comitante, interjecta longinquitate terræ et spatio, fanum quod a Francis colebatur, in itinere beatæ reginæ quasi milliario proximum erat. Hoc illa audiens, jussit famulis igni comburi, inicum judicans Dominum cœli contemni, et diabolica machinamenta venerari. Hoc audientes Franci, universaque multitudo, cum gladiis et fustibus, vel omni fremitu diabolico conabantur defendere, sancta vero regina immobilis perseverans, et Christum in pectore gestans, equum quem sedebat, in antea non movit, antequam et fanum peruretur, et, ipsa orante, populi inter se pacem firmarent. Quo facto, virtutem et constantiam beatæ reginæ omnes admirantes Dominum benedixerunt.

Postquam, operante divina potentia, a rege terreno discessit, quod sua vota poscebant, dum Suedas in villa, quam ei rex dederat, resideret, in primo anno conversionis suæ vidit in visu navim in hominis specie, et in totis membris ejus sedentes homines, se vero in ejus genu sedentem, qui dixit ei : « Modo in genu sedes, adhuc in pectus meum sessionem habebis. » Hinc ostendebatur ei gratia qua fruitura erat. Hunc visum cum contestatione secretius suis fidelibus retulit, ut, ea superstite, hoc ne quis sciret. Quam cauta in collocutione, quam devota in omni actione! In prosperis et in adversis, in lætitia et in tristitia semper æqualis, nec in adversis se fregit, nec in prosperis extulit.

Cum in villa ipsa adhuc esset, fit sonus, quasi eam rex iterum vellet se dolens grave damnum pati, qui talem et tantam reginam permisisset a latere suo discedere; et nisi eam reciperet, penitus vivere non optaret. Hæc audiens beatissima, nimio terrore perterrita, se amplius cruciandam tradidit cilicio asperrimo, ac tenero corpori aptavit; insuper et jejunii cruciatum induxit, vigiliis pernoctans in oratione se totam diffudit, despexit sedem patriæ, vicit dulcedinem conjugii, exclusit charitatem mundialem, elegit exul fieri, ne peregrinaretur a Christo. Adhuc de regali habens ornamento fusum, ex auro et gemmis et margaritis factum, habentem in se auri solidos mille, misit eum viro venerabili Domino Joanni recluso in castello Cainone, per nonnam suam, nomine Fridovigiam, quam proximam habebat, cum suis fidelibus, ut pro ea oraret, ne iterum ad seculum reverteretur, sed et vestem ei cilicinam transmitteret, unde corpus suum limaret. Transmittit et rachinam cilicinam, unde et interius et superius sibi fecit indumentum, ut, si quid de causa quam timebat in spiritu sancto sentiret, eam certiorem redderet. Quod si hoc rex vellet, ipsa magis optaret vitam finire, quam regi terreno iterum jungi, quia jam regis cœlestis copulabatur amplexibus. Vir ergo Domini tota nocte in vigiliis et orationibus pernoctans, inspirante sibi divina potentia, in crastinum mandavit ei hoc regis esse voluntatem, sed Dei non esse permissum : antea enim rex Dei judicio puniretur, quam eam in conjugium acciperet.

Post hoc dictum, supradictæ dominæ mens intenta ad Christum, Pictavis, inspirante et cooperante Domino, monasterium sibi, per ordinationem præcelsi regis Clotharii, construxit; quam fabricam vir apostolicus Pientius episcopus et Austrapius dux per ordinationem Dei celeriter fecerunt. In quo monasterio santa regina mundi falsa blaudimenta respuens, gaudens ingressa est, ubi perfectionis ornamenta conquireret, et magnam congregationem puellarum Christo, nunquam morituro sponso, aggregaret. Quo electa abbatissa et jam constituta, tam se quam sua ornamenta ejus tradidit potestati, et ex proprio jure nihil sibi reservans, ut curreret expedita post Christi vestigia, et tantum sibi plus augeret in cœlo, quantum subtraxisset de seculo. Mox etiam ejus sancta conversatio cœpit fervere in humilitatis conversatione, in charitatis ubertate, in castitatis lumine, in jejuniorum pinguedine; et ita se toto amore tradidit cœlesti sponso, ut Dominum mundo corde complectens, Christum in se habitatorem esse sentiret.

Sed invidus bonorum humani generis inimicus, cujus voluntatem, etiam dum in seculo esset, facere abhorruit, eam persequi non cessavit. Sicut enim jam per internuntios cognoverat quod timebat, præcelsus rex Clotharius cum filio suo præcellentissimo Sigiberto Turonis advenit, quasi devotionis causa, quo facilius Pictavis accederet, ut suam reginam acciperet. Quo cognito, beata Radegundis sacramentales litteras fecit, et sub contestatione divina viro apostolico domino Germano, Parisius civitatis episcopo, qui tunc cum rege erat, quas ei per poculum suum agentem secretius direxit cum exenio et eulogiis. At ubi eas relegit vir Domino plenus, lacrymans prosternit se pedibus regis, ante sepulchrum Sancti Martini, cum contestatione divina, sicut ei litteris fuerat intimatum, ut Pictavis non accederet.

Sic rex amaritudine plenus, intelligens hoc petitionem esse beatæ reginæ, pœnitentia ductus, malis consiliariis istud reputans, seque indignum judicans quod talem habere reginam diutius non meruisset, prosternit se et ille, ante limina Sancti Martini, pedibus apostolici viri Germani, rogans ut sic pro ipso veniam peteret beatæ Radegundi, ut ei indulgeret, quod in eo per malos consiliarios peccaverat. Unde ultio divina de præsenti in eos vindicavit; sicut enim Arrius qui contra fidem catholicam certans, omnia intestina sua in secessum deposuit, ita et istis evenit qui contra beatam reginam egerunt. Tunc rex timens Dei judicium, quia ejus regina magis Dei voluntatem fecerat quam suam, dum commorata cum eo fuerat, rogat beatum virum celeriter illuc ire. Sic vir apostolicus domnus Germanus Pictavis veniens, ingressus monasterium in oratorio, Dominæ Mariæ nomini dicato, prosternit se ad sanctæ reginæ pedes, pro rege veniam poscens; illa vero gaudens, se de seculi faucibus ereptam, benigne indulget, et se Dei aptavit servitio. Expedita jam sequi Christum quocumque iret, quem semper dilexit, ad eum animo devoto percurrit. Talibus ex rebus intenta, addito vigiliarum ordine, quasi carceris se sui corporis fecit pernoctando custodem, et cum esset aliis misericors, sibi judex effecta est, reliquis pia in se abstinendo severa, omnibus larga, sibi restricta, ut confecta jejuniis non sufficeret, nisi et de suo corpore triumpharet.

Præcipuæ illius virtutes in vita monastica.

His igitur studiis occupata per omnem modum, sicut in primo libro intimatum est, meruit soli Domino prompte vacare. Quo tamen tempore, fortioribus armis induta, sine cessatione orationibus, vigiliis, lectione propensa insudabat, peregrinis ipsa cibos ministravit ad mensam, ipsa suis manibus lavit et tersit infirmantum vestigia. Non famulæ permisit sibi dari solatium, ad quod devota cursitabat implere servitium. Se autem in tam ardua abstinentiæ districtione reclusit, usquequo infirmitas permisit, ut mens intenta Deo terrenum jam non requireret cibum. Lectulum vero pænalem sibi construxit, postquam religionis induit habitum. Non illum aliquando mollis pluma fulcivit, neque linteaminis nitor instruxit, quæ pro indumentis universis cinere et cilicio tenera membra domavit.

De abstinentiæ vero rigore anterior liber multa docuit. In tantum enim se propter Deum pauperem fecit, ut ceteris exemplum præberet. Manicam, quam brachio indueret non habebat, nisi de caliga sua sibi duas fecit manicas ; sed ita se tractabat ut hoc nec abbatissa sentiret. Quis enim ejus patientiam, quis caritatem, quis fervorem spiritus, quis discretionem, quis benignitatem, quis zelum sanctum, quis jugem meditationem die noctuque in lege Domini, poterit explicare? Quæ cum a meditatione psalmorum aut predicatione cessare videretur, lectrix tamen ante eam una monacharum legere non desistebat : in tantum de corde et ore illius Dei laus non discedebat, ut cum quadam vice vidisset posticiàriam monasterii transeuntem, nomine Eodegundem, ubi eam voluit appellare, pro ejus nomine, Alleluya clamavit : hoc millies fecit.

Nunquam mendacium, nunquam maledictum contra qualemcumque personam ab ejus ore processit, et non solum non detraxit cuiquam, sed nec detrahentem patienter audivit. Pro persequentibus se semper oravit et orare docuit. Congregationem quam nomine Domini congregavit in tantum dilexit, ut etiam parentes vel regem conjugem se habuisse non reminisceretur, quod frequenter nobis dum prædicabat, dicebat : « Vos « elegi filias, vos mea lumina, vos mea vita, vos mea requies, « totaque felicitas, mea novella plantatio, agite mecum in « hoc seculo, unde gaudeamus in futuro ; plena fide, plenoque « cordis affectu serviamus Domino in timore, in simplicitate « cordis quæramus eum, ut cum fiducia ei dicere possimus : « Da, Domine, quod promisisti, quia fecimus quod jus- « sisti. »

Nunquam imposuit alicui quod ipsa prius non fecit ; undecumque servus Dei venisset, sollicite perquirebat qualiter Domino serviret. Si quid vero novi ab eo agnovisset quod ipsa non faceret, continuo cum omni alacritate sibi prius imposuit, et post congregationi tam verbo quam exemplo ostendit. Cum ante eam vicibus psalmus cessasset, lectio nunquam dicessit ; non die, non nocte, vel paululum, corpus suum refecit. Cum lectio legebatur, illa sollicitudine pia animarum nostrarum curam gerens dicebat : « Si non intelligitis quod legitur, quid « est quod non sollicite requiritis speculum animarum vestra- « rum ? » Quod etsi minus pro reverentia interrogari præsumebatur, illa, pia sollicitudine maternoque affectu, quod lectio continebat ad animæ salutem prædicare non cessabat. Sicut enim apis diversa genera florum congregat, unde mella conficiat, sic illa ab his quos invitabat spiritales studebat carpere flosculos, unde boni operis fructum tam sibi quam suis sequacibus exhiberet.

Dum nocte quasi vel unius horæ spatio videretur somnum capere, semper tamen lectio legebatur. Quæ legebat in se somni marcorem sentiens, putabat eam jam paululum requiescere. Ubi a lectione cessasset, mens intenta ad Christum tanquam si diceret : Ego dormio et cor meum vigilat, aiebat : « Quare taces? Lege, ne cesses. » At ubi surgendi horam media faceret nox, quanquam antea totum implesset cursum quæ adhuc nec soporem senserat, jam parata de stratu ad Domini servitium gaudens surgebat, ut cum fiducia diceret : « Media nocte surgebam ad confitendum tibi, Domine. » Nam frequenter et dormire visa est, et psalmum decantare in ipso sopore, ita ut recte et veraciter diceret : « Meditatio cordis mei « in conspectu tuo semper. » Charitatis autem ejus ardorem, quo omnes homines dilexit, quis unquam poterit imitari? Resplenduerunt in ea quæque virtutes : modestia cum verecundia, sapientia cum simplicitate, severitas cum mansuetudine, doctrina cum humilitate, vita denique immaculata, vita inreprehensibilis, vita sibimet semper æqualis.

In tantum se extraneam de rebus propriis fecit, ut si alicui de sororibus merum donare voluisset, de suo sibi cellario tangere non præsumpsit. Quo cognito, venerabilis abbatissa dedit ei tonnellam octo modiorum quam beatæ felicitati cellerariæ ad expensam commendavit. De vindemia usque ad aliam omnibus diebus, ubicumque ei sancta jussit dispensavit, et nunquam minuit, sed semper æqualis permansit ; ubi vero novum vinum advenit, quod cellarium implevit, se tonnella satisfecisse credidit; ante puntones et tonnæ defecerunt, quam hæc quæ beatæ in omnibus fecit voluntatem. Dominus de quinque panibus, geminisque piscibus quinque pavit hominum millia et suam ancillam, ubicumque indigere vidit, de hoc parvo vasculo, toto anno refecit.

Semper de pace sollicita, semper de salute patriæ curiosa, quandoquidem inter se regna movebantur, quia totos diligebat reges, pro omnium vita orabat, et nos, sine intermissione, pro eorum stabilitate orare docebat : ubi vero inter se ad amaritudinem eos moveri audisset, tota tremebat et quales litteras unitales dirigebat alteri, ut inter se non bella nec arma tractarent, sed pacem firmarent, patriæ ne perirent. Similiter et ad eorum proceres dirigebat, ut præcelsis regibus consilia ministrarent, ut eis regnantibus populi et patria salubrior redderetur. Congregationi suæ assiduas vigilias imponebat, et ut, sine intermissione, pro eis orarent, cum lacrymis docebat. Se vero in quanto cruciatu affligebat, quis his verbis explere valeat? et intercedente ea, pax regum, mitigatio belli, salus patriæ aderat, ut ejus obtentum intelligentes, nomen Domini benedictum collaudarent plebes.

Quamlibet de pace regum cum Rege cœli victoriam obtineret, magis se Deo devota prompte aptabat, et omnium servitio mancipabat, non curans quale obsequium faceret, quæ totis viribus implere studebat servitium. Pedes omnium manibus lavans propriis, sabano tergens, et osculans ; et si permissum fuisset, ad similitudinem Mariæ fusis crinibus extergere non renuebat : unde pro tam immensis beneficiis, quæ sunt in ea divino munere collata, Dominus virtutum largitor eam in miraculis clariorem reddidit in Francia; ubi dum regnare videretur, sibi magis cœleste, quam terrenum preparavit regnum. Fecerat sibi oratorium quatinus vicibus dum se regi subduceret, semper ibi cœli Dominum invocaret, in quo beneficia Dei præstantur ad invocationem nominis ejus, cujus assidua ibi fuit oratio.

N° 4.

RÈGLE DE SAINT CÉSAIRE D'ARLES, DONNÉE PAR LA REINE RADEGONDE AU MONASTÈRE DE POITIERS [1].

Præfatio sancti Cæsarii Arelatensis archiepiscopi, in Regula sanctimonialium.

Sanctis et plurimum in Christo venerandis sororibus in monasterio, quod, Deo inspirante et juvante, condidimus, constitutis, Cæsarius episcopus, quia nobis Dominus pro sua misericordia inspirare et adjuvare dignatus est, ut vobis monasterium, conderemus, quomodo in ipso monasterio vivere debeatis secundum statuta antiquorum patrum, monita vobis spiritualia ac sancta condidimus, quæ, Deo adjuvante, custodire possitis. Jugiter in monasterii cellula residentes visitationem filii Dei assiduis orationibus implorate, ut postea cum fiducia possitis dicere : « Invenimus quem quæsivit anima nostra; » et ideo vos sacras virgines, et Deo deditas animas rogo, quæ incensis lampadibus cum secura conscientia Domini præstolatis adventum, ut, quia me pro constituendo vobis monasterio laborasse cognoscitis, vestri me itineris socium fieri sanctis orationibus postuletis, ut, cum in regno cum sanctis ac sapientibus virginibus feliciter introïbitis, me cum stultis non remanere foris

---

[1] Maxima bibliotheca veterum patrum, t. VIII, p. 8?6 et seq., ed. Lugduni, 1677.

vestro suffragio obtineatis, orante pro me sanctimonia vestra, ut inter pretiosissimas ecclesiæ gemmas micantem favor divinus et præsentibus repleat bonis, et dignum reddat æternis.

REGULA.

Quia multa in monasteriis puellarum aut monachorum instituta distare videntur, elegimus pauca de pluribus, quibus seniores cum junioribus regulariter vivant, et spiritualiter implere contendant, quo specialiter suo sexui aptum esse prospexerint, hæc sanctis animabus vestris prima conveniunt.

1. Si qua relictis parentibus suis seculo renunciare, et sanctum ovile voluerit introire, ut spiritualium luporum fauces, Deo adjuvante, possit evadere, usque ad mortem suam de monasterio non egrediatur, nec de basilica ubi ostium esse videtur.

2. Juramentum et maledictum, velut venenum Diaboli, fugere et vitare contendat.

3. Et ergo, quæ Deo inspirante convertitur non licebit statim habitum religionis assumere, nisi antea in multis experimentis fuerit voluntas illius adprobata, sed uni ex senioribus tradita annum integrum in eo, quo venit, habitu perseveret. De ipso tamen habitu mutando, vel secto in schola habendo, sit in potestate prioris, et quomodo personam vel compunctionem viderit, ita vel celerius vel tardius studeat temperare.

4. Quæ autem viduæ, aut maritis relictis, aut mutatis vestibus ad monasterium veniunt, non excipiantur, nisi antea de omni facultatula sua, cui voluerint chartas, aut donationes, aut venditiones faciant, ita ut nihil suæ potestati, quod peculiariter aut inordinare, aut possidere videantur, reservent propter illud Domini : *Si vis perfectus esse, vade, vende omnia quæ possides. Et, si quis non reliquerit omnia et secutus me*

fuerit, meus non potest esse discipulus. Hoc ideo dico, venerabiles filiæ, quia sanctimoniales quæ possessionem habuerint, perfectionem habere non poterunt. Quam rem etiam et illæ quæ virgines convertuntur, si implere noluerint, aut non recipiantur, aut certe vestimenta religiosa non permittantur accipere, donec se ab omnibus impedimentis mundi istius liberas fecerint. Illæ vero quæ, adhuc vivis parentibus, substantiam suam in potestatem habere non possunt, adhuc minoris ætatis sunt, chartas tunc facere compellantur, quando res parentum in potestate habere potuerint, aut ad legitimam ætatem pervenerint. Ideo hoc sanctis animabus vestris præcipimus, timentes exemplum Ananiæ et Saphiræ, qui cum totum se dixissent apostolis obtulisse, partem obtulerunt, partem sibi infideliter reservaverunt, quod fieri nec decet, nec licet, nec expedit. Ancillam propriam nulli, nec etiam abbatissæ, liceat in servitio suo habere, sed, si opus habuerit, de junioribus in solatium suum accipiat.

5. Et si fieri potest aut difficile, aut nulla unquam in monasterio infantula parvula, nisi ab annis sex aut septem, quæ jam et litteras discere, et obedientiæ possit obtemperare, suscipiatur. Nobilium filiæ, sive ignobilium ad nutriendum aut docendum penitus non accipiantur.

6. Nemo sibi aliquid operis vel artificii pro suo libito eligat faciendum, sed in arbitrio senioris erit quod utile prospexerit imperandum.

7: Nulli liceat semotam eligere mansionem, nec habebit cubiculum, vel armariolum, aut aliquid hujusmodi quod peculiarius claudi possit, sed omnes, divisis lectulis, in una maneant cellula. Quæ vero senes sunt et infirmæ, ita illis convenit obtemperari vel ordinari, vel non singulæ singulas cellas habeant, sed in una recipiantur omnes, ubi et maneant.

8. Nunquam altiori voce loquantur, secundum illud apostoli :

Omnis clamor tollatur a vobis. Similiter dum psallitur, fabulari omnino, vel operari non liceat.

9. Nulla cujuslibet filiam in baptismum neque divitis neque pauperis praesumat accipere.

10. Quae, signo tacto, tardius ad opus Dei vel ad opera venerit, increpationi, ut dignum est, subjacebit. Quod si secundo etiam aut tertio admonita emendare noluerit, a communione vel a convivio separetur.

11. Quae pro qualibet culpa admonetur, castigatur, corripitur, arguenti respondere penitus non praesumat. Quae aliquid ex iis quae jubentur implere noluerit, a communione orationis, vel a mensa, secundum qualitatem culpae, sequestrabitur.

12. Quae coquent singulae illis merito pro labore addantur. In omni ministerio corporali tamen, in coquina, vel quidquid quotidianus exigit usus, vicibus sibi, excepta matre vel praeposita, succedere debent.

13. In vigiliis ut nemo per otium somno gravetur, ea opera fiat quae mentem non retrahat a lectionis auditu: si quae gravatur somno, aliis sedentibus jubeatur stare, ut possit a se somni marcorem repellere, ne in opere Dei aut tepida inveniatur aut negligens.

14. In ipsis lanificiis faciendum pensum suum quotidianum cum humilitate accipiant, et cum grandi industria implere contendant.

15. Nemo sibi aliquid judicet proprium, sive in vestimento, sive in quacumque alia re.

16. Nemo cum murmuratione aliquid faciat, ne simili judicio pereat murmuratorum, secundum illud apostoli: *Omnia facite sine murmurationibus.*

Matri, post Deum, omnes obediant, praepositae deferant.

Sedentes ad mensam taceant, et animum lectioni intendant.

Cum autem lectio cessaverit, meditatio sancta de corde non cesset. Si vero aliquid opus fuerit, quæ mensæ præest sollicitudinem gerat, et quod est necessarium nutu magis quam voce petat. Nec solæ vobis fauces sumant cibum, sed et aures audiant Dei verbum.

17. Omnes litteras discant.

Omni tempore duabus horis, hoc est a mane usque ad horam secundam, lectioni vacent.

18. Reliquo vero diei spatio faciant opera sua, et non se fabulis occupent, propter illud apostoli : *Cum silentio operantes*...; et illud : *In mult. loquio non effugies peccatum.* Et ideo hoc vobis omnino loquendum est quod ad ædificationem vel utilitatem animæ pertinet. Cum autem necessitas operis exegerit, tunc loquantur. Reliquis vero in unum operantibus, una de sororibus usque ad tertiam legat; de reliquo meditatio verbi Dei et oratio de corde non cesset.

Sit vobis anima una, et cor unum in Domino; sint vobis omnia communia, sic enim legitis in Actibus Apostolorum : *Quia erant illis omnia communia, et distribuebatur unicuique, sicut opus erat.*

19. Quæ aliquid habebant in seculo, quando ingrediuntur monasterium humiliter illud offerrent matri communibus usibus profuturum. Quæ autem non habuerunt, non ea quærant in monasterio, quæ nec foris habere potuerunt. Illæ vero quæ aliquid videbuntur habere in seculo non fastidiant sorores suas, quæ ad illam sanctam societatem ex paupertate venerunt, nec sic de suis divitiis superbiant, quas monasterio obtulerunt, quomodo si eis in seculo fruentur. Quid prodest dispergere, et dando pauperibus pauperem fieri, si misera anima diabolica infletur superbia? Omnes ergo unanimiter et concorditer vivite, et honorate in vobis invicem Deum, cujus templa esse meruistis; orationibus sine intermissione insistite, secundum illud

Evangelii : *Orantes omni tempore, ut digni habeamini;* et Apostolus : *S'ne intermissione orate.*

20. Cum vero psalmis et hymnis oratis Deum, id versetur in corde quod profertur in voce.

Quodcumque operis feceris quando lectio non legitur, de divinis scripturis semper aliquid rumina apud te.

Egrotantes vero sic tractandæ sunt, ut citius convalescant ; sed cum vires pristinas reparaverint, redeant ad feliciorem abstinentiæ consuetudinem.

Non sit notabilis habitus vester, nec affectetis vestibus placere, sed moribus, quod vestrum decet propositum.

21. Nulla in vobis concupiscentia oculorum cujuscumque viri, diabolo investigante, consurgat, nec dicatis vos animos habere pudicos, si oculos habeatis impudicos, quia impudicus oculus impudici cordis est nuntius ; nec putare debet quæ in virum non simpliciter convertit aspectum, ab aliis se non videri, cum hæc facit, videtur omnino a quibus se videri non arbitratur. Sed ecce lateat, ut a nemine hominum videatur : quid facit de illo super inspectore, cui latere omnino non potest ? Timeat ergo displicere Deo, cogitet ne male placeat viro. Quando ergo simul statis, si aut provisor monasterii, aut aliquis cum eo virorum supervenerit, invicem vestrum pudicitiam custodite, Deus enim qui habitat in vobis etiam isto vos modo custodiat.

22. Si quam vero liberius quam decet agere videritis, secretius corripite ut sororem ; si audire neglexerit, matri in notitiam ponite, nec vos judicent esse malevolas quando hoc sancto animo indicatis ; magis enim nocentes estis, et peccati ipsius participes vos facitis, si sororem vestram, quam castigando corrigere potuistis, tacendo perire permittatis ; si enim vulnus haberet in corpore, et esset a serpente percussa, et vellet hoc occultare, dum timet secari, nonne crudeliter hoc taceretur, et

misericorditer proderetur? Quanto ergo magis consilia diaboli et insidias illius manifestare debetis, ne in deterius vulnus peccati augeatur in corde, ne concupiscentiæ malum diutius nutriatur in pectore! Et hoc facite cum dilectione sororum et odio vitiorum.

23. Quæcumque autem, quod Deus non patiatur, in tantum progressa fuerit malum, ut occulte ab aliquo litteras, aut quælibet mandata, aut munuscula accipiat, si hoc ultro confessa fuerit, indulgentiam mereatur et oretur pro ea ; si autem celans proditur vel convincitur, secundum statuta monasterii, gravius emendetur. Simili etiam districtioni subjaceat, si vel ipsa cuicumque litteras, aut munuscula transmittere sacrilego ausu præsumpserit : pro affectu tamen parentum, aut cujuscumque notitia, si aliqua transmittere voluerit, eulogiam panis matri suggerat, et si ipsa permiserit, per posticiarias det, et ipsæ nomine illius transmittant cui voluerit ; ipsa sine præposita aut posticiaria per se non præsumat nec dare, nec accipere quidquam.

24. Et quamvis non solum cogitari, sed omnino credi nec debeat, quod sanctæ virgines duris se sermonibus vel conviciis mordeant, tametsi forte, ut se habet humana fragilitas, in tantum nefas aliquæ de sororibus ausæ fuerint, diabolo instigante, prorumpere, ut aut furtum faciant, aut in se invicem manus mittant, justum est ut legitimam disciplinam accipiant a quibus regulæ instituta violentur ; necesse est enim, ut in eis impleatur illud, quod de indisciplinatis filiis per Salomonem prædixit Spiritus Sanctus : *Quæ diligit filium suum, assiduat illi flagellum ;* et iterum : *Tu virga cum cædis, animam ejus de inferno liberabis.* Disciplinam tamen ipsam in præsentia congregationis accipiant, secundum illud Apostoli : *Peccantes coram omnibus corripe.*

25. Et quia monasterii mater necesse habet pro animarum

salute sollicitudinem gerere, et de substantiola monasterii, quod ad victum corporis opus est, jugiter cogitare, salutantibus etiam affectum impendere, et epistolis quorumcumque fidelium respondere, omnis lanificii cura, unde vestimenta sanctis sororibus ministretur, ad sollicitudinem præpositæ vel lanipendiæ pertinebit. Per quarum industriam ita fideliter cum zelo et amore Dei, vestimenta quæcumque sunt necessaria præparentur, ut quotiescumque sanctis sororibus opus fuerit, præposita offerat et mater monasterii, quibus necesse fuerit, cum sancta discretione dispensent.

26. Quæ tamen vestimenta cum tanta industria in monasterio fiant, ut ea nunquam necesse sit abbatissæ extra monasterium comparare.

Et non ad vos pertineat quale vobis indumentum pro temporis congruentia proferatur. Si autem hinc inter vos contentiones et murmura oriuntur, aliquæ ex vobis minus forte dignum aliquid acceperint, quam prius habuerint; hinc vos probate, quantum vobis defit in illo interiore sancto habitu cordis quæ habitu corporis murmuratis.

Si vestra tolerat infirmitas, ut amplius quam victus quotidianus exigit habeatis, in uno tamen loco sub communi custode quod habueritis reponite, et claves de arcellis vel præsuriolis vestris registoria teneat.

27. Nulla sibi aliquid proprium operetur, nisi cui abbatissa præceperit aut permiserit; sed omnia opera vestra in commune fiant, tam sancto studio et ferventi alacritate quomodo si vobis propria faceretis.

28. Ad cellarium et ad posticium vel lanipendium tales a seniore eligantur non quæ voluntates aliquarum, sed necessitates omnium cum timore Dei considerent, et ideo quidquid ad manducandum vel bibendum pertinet, nulla de sororibus præsumat circa lectum suum reponere aut habere; quæcum-

que autem hoc fecerit gravissimam districtionem sustineat.

Ante omnia coram Deo et angelis ejus obtestor, ut nulla de sororibus vinum occulte aut emat, aut undecumque transmissum accipiat, sed si transmissum fuerit, præsente abbatissa vel præposita, posticiariæ accipiant et canavariæ tradant, et per ipsius dispensationem, secundum institutionem regulæ, illi cui transmissum est, quomodo infirmitati suæ convenit, ita dispensetur. Et quia solet fieri, ut cella monasterii non semper bonum vinum habeat, ad sanctæ abbatissæ curam pertinebit ut tale vinum provideat, unde aut infirmæ, aut illæ quæ sunt delicatius nutritæ, palpentur.

29. Lavachra etiam, cujus infirmitas exposcit, minime denegentur, sed fiat sine murmuratione de consilio medicinæ; ita ut, etsi lavare nollet illa quæ infirma est, jubente seniore fiat quod opus fuerit pro salute. Si autem nulla infirmitate compellitur, cupiditati suæ non præbeatur assensus.

30. Ægrotantium cura sine aliqua imbecillitate laborantium uni satis fideli et compunctæ debet injungi, quæ de cellario petat quodcumque opus esse prospexit, et talis eligi debet, quæ et monasterialem rigorem custodiat et infirmis cum pietate deserviat. Et si hoc necessitas infirmarum exegerit, et matri monasterii justum visum fuerit, etiam cellariolum et coquinam suam infirmæ communem habeant.

Quæ cellario, sive canavæ, sive vestibus, vel codicibus, aut posticio, vel lanipendio præponuntur, super evangelium claves accipiant, et sine murmuratione serviant reliquis. Si quæ vero vestimenta, calceamenta, utensilia negligenter expendenda vel custodienda putarint, tanquam interversores rerum monasterialium severius corrigantur.

31. Lites nullas habeatis, secundum illud apostoli : *Servum Dei non opportet litigare* : aut si fuerint quam celerius finiantur, ne ira crescat in odium, et festuca crescat in trabem, et

efficiatur anima homicida ; sic enim legitis : *Qui odit fratrem suum homicida est.* Et : *Levantes sanctas manus sine ira et disceptatione.*

Quæcumque convitio vel maledicto, vel etiam crimine objecto, læserit sororem suam, meminerit culpam satisfactione purgare ; quod vitium si iterare præsumpserit, districtione severissima feriatur, usquequo per satisfactionem recipi mereatur. Juniores præcipue senioribus deferant.

Si qua vero pro quacumque re excommunicata fuerit, remota a congregatione in loco quo abbatissa jusserit cum una de spiritualibus sororibus resideat, quousque humiliter pœnitendo indulgentiam accipiat.

Si autem, ut fieri solet, stimulante diabolo, invicem se læserint, invicem sibi veniam petere, et debita relaxare debebunt propter orationes quas utique quanto crebriores, tanto puriores habere debent. Quod si illa cui venia petitur indulgere sorori suæ noluerit, a communione removeatur, et timeat illud : *Quod si non dimiserit, non dimittetur ei.* Quæ autem nunquam vult petere veniam, aut non ex animo petit, aut cui petitur, si non dimittit, sine causa in monasterio esse videtur. Proinde vobis a verbis durioribus parcite, quæ si admissa fuerint, non pigeat ex ipso ore proferre medicamenta, unde facta sunt vulnera. Quando autem vos quæ prepositæ estis, necessitas disciplinæ pro malis moribus coercendis dicere verba dura compellit, si etiam in ipsis modum vos excessisse fortasse sentitis, non a vobis exigitur ut veniam postuletis, ne apud eas quas oportet esse subjectas, dum nimium servatur humilitas, regendi frangatur auctoritas. Sed tamen petenda est venia ab omnium Domino, qui novit etiam quas plus juste corripitis, quanta benevolentia diligatis.

32. Matri quæ omnium vestrum curam gerit et præpositæ, sine murmuratione obediatis, ne in illis charitas contristetur ;

ipsæ vero quæ vobis præsunt cum charitate et vera pietate discretionem et regulam studeant custodire, circa omnes se ipsas bonorum operum præbeant exemplum, corripiant inquietas, consolentur pusillanimes, sustineant infirmas, sæpe cogitantes Deo se pro vobis reddituras esse rationem, unde et vos magis sancte obediendo non solum vestri, sed etiam ipsarum misereminí, quia inter vos quanto ordine superiores esse videntur, tanto in periculo majori versantur, pro qua re non solum matri, sed et præpositæ, primiceriæ, vel primariæ cum reverentia humiliter obedire.

33. Ante omnia propter custodiendam famam vestram nullus virorum in secreta parte, in monasterio et in oratoriis introeat, exceptis episcopis, provisore et presbytero, diacono, subdiacono, et uno vel duobus lectoribus, quos et ætas et vita commendet, qui aliquoties missas facere debeant. Cum vero aut tecta retractanda sunt, aut ostia, vel fenestræ sunt componendæ, aut aliquid hujusmodi reparandum, artifices tantum et servi ad operandum aliquid, si necessitas exegerit, cum provisore introeant, sed nec ipsi sine scientia aut permissu matris. Ipse vero provisor interiorem partem monasterii, nisi pro iis utilitatibus quas superius comprehendimus, nunquam introeat, et aut nunquam, aut difficile sine abbatissa aut alia honestissima teste, secretum suum, sancta sicut decet et expedit, habeant.

34. Matronæ etiam sæculares, vel puellæ seu reliquæ mulieres aut viri adhuc in habitu laico similiter introire prohibeantur.

35. Observandum est ne abbatissa ad salutantes in salutatorium sine digno honore suo, hoc est, sine duabus aut tribus sororibus, procedat.

Episcopi, abbates, vel reliqui religiosi, quos magna vita commendat, si petierint, debent ad orationem in oratorium introire; observandum est etiam ut janua monasterii opportunis horis salutantibus pateat.

36. Convivium etiam his personis, hoc est, episcopis, abbatibus, monachis, clericis, sæcularibus viris, mulieribus in habitu sæculari, nec abbatissæ parentibus, nec aliqua sanctimonialis unquam, nec in monasterio, vel extra monasterium præparetis, sed episcopo hujus civitatis, nec provisori quidem ipsius monasterii convivium fiat: de civitate vero nec religiosæ fœminæ, nisi forte sint magnæ conversationis, et quæ monasterium satis honorent, et hoc rarissime fiat, si qua tamen de alia civitate ad requirendam filiam suam, aut ad visitandum monasterium venerit, si religiosa est, et abbatissæ visum fuerit, debet ad convivium vocari : reliquæ penitus nunquam, quia sanctæ virgines et Deo devotæ magis Christo vacantes pro universo populo debent orare, quam corporalia convivia præparare.

37. Si quis vero germanam suam, vel filiam aut quamlibet parentem, aut sibi cognitam videre voluerit, præsente formaria, vel qualibet seniore, ei colloqui non negetur.

38. Abbatissa, nisi inæqualitate aliqua, aut infirmitate vel occupatione compellente, extra congregationem penitus non reficiatur.

39. Illud ante omnia te, sancta mater, et te venerabilis quæcumque fueris, præposita, etiam cuicumque cura committenda est infirmarum, primiceria etiam vel formaria, admoneo et contestor, ut vigilantissime consideretis, ut si sunt aliquæ de sororibus, quæ pro eo quod aut delicatius nutritæ sunt aut defectionem forsitan stomachi frequentius patiuntur, et si quæ reliquæ abstinere non possunt aut certe cum grandi labore jejunant, si illæ propter verecundiam petere non præsumunt, vos eis jubeatis a cellariis dari, et ipsis ut accipiant ordinetis. Et certissime confidant quidquid, dispensante aut jubente seniore qualibet hora percipient, in illa repausatione Christum

accipient. Cellaria vero, et illa quæ infirmis servitura est, super omnem sollicitudinem cura illis et diligentia infirmarum, coram Deo et angelis ejus denuntietur.

Hoc etiam moneo ut propter nimiam inquietudinem ad januam monasterii quotidianæ vel assiduæ eleemosinæ non fiant, sed quod Deus dedit ut possit usibus monasterii remanere, abbatissa per provisorem ordinet pauperibus dispensari.

40. Ante omnia observandum est, ut si suæ filiæ aliquid vel aliqua necessitudine ad se pertinenti vestimenta vel aliquid aliud dederit sive transmiserit, non occulte accipiatur, pro qua re omnibus duæ ad posticium observaverint, contestor coram Deo et angelis ejus, ut nihil de monasterio permittant dari, vel a foris in monasterio adquiescant excipi contra conscientiam vel consilium abbatissæ. Tamen si abbatissa, ut adsolet, cum salutatoribus occupata fuerit, posticiariæ præpositæ ostendant quodcumque exhibitum fuerit. Quam rem si implere neglexerint, et illæ posticiariæ quæ permittunt et illæ quæ excipiunt, non solum districtionem monasterii gravissimam sustinebunt, sed propter transgressionem sanctæ regulæ; causam se mecum ante Deum noverint esse dicturas. Ipsum vero quod transmissum fuerit, si illi opus ad usus suos fuerit, ipsa habeat; si vero illa nihil indiget, commune redactum cui est necessarium præbeatur, propter illud Domini mandatum: *Qui habet duas tunicas, det non habenti.* Indumenta vero ipsa cum nova accipiunt, si vetera necessaria non habuerint, abbatissa refundat pauperibus aut incipientibus vel junioribus dispensanda.

Omnia vero indumenta simplici tantum et honesto colore habeant, nunquam nigra, non lucida, sed tantum laia vel lactina. In monasterio per industriam præpositæ, vel sollicitudinem lanipendiæ fiant, et a matre monasterii, quomodo cuique rationabiliter necesse fuerit, dispensentur.

41. Tinctura in monasterio nulla alia fiat, nisi, ut supra dictum est, laia et lactina, quia aliud humilitati virginum non oportet. Lectualia vero ipsa simplicia sint ; nam satis indecorum est, si in lecto religioso stragula secularia aut tapetia picta resplendeant.

Argentum in usu vestro non habeatis absque ministerio oratorii.

42. Plumaria et acu pictura et omne polymitum vel stragula, sive ornaturæ, nunquam in monasterio fiant. Ipsa, etiam ornamenta in monasterio simplicia esse debent, nunquam plumata, nunquam holoserica, et nihil aliud in ipsis nisi cruces aut nigræ aut lactinæ, tantum opere sarsurio, de pannis aut linteis apponantur : nam nec vela cerata appendi, nec tabulæ pictæ affigi, nec in parietibus vel cameris ulla pictura fieri debet, quia in monasterio quod non humanis, sed spiritualibus tantum oculis placet, esse non debet. Si vero aliqua ornamenta, vel a vobis, vel ab aliquo de fidelibus monasterii collata fuerint, aut in usibus monasterii profutura vendantur, aut sanctæ Mariæ basilicæ, si necesse fuerit, deputentur. Acu pictura nunquam, nisi in mappulis et britergiis, in quibus abbatissa jusserit, fiant.

Nulla ex vobis extra jussionem abbatissæ præsumat clericorum, sive laicorum, nec parentum nec cujuscumque virorum sive mulierum extranearum vestimenta aut ad lavandum, aut ad consuendum, aut ad reponendum, aut ad trigendum accipere sine jussione abbatissæ, ne per istam incautam et honestati inimicam familiaritatem fama monasterii lædi possit. Quæcumque autem hoc observare noluerit, tanquam si crimen admiserit, ita districtione monasterii feriatur.

43. Te vero sanctam et venerabilem monasterii matrem et te præpositam sanctæ congregationis, coram Deo et angelis ejus admoneo et contestor, ut nullius unquam vel minæ, vel oblo-

cutiones, vel blandimenta molliant animum vestrum, ut aliquid de sanctæ ac spiritualis regulæ institutione minuatis. Credo tamen de Dei misericordia, quod non pro aliqua negligentia reatum incurrere, sed pro sancta et Deo placita obedientia ad æternam beatitudinem possitis feliciter pervenire.

RECAPITULATIO.

Cum, Deo propitio, in exordio institutionis monasterii vobis regulam fecerimus, multis tamen postea vicibus ibi aliquid addidimus, vel minuimus ; pertractantes enim et probantes quid implere possitis hoc nunc definivimus, quod et rationi et possibilitati et sanctitati conveniebat. Quantum enim diligenti experimento capere potuimus, ita, Deo inspirante, temperata est regula ipsa, ut eam cum Dei adjutorio ad integrum custodire possitis, et ideo coram Deo et angelis ejus contestamur, ut nihil ibi ultra mutetur aut minuatur. Pro qua re, quascumque scedas prius fecerimus, vacuas esse volumus ; hanc vero in qua manu mea recapitulationem scripsi sine ulla diminutione rogo et moneo ut, Deo adjutore, fideliter ac feliciter impleatis, incessanter Dei adjutorium implorantes, ne vos venoso consilio suo antiquus hostis impediat, qui de ipso cœli fastigio sibi consentientes ad inferni profunda consuevit abstrahere. Unde, sanctæ et venerabiles filiæ, moneo ut omni virtute et vigilantissima sollicitudine suggestiones illius repellere studeatis, et sic cum Dei adjutorio currite, ut apprehendere valeatis, quia non qui cæperit, sed *qui perseveraverit usque in finem, hic salvus erit ;* et licet credam quod ea quæ superius scripta sunt, sancta pietas vestra et semper memoriter teneat, et, Christo auxiliante, non solum fideliter, sed etiam feliciter implere contendat, tamen ut ea quæ constituimus sancto cordi vestro tenacius valeant inhærere, istam parvulam recapitulationem, quam manu mea scripsi, fieri volumus, quam rogo ut, Deo inspirante, et libenter accipere, et jugiter studeatis cum Dei adjutorio custodire.

1. Hoc enim est quod specialiter absque ulla diminutione à vobis volumus observari, ut nulla ex vobis usque ad mortem suam de monasterio egredi, vel de ipsa basilica in qua januam habetis aut permittatur, aut per se ipsam præsumat exire.

2. Ut nulla cellam peculiarem habeat, ut familiaritatem, aut quamlibet societatem, nec cum religiosis, nec cum laïcis, seu viris seu mulieribus secretam habeat.

3. Nec sola cum sola loqui, vel momento temporis, permittatur, nec vestimenta eorum ad lavandum vel tingendum, aut ad custodiendum vel consuendum accipiat : et sicut in ipsa regula constituimus, nec quicquam ab intus occulte foris transmittere, aut a foris intus excipere audeat.

4. Nulla aliquid proprium nec foris possideat, nec intus habeat, nec ad ordinationem suam aliquid reservet, sed, sicut superius diximus, chartis cui voluerit factis, ab omni impedimento sit libera, propter illud quod Dominus ait : *Si quis non renunciavit omnibus quæ possidet, non potest meus esse discipulus.* Et illud : *Si quis vult venire post me, abneget semetipsum sibi.* Qui semetipsum sibi jussus est abnegare, qua fronte præsumit sibi aliquid de impedimentis mundi istius reservare? Et non magis quod scriptum est contremiscit, quia *impedimenta mundi fecerunt nos miseros?* Et illud apostoli diligenter attendite, *volo,* inquit, *vos sine sollicitudine esse.* Et hæc fideliter observans secura conscientia dicat : *Mundus crucifixus est mihi, et ego mundo.* Et illud : *Omnia arbitratus sum ut stercus, ut Christum lucrifaciam.*

5. Convivium nec episcopo istius civitatis, nec alterius, nec ulli virorum, sicut in hac regula statuimus, præparetur.

6. Epistolæ nullius hominum, etiam nec parentum, occulte

accipiantur, aut sine permissu abbatissæ ulli qualescunque literæ transmittantur.

7. Moneo specialius ut, sicut jam diximus, vestimenta lucida, vel cum purpura, vel cum bebrina, nunquam in usu habeant, nisi tantum laïa et lactina, capita nunquam altiori ligent quam in hunc locum mensura de incausto fecimus. Omnia opera in commune faciant.

8. Quæcumque ad conversionem venerit in salutatorio ei frequentius regula relegatur, et si prompta et libera voluntate professa fuerit, omnia regulæ instituta complere, tamdiu ibi sit quandiu abbatissæ justum ac rationabile visum fuerit : si vero regulam dixerit se non posse complere, penitus non excipiatur.

9. Janua monasterii nunquam extra basilicam cum vestra voluntate, aut cum vestro permissu fiat, et vespertinis et nocturnis ac meridianis horis nunquam pateat, ita tamen ut ipsis horis quando reficitur, claves apud se abbatissa habeat.

10. Ipsam tamen abbatissam sanctæ congregationis, cui nihil possidere licet, aut aliquid peculiare habere permittitur, Deo medio, contestor ut in quantum possibilitas fuerit, quæ necessaria sunt.

11. Plumariæ et ornaturæ, et vestimenta purpurea et omne polymitum nunquam in monasterio fiat, propter illud Apostoli : *Nemo militans Deo implicat se negotiis secularibus ut ei placeat cui se probavit.*

12. Quoties sancta abbatissa ad Deum migraverit, nulla ex vobis carnali affectu, aut pro notalibus aut pro parentela aliquam minus efficacem fieri velit, sed omnes, Christo inspirante, unanimiter sanctam spiritalem eligite, quæ et regulam monasterii possit efficaciter custodire, et supervenientibus responsum cum ædificatione et compunctione et cum sancto affectu sapienter valeat reddere, ut omnes homines, qui vos cum

grandi fide et reverentia pro sui aedificatione expetunt, Deum uberius benedicant et de vestra electione, et de illius quam eligitis conversatione spiritualiter gratulentur.

13. Et licet, sanctae filiae, et unica mihi in Christo charitate venerabiles, de sanctae pietatis vestrae obedientia sim securus; tamen pro paterna sollicitudine, quia vos angelis desidero esse consimiles, iterum atque iterum rogo, et per omnipotentem Deum vos contestor, ut nihil de sanctae regulae institutione minui permittatis, sed totis viribus eam custodire, auxiliante Domino, laboretis, scientes quia unusquisque propriam mercedem accipiet secundum suum laborem. Et hoc ante omnia rogo, ut admonitionem nostram non transitorie accipiat sanctitas vestra, quia non ex nostra praesumptione loquitur, sed secundum quod in scripturis canonicis legitur, et antiquorum patrum libris abundantissime continetur, vos cum grandi affectu, et cum vera charitate salubriter admonemus, et quia legitis quod : *Qui unum mandatum minimum neglexerit, minimus vocetur in regno coelorum*, nolite humilitatis nostrae verba quasi minima despicere, propter illud quod scriptum est : *Qui vos spernit me spernit.* Et illud : *Qui spernit modica paulatim defluit.* Quomodo enim in quocumque carnali certamine tantum unusquisque abjectior erit quantum minor et infirmior persona superaverit, ita et in spiritali certamine in eum qui negligens fuerit in minimis, implebitur illud quod scriptum est : *Qui universam legem servaverit, offendat in uno, factus est omnium reus.* Hoc enim ego cum grandi non solum timore, sed etiam tremore cogitans dum pavescit animus meus, ne vobis vel aliqua peccata minuta subrepant, non solum amoneo, sed supplico pariter et contestor, et cum grandi charitatis affectu adjuro, sic in illam aeternam beatitudinem ad consortium angelorum omniumque sanctorum sine confusione venire simul, et cum sancta Maria vel cum omnibus reliquis virginibus coro-

nas gloriæ accipere, et cœlestem agnum sequi vos feliciter videre promerear, ut toto corde et toto animo mandata superius comprehensa studeatis implere, per quæ ad æterna præmia possitis feliciter pervenire.

14. Illud etiam, quod non credo, nec Deus pro sua misericordia fieri patietur, si quocumque tempore quælibet abbatissa de hujus regulæ institutione aliquid immutare aut relaxare tentaverit, vel pro parentela, seu pro qualibet conditione subjectionem vel familiaritatem pontifici hujus civitatis habere voluerit, Deo vobis inspirante, ex nostro permissu in hac parte cum reverentia et gravitate resistite, et hoc fieri nulla ratione permittatis; sed secundum sacram sanctissimi papæ urbis Romæ, vos, auxiliante Domino, munire in omnibus studete. Præcipue tamen de infra scripta recapitulatione, quam manu mea scripsi, contestor ut nihil penitus muniatur. Quæcumque enim abbatissa, aut quælibet proposita aliquid contra sanctæ regulæ institutionem facere tentaverint, noverint se mecum ante tribunal Christi causam esse dicturas. Et si forte, quod Deus non patiatur, fuerit aliqua de filiabus nostris tam pertinax animo, quæ hujus regulæ recapitulationem salubriter et secundum institutionem sanctorum patrum scriptam implere contemnat, a sanctæ congregationis vestræ conventu eam accensæ zelo Sancti Spiritus removete, et tamdiu in cella salutatorii sit remota, quamdiu dignam pœnitentiam agens humiliter veniam petat, et, donec ad regulæ instituta se corrigat, intus non regrediatur. Hæc ideo dicimus, quia timendum est ne, dum unius negligentia palpatur, et secundum regulam non corrigitur, aliæ quæ proficere poterant vitientur ; sed credimus de Dei misericordia, quod, dum et vos sanctæ spiritaliter agitis, et eas quæ negligentes sunt cum vera charitate corrigitis feliciter, ac pariter ad æterna præmia veniatis, præstante

Domino nostro Jesu Christo, cui est honor et imperium in sæcula sæculorum, amen.

15. Jejunium a Pentecoste usque ad kalendas septembris, quomodo virtutem vel possibilem viderit mater monasterii, sic studeat temperare; a kalendis septembris usque ad kalendas novembris secunda, quarta et sexta feria jejunandum est. A kalendis vero novembris usque ad Natalem Domini, exceptis festivitatibus vel sabbato, omnibus diebus jejunari oportet. Ante Epiphaniam jejunandum septem diebus. Ab Epiphania vero usque ad hebdomadam quadragesime secunda, quarta et sexta jejunandum est. Natale Domini et Epiphaniorum ab hora tertia noctis usque ad lucem vigilandum est.

16. Ordinem etiam convivii huic regulæ inserendum esse credidimus. Cibaria omnibus diebus in jejunio tria, in prandio bis tantummodo præparentur. In festivitatibus majoribus ad prandium et ad cœnam fercula addantur et recedentes de ea dulciamina addenda sunt. Quotidianis vero diebus ad prandium in æstate binos caldellos, in hyeme ad prandium binos caldos, ad refectionem ternos caldellos accipient; ad cœnam vero bini caldelli sufficiunt. Juniores vero ad prandium, ad cœnam, ad refectionem binos accipiant.

17. Pulli vero infirmis tantummodo præbeantur, nam in congregatione nunquam ministrentur. Carnes vero a nulla unquam penitus in cibo sumantur; si forte aliqua in desperata infirmitate fuerit, jubente providente abbatissa, accipiat.

18. Vos tamen, piissimæ sorores, coram Domino Deo obtestor et deprecor, ut humilitati meæ vel sanctarum matrum vestrarum, id est institutoribus regulæ et monasterii conditoribus, hanc in perpetuum gratiam referatis, ut pro nobis diebus ac noctibus intercessio vestræ charitatis invigilet, publica oratione vel in diurnis solemnitatibus, vel in nocturnis excubiis depre-

catio vestræ sanctitatis obtineat, ut ascendens ad conspectum Domini deprecatio vestra dignum vel me ecclesiæ suæ pontificem, vel illas servitio sanctarum virginum constituat et concedat esse præpositas, cum ante tribunal illius cœperimus creditorum talentorum reddere rationem. Si quæ sunt culpæ vel negligentiæ sive meæ curam ecclesiæ sive matrum vestrarum erga sibi creditas, intercessu vestro Dominus nobis remittere, et culparum vulnera remissionis medicina sanare dignetur. Quia nec emendantur culpæ, nisi sanctorum orationibus ille remiserit, nec remittit nisi fuerint emendatæ.

19. Et quia, propter custodiam monasterii, aliqua ostia sive in veteri baptisterio, schola, vel texrino aut in turre juxta pomarium clausi atque damnari nullus illas unquam sub qualibet utilitatis specie aperire præsumat, sed liceat sanctæ congregationi resistere, et quod famæ vel quieti suæ incongruum esse cognoscunt fieri non permittant.

20. Cellaria monasterii eligatur de congregatione sapiens, maturis moribus, sobria, non multum audax, non elata, non turbulenta, non injuriosa, non prodiga, sed timens Deum et omnem congregationem, sicut mater curam gerat de omnibus. Sine jussione abbatissæ nihil faciat quæ ei jubentur. Custodiat sorores, non contristet. Si qua forte soror ab aliqua irrationabilia postulat, non spernendo eam contristet, sed rationabiliter cum humilitate male petenti deneget. Animam suam custodiat memor semper illud apostolicum, quod *qui bene ministraverit gradum sibi acquiret*. Infirmorum, infantium, hospitum, pauperum cum omni sollicitudine curam gerat, sciens sine dubio quia pro his omnibus in die judicii rationem redditura est. Omnia vasa monasterii cunctamque substantiam, ac si altaris vasa sacrata conspiciat, nihil ducat negligendum, neque avaritiæ studeat, neque prodiga sit extirpatrix substantiæ monasterii, sed omnia mensurate faciat, et secundum jussionem abbatissæ.

Humilitatem ante omnia habeat, et cum substantia non est quæ tribuatur, sermo responsionis porrigatur bonus, ut scriptum est : *Sermo bonus super datum optimum.* Omnia quæ ei injunxerit abbatissa ipsa habeat sub cura sua, a quibus eam prohibuerit non præsumat. Sororibus constitutam annonam sine aliquo verbo vel mora offerat, ut non scandalizentur, memor divini eloquii : *Quid mereatur, qui scandalizaverit unum de pusillis?* Si congregatio major fuerit, solatia ei dentur quibus adjuta sit, et ipsa æquo animo impleat officium sibi commissum. Horis competentibus dentur quæ danda sunt, et petantur quæ petenda sunt, ut nemo perturbetur et contristetur in domo Dei.

21. Ad portam monasterii ponatur soror senex, sapiens, quæ sciat responsum accipere et reddere, cujus maturitas non sinat eam vagari. Quæ portanaria cellam debet habere juxta portam, ut venientes semper præsentem inveniant, a qua responsum accipiant, et mox ut aliquis pulsaverit, aut pauper clamaverit, Deo gratias respondeat, et benedicat cum omni mansuetudine timoris, reddens responsum festinanter cum festinatione et fervore charitatis. Quæ portanaria si indiget solatio juniorem sororem accipit. Amen.

N° 5.

VERS ADRESSÉS A RADEGONDE ET A AGNÈS, ET QUI MANQUENT DANS TOUTES LES ÉDITIONS DES POÉSIES DE VENANTIUS FORTUNATUS [1].

Dulcibus alloquiis quae fabula fertur in ore![2]
  Si mihi jam placidas mensa benigna tenet,
Placitos animos, tabula redeuntae, notatae,
  Prodat ut affectum littera picta manu.
Dulcis amore pio pariter materquae sororquae
  Gaudia festivo concaelebratae sono.

Sic vos Caesarii monitis honor urnet (ornet) in orbe,
  Atquae amas[3] caro cum patre Christus amet.
Sic hic Caesaria et praeselsa Casaria surgat,
  Ut per vos priscus hic reparetur honor.
Gratia sic tales (talis) niteat, qua crescat in aevo
  Per vos Pictavis Arelatense daecus.
Sic piae caelesti mereamur viverae Regi,
  Et mea vobiscum membra sepulchra tegunt.
Si quod in offenso retinetur pectore murmur,
  In vicae laxatum sit veniale, precor.

---

[1] Ces vers et d'autres, pareillement inédits, ont été découverts par M. Guérard, dans le manuscrit de la Bibliothèque royale, fonds Saint-Germain, lat. n° 844, et publiés par lui dans le douzième volume des *Notices des Manuscrits*. Je les reproduis ici d'après cette publication.

[2] Aurem.

[3] Ambas.

Pacem Christus amans, mira dulcedinae plenus,
  Pectora vestra sacer, se mediante, liget.
Obteneat pariter veneranda Casaria maecum,
  Quae simul amplexu vos cupit esse pio.

Quam prius inscribam fixam pietate parentem,
  Quo geminæ matres extat et una. . . . . .[1].
Hanc praeponit honor, quae junior extat in annis ;
  His aetas gravior jure senilae favit.
Sed mihi dulcae tribus pariter mandare salutem,
  Est quoniam vobis carus et unus amor.
Felix quae retinet pariter tria lumina mensa,
  Et paschale bonum multiplicarae facit,
Angelico coetu sic participantae fruantur,
  Diliciæ vobis in rigionae Dei.

Nocte salutifera maneant materquae sororquae ;
  Hoc nati et fratres[2] prospera vota ferant !
Angelicos coetus, praecordia vestra, revisit,
  Et relegat alloquia paectoris cara sua (sui?).
Tempora noctis agunt ut hac brevitate salutem,
  Sex modo versiculis vel duo ferte, precor.

Quamvis quod cuperem fugeit[3] me, vespere facto,
  Te mihi non totam nox tullit ista tamen.

[1] Vraisemblablement *soror*.
[2] Fratris.
[3] Fugiat.

Etsi non oculis, animo cernuntur amantes;
  Nam quo forma nequid [1], mens ibi nostra fuit.
Quam illae locus pius, qui numquid [2] abrumpit amantes,
  Quo capiunt oculis quos sua vota petunt,
In medio posito bonitatis principæ Christo,
  Cujus amorae sacro corda ligata manent!
Hic quoquae sed plures carmina jussa per annos,
  Hinc rapias tecum quo tibi digna loquar.

Plaudite voce, Deo pia redditae vota, sorores,
  Quod sic vobiscum gaudia tanta sedent.
Me foris excluso, vos hanc retinetis amantes :
  Quod commune placet non simul esse licet.
Hec longeva diu maneat per singula nobis,
  Floreat et cunctis participanda bonis.

Cuncti [3] hodie festiva colunt : ego solus in orbæ
  Absens natali conqueror esse meo.
Qui (quî) si fortae latens alia regionae fuissem,
  Ad vos dubieram [4] concitus irae magis?
Nunc alii tibi dant, ego munera nulla sorori
  Vel dare qui potui pomula mora joti [5].
Sed quamvis absens specie, sum pectorae presens,
  Et rogo que misi dona libenter habe.

---

[1] Nequit.
[2] Nunquam.
[3] Cunctae.
[4] Debueram.
[5] More joci.

Sic Deus omnipotens parcat matri atque sorori,
  Que non egerunt me retinere sibi.
Hæc pia festa diu multos, senis (*sic*) ipsa, per annos,
  Laeta matre, simul me quoquæ frater [1], colas.

Sic sterna [2] dies totas mihi transtullit horas,
  Ut matris vocem non meruisse querar.
Qualiter agnus amans genetricis ab uberae pulsus,
  Tristis et erbosis (herbosis) ancxius errat agris;
Nunc fugit ad campos feriens balatibus auras,
  Nunc redit ad caulas, nec sine matre placent.
Sic me de vestris absentem suggero verbis;
  Vix tenit (tenet) incluso nunc domus una loco.
Sed refer hinc gratis placidæ caraequae. . . . [3].
  Quod me consolvit de pietatis opae.
Tu retines medium, medium me possedet illa;
  Cum geminas video, tunc ego totus agor.
Nunc tibi, cara praecor, Martinus, Hilarius adstent,
  Et te vel natos spes tegat una Deus.

Sine quae [4] presens, absens tibi solvo tributum,
  Ut probet affectum, mater amata, meum.
Si non essem... [5], facerem quodcumquae juberes;
  Obsequiis parvis forte placeret inhers;

---

[1] Fratre.
[2] Hesterna.
[3] On pourrait lire :
    Sed refero hinc grates placidæ caræque sorori.
[4] Si nequeo.
[5] Absens manque.

Pectore devoto set (sed) rustica lingua dedisset
   Pastoris calamo matris in aure sonum.
Imperiis famulans terrerem mea membra diurnis;
   Servirent dominæ subdita colla suae.
Nulla recusarent digiti, puteoque profundo
   Quae manus hoc scripsit prumpta levaret aquas.
Protraheret vites, et sarcula figeret hortis;
   Plantaret, coleret dulcae libenter holus.
Splendor erat tecum mea membra tradere cocinæ (coquinæ)
   Et nigra de puro vasa lavarae lacu.
Hinc tibi nunc absens Marcelli munera misi,
   Cui dedit excelsum vita beata locum ;
Et si discipleant indigno verbo (verba) relatu,
   Complaceant animo signa superna tuo.
Sis longeva mihi cum nata et messæ sororum,
   Virgineoquae thoro[1] restat ovile Dei !
Si tua verba dares, essent plus dulcia quam si
   Floribus electis mella dedisset apes.

Anxius, afflictus, curarum pondere curvor,
   Pectorae confuso nec verba dare queo.
Murmorae sub dubio laceror, neque carmina laxo;
   Nescio certa loqui, mentae vacante mihi.
Heu! tristem si vota velint audirae fatentem,
   Me subito ferrent nubila missa tibi !
Dedaliquo lapsu si pinnas sumerae nossem,
   Ad vos quantotius jam revolasset amans.
Novit enim Dominus, qui corda latentia pulsat,
   Quæ mea sed tacitae viscera cura domet.

---

[1] Choro.

Redditae, cum nequeo, Dominae promissa benignae:
　Nec tamen hic culpam crede fuisse meam.
Excusa, si forte potes, per sidera testor,
　Me nequae vellae moras matris in aure feres.
Oret pro famulo; citius remaearae parabo,
　Et cum praesentor, verberæ (verbera) voce domet.

Supplicibus votis referat mandata salutis
　Matribus ac dominis pagina missa loquens;
Dumquae recusat iter nostrum tibi redderae vultus,
　Affectum saltim sollicitudo probet.
Non sumus absentes, si nos oratio dulcis
　Presentes semper cordis amorae tenet.

Matri natus ego, frater simul ipse sorori,
　Pectore devoto parvula dona fero.
Tercius unitus tria munera porta duabus :
　Tam dulces animas dulcia poma decent.
Sed datae nunc veniam mihi quod fano tali habetur,
　Munera que (quæ) portet charta canister erit.

Pergimus inclusas a gurgitae cernere terras,
　Qua vagus Oceanus fertque refertque vices.
Fluctibus assiduis cum surgit ad æthera pontus,
　Huc feritate sua mobilis unda latrat.
Litus arena suum refugit, nunc suscepit aestu;
　Nunc mare dum turget, naufraga terra latet,
Quo gelidas se esse ren. . . . dicus[1] occupat ardor
　Atque loco huc una sunt tria dona Dei.

[1] Sic.

Quamvis sit sterelis, fructus fert illa beatos,
  Dum celo dignos pascit *h*arena viros.
Ast ego vel si qua sine vobis urbe tenerer,
  Inter multa tamen milia solus eram.
Cerner*a*e vos laetas merear, materqu*a*e sororque,
  Cum venit exelc [1] caena Dei beata.
Si ci*t*ius redeat frater Simplicius, oro,
  A me mandatae fert*a*e salutis opus [2] ;
Et, rogo, per vestras me commendat*a*e sorores :
  Sic faciat cunctis Christus amor*a*e suas.

N° 6.

VERS SUR LA RUINE DE LA NATION THURINGIENNE, COMPOSÉS PAR FORTUNATUS AU NOM DE RADEGONDE.

De excidio Thuringiæ ex personna Radegundis [3].

Conditio belli tristis, sors invida rerum,
  Quam subito lapsu regna superba cadunt!
Aula Palatino quae floruit antea cultu,
  Hanc modo pro cameris moesta favilla tegit.

---

[1] Excelsi.

[2] Opem.

[3] Venantii Honorii Clementiani Fortunati opera omnia. Ed. Luchi, Romæ, 1786, pars prima, p. 474 et seq.— J'ai profité des variantes découvertes par M. Guérard dans le Mss. de la Bibliothèque royale, fonds Saint-Germain, lat. n° 844.

Quae steterant longo felicia culmina tractu,
    Victa sub ingenti clade, cremata jacent.
Ardua quae rutilo nituere ornata metallo,
    Pallidus oppressit fulgida tecta cinis :
Missa sub hostili Domino captiva potestas,
    Decidit in humili gloria celsa loco.
Stans aetate pari ; fabulorum turba nitentum
    Funereo sordet pulvere, functa die.
Clara ministrorum stipata corona potentum,
    Nulla sepulchra tenens, mortis honore caret.
Flammivorum vincens, rutilans in crinibus aurum,
    Strata solo recubat lacticolor amati.
Heu male texerunt inhumata cadavera campum,
    Totaque sic uno gens jacet in tumulo.
Non jam sola suas lamentet Troja ruinas,
    Pertulit et caedes terra Toringa pares.
Hinc rapitur laceris matrona revincta capillis,
    Nec laribus potuit dicere triste vale.
Oscula non licuit captivo infigere posti,
    Nec sibi visuris ora referre locis.
Nuda maritalem calcavit planta cruorem,
    Blandaque transibat, fratre jacente, soror.
Raptus ab amplexu matris puer ore pependit,
    Funereas planctu nec dedit ullus aquas.
Sorte gravi minus est, nati sic perdere vitam,
    Perdidit et lachrymas mater anhela pias.
Non aequare queo vel barbara foemina fletu,
    Cunctaque guttarum moesta natare lacu.
Quisque suos habuit fletus, ego sola, sed omnis
    Est mihi privatae publicus ille dolor.
Consuluit fortuna viris quos perculit hostis,
    Ut flerem cunctis una superstes ago.

Nec solum extinctos cogor lugere propinquos,
　Hos quoque, quos retinet vita beata, fleo.
Saepe sub humecto conlidens lumina vultu,
　Murmura clausa latent, nec mea cura tacet.
Specto libens aliquam si nuntiet aura salutem,
　Nullaque de cunctis umbra parentis adest;
Cujus in aspectu tenero solabar amore,
　Solvit ab amplexu sors inimica meo.
An quod in absenti te nec mea cura remordet,
　Affectum dulcem cladis amara tulit?
Vel memor esto, tuis primaevis qualis ab annis,
　Hamalefrede, tibi tunc Radegundes eram.
Quantum me quondam dulcis dilexeris infans,
　Et de fratre patris, nate benigne, parens.
Quod pater extinctus poterat, quod mater haberi,
　Quod soror, aut frater, tu mihi solus eras.
Prensa piis manibus heu! blanda per oscula pendens,
　Mulcebar placido flamine, parva, tuo.
Vixerat in spatium, quo te minus hora referret.
　Saecula nunc fugiunt, nec tua verba fero.
Volvebam rabidas inliso in pectore curas,
　Ceu revocarer eis, quando, vel unde, parens?
Si pater aut genitrix, aut regia cura tenebat,
　Cum festinabas, jam mihi tardus eras.
Sors erat indicium, quia te cito, care, carerem,
　Importunus amor nescit habere diem.
Anxia vexabar, si non domus una tegebat,
　Egrediente foras te, pavitasse vocas.
Vos quoque nunc oriens, et nos occasus obumbrat,
　Me maris Oceani, te tenet unda rubri.
Inter amatores totusque interjacet orbis,
　Hos dirimit mundus, quos loca nulla prius.

Quantum terra tenet, tantum divisit amantem,
  Si plus arva forent, longius isset iter.
Esto tamen, quo vota tenent meliora parentum
  Prosperius quam te terra Toringa dedit.
Hinc potius crucior validis onerata querelis,
  Cur mihi nulla tui mittere signa velis.
Quem volo nec video, pinxisset epistola vultum,
  Aut loca quem retrahunt, ferret imago virum.
Qua virtute atavos repares, qua laude propinquos
  Ceu patre de pulchro ludit in ore rubor.
Crede, parens, si verba dares, non totus abesses
  Pagina missa loquens, pars mihi fratris erat :
Cuncti munus habent, ego nec solatia fletus,
  O facinus ! quae dum plus amo, sumo minus.
Si famulos alii, pietatis lege, requirunt,
  Cur ergo praeterear, sanguine juncta parens?
Ut redimat Dominus vernam, saepe ipse per Alpes
  Frigora concretas cum nive rumpit aquas :
Intrat in excisis umbrantia rupibus antra,
  Ferventem affectum nulla pruina vetat,
Et duce cum nullo, pede nudo, currit amator,
  Atque suas praedas, hoste vetante, rapit.
Adversas acies et per sua vulnera transit,
  Quod cupit, ut capiat, nec sibi parcit amor.
Ast ego pro vobis momenta per omnia pendens,
  Vix curae spatio, mente, quiete fruor.
Quae loca te teneant, si sibilat aura, requiro,
  Nubila, si volites, pendula posco locum.
Bellica Persidis, seu te Bysantion optat,
  Ductor Alexandrae seu regis urbis opes?
An Hierosolymae resides vicinus ab arce,
  Qua est genitus Christus, Virgine matre, Deus.

Hoc quoque nulla tuis patefecit littera chartis,
  Ut magis hinc gravior sumeret arma dolor.
Quod si signa mihi nec terra, nec aequora mittunt,
  Prospera vel veniens nuntia ferret avis!
Sacra monasterii si me non claustra tenerent,
  Improvisa aderam, qua regione sedes.
Prompta per undifragas transissem puppe procellas :
  Flatibus hybernis, laeta moverer aquis.
Fortior eluctans pressissem pendula fluctus,
  Et quod nauta timet, non pavitasset amans.
Imbribus infestis si solveret unda carinam,
  Te peterem, tabula remige, vecta mari.
Sorte sub infausta si prendere ligna vetarer,
  Ad te venissem, lassa, natante manu.
Cum te respicerem peregrina pericla negassem,
  Naufragii dulcis mox relevasses onus :
Aut mihi si querulam raperet sors ultima vitam,
  Vel tumulum manibus ferret arena tuis,
Ante pios oculos issem sine luce cadaver,
  Ut vel ad exequias commoverere meas.
Qui spernis vitae fletus, lachrymatus humares;
  Atque dares planctus, qui modo verba negas.
Quid fugio memorare, parens, quid differo luctus?
  De nece germani cur dolor alta taces?
Qualiter insidiis insons cecidisset iniquis
  Oppositaque fide raptus ab orbe fuit.
Ei (hei) mihi quæ renovo fletus referendo sepultos,
  Atque iterum patior, dum lachrymanda loquor!
Ille tuos cupiens properat dum cernere vultus,
  Nec suus impletur, dum meus obstat amor,
Dum dare dura mihi refugit, sibi vulnera fixit :
  Laedere qui timuit, causa doloris adest.

Percutitur juvenis tenera lanugine barbae,
  Absens nec vidi funera dira soror.
Non solum amisi, sed nec pia lumina clausi,
  Nec superincumbens ultima verba dedi.
Frigida non calido tepefeci viscera fletu,
  Oscula nec caro de moriente tuli.
Amplexu in misero neque collo flebilis haesi,
  Aut fovi infausto corpus anhela sinu.
Vita negabatur, quia jam de fratre sorori
  Debuit egrediens halitus ore rapi.
Quid feci, vico misissem Listra feretro
  Non licet extinctum vel meus orner (ornet) amor?
Impia crede, tuae rea sum, germane saluti
  Mors cui sola fui, nulla sepulchra dedi.
Quae semel excessi patriam, bis capta remansi
  Atque iterum hostes, fratre jacente, tuli.
Tunc pater, ac genitrix, et avunculus atque parentes,
  Quos flerem in tumulo; reddidit iste dolor.
Non vacat ulla dies lachrymis, post funera fratris,
  Qui secum ad manes gaudia nostra tulit.
Sic miserae dulces consummavere parentes,
  Regius, ac serie, sanguis origo fuit.
Quae mala pertulerim, neque praesens ore referrem,
  Nec sic laesa tuo consulor alloquio.
Quaeso, serene parens, vel nunc tua pagina currat,
  Mitiget ut validam lingua benigna luem.
Deque tui similis mihi cura sororibus haec est,
  Quas consanguineo cordis amore colo,
Nec licet amplecti, quae diligo, membra parentum,
  Osculor aut avide lumen utrumque, soror.
Si, velut opto, manent, superis rogo redde salutes,
  Proque meis votis oscula cara feras.

Ut me commendes Francorum regibus oro,
  Qui me materna sic pietate colunt.
Tempore longaevo vitalibus utere flabris,
  Et mea de vestro vernet honore salus.
Christe fave votis; haec pagina cernat amantes,
  Dulcibus et redeat littera picta notis.
Ut quem tarda spes cruciat per tempora longa,
  Hanc celeri cursu vota secuta levent.

N° 7.

ÉPITRE ADRESSÉE AU NOM DE RADEGONDE A HARTARK, PRINCE THURINGIEN RÉFUGIÉ A CONSTANTINOPLE.

Ad Artarchin [1].

Post patriae cineres, et culmina lapsa parentum,
  Quae hostili acie terra Toringa tulit :
Si loquar infausto certamine bella peracta,
  Quas prius ad lachrymas foemina rapta trahar?
Quid mihi flere vacet pressam hanc funere gentem?
  An variis vicibus dulce ruisse genus?
Nam pater ante cadens, et avunculus inde secutus,
  Triste mihi vulnus fixit uterque parens.
Restiterat germanus apex, te sorte nefanda
  Me pariter tumulo pressit arena suo.
Omnibus extinctis, heu viscera dura dolentis!
  Qui super unus eras, Hamalefrede, jaces?
Sic Radegundis enim, per tempora longa, requiror [2],

---

[1] Fortunati opera omnia, ed. Luchi, pars I, p. 482.
[2] Requiro.

Pertulit haec triste pagina nostra loqui.
Tale venire diu expectavi munus amantis,
  Militiaeque tuae hanc mihi mittis opem.
Dirigis ista meo nunc serica vellera penso,
  Ut dum fila traho, soler amore soror?
Siccine consuluit valido tua cura dolori,
  Primus et extremus nuntius ista daret?
Nos aliter lachrymis per vota cucurrimus amplis,
  Venerat optanti dulcia, amara dari.
Anxia sollicito torquebar pectora sensu,
  Tanta animi febris his recreatur aquis.
Cernere non merui vivum, nec adesse sepulchro,
  Perferor exequiis altera damna tuis.
Cur tamen haec memorem tibi, care Artarchis alumne,
  Fletibus atque meis addere flenda tuis?
Debueram potius solamina ferre parenti,
  Sed dolor extincti cogit amara loqui.
Non fuit ex longa consanguinitate propinquus,
  Sed de fratre patris proximus ille parens.
Nam mihi Bertharius pater, illi Ermenefredus,
  Germanis geniti, nec sumus orbe pari.
Vel tu, care nepos, placidum mihi redde propinquum,
  Et sis amore meus, quod fuit ille prius.
Meque monasterio missis, rogo, saepe requiras,
  Ac vestro auxilio stet locus iste Deo.
Ut cum matre pia vobis haec cura perennis
  Possit in astrigero reddere digna throno :
Nunc dum distribuat vobis felicibus ut sit
  Praesens larga salus, illa futura decus.

FIN DES PIÈCES JUSTIFICATIVES.

TABLE DES MATIÈRES

DU TOME DEUXIÈME.

DEUXIÈME RÉCIT.

Suites du meurtre de Galeswinthe. — Guerre civile. — Mort de Sighebert. (568-575.) 1

TROISIÈME RÉCIT.

Histoire de Merowig, second fils du roi Hilperik. (575-578.) 66

QUATRIÈME RÉCIT.

Histoire de Prætextatus, évêque de Rouen. (577-586.) 144

CINQUIÈME RÉCIT.

Histoire de Leudaste, comte de Tours. — Le poëte Venantius Fortunatus. — Le monastère de Radegonde, à Poitiers. (579-581.) 210

SIXIÈME RÉCIT.

Hilperik théologien. — Le juif Priscus. — Suite et fin de l'histoire de Leudaste. (580-583.) 329

PIÈCES JUSTIFICATIVES.

Pages.

N° 1. — Vers adressés au roi Hilperik par Venantius Fortunatus, à l'occasion du concile de Braine. 387

N° 2. — Fragment de la vie de sainte Radegonde, par Venantius Fortunatus, devenu évêque de Poitiers. 392

N° 3. — Fragment de la vie de sainte Radegonde, par Baudonivia, l'une de ses élèves au monastère de Poitiers. 403

N° 4. — Règle de saint Césaire d'Arles, donnée par la reine Radegonde au monastère de Poitiers. 411

N° 5. — Vers adressés à Radegonde et à Agnès, et qui manquent dans toutes les éditions des poésies de Venantius Fortunatus. 433

N° 6. — Vers sur la ruine de la nation thuringienne, composés par Fortunatus, au nom de Radegonde. 439

N° 7. — Épître adressée au nom de Radegonde à Hartark, prince thuringien, réfugié à Constantinople. 445

FIN DE LA TABLE.

www.ingramcontent.com/pod-product-compliance
Lightning Source LLC
Chambersburg PA
CBHW060931230426
43665CB00015B/1909